課程發展與設計原理

任慶儀　著

五南圖書出版公司 印行

前言

我國對「課程」的探究較歐美國家來得晚，主要是過去的教育領域中往往以「教學」為焦點，忽略對「課程」的關注。大約在70年代，課程領域才逐漸興起相關的理論，並且受到學者們的注意，發表了許多的專著、論文與期刊文章。在當時的師培機構中開始開設一些有關「課程」的學科，不過都是和教學理論合併的方式授課，特別是當時的師專以及後來的師範學院就是以「課程與教學」這樣的課名開課，可見對於「課程」仍然不夠專研。直到2001年「九年一貫」課程改革下，教育部於「總綱」中首度提出各校必須依照課程實施要點中之規定訂定「課程計畫」，並且對計畫的內容也規範於「總綱」內。國內的國中小學校以及教師才開始對於「課程」有具體的概念與想法，惟當時基層教師並未具備「課程」的相關知識與能力，對「能力指標」的實施感到無力與焦慮，引發許多優秀基層教師的離職潮，殊為可惜。

如今十二年國民基本教育的實施又即將面臨再一次的改變，對「課程」的認知還是其中最重要的關鍵。本書感謝五南圖書出版公司能慨允出版，希望能對還正在師培機構中接受職前訓練的師資生們提供一本淺顯、易懂的教科書，開啟對「課程」這一門課基本的認識。希望以實務性的觀點詮釋課程，特別以十二年國民基本教育之特別篇的方式，指引課程設計之方向，俾能減輕師資生與基層教師對新課程實施的焦慮。

目 錄

十二年國民基本教育特別篇

第一章　課程的基本認識

第一節　課程的實體定義

第二節　課程抽象的概念

第三節　課程與教學之關係

西元前一世紀，羅馬帝國皇帝Gaius Julius Caesar（凱薩）和他的同僚們大概都想不到當時他們稱呼羅馬橢圓形戰車跑道的「curriculum」這個字，會成爲日後全世界學校最關注的課題——「課程」。「Curriculum」此一英文字在拉丁語中原意爲「跑步的路線」（running course），蘇格蘭在1603年將此字引申爲「車道」的意思（carriageway）。但是，眞正將「curriculum」一字用於教育領域中，並且將其解釋爲「課程」的意義則是出自1859年英國教育學家H. Spencer所著〈什麼知識最有價值？〉（What knowledge is of most worth?）一文中，而美國則是到1906年才開始將它解釋爲「研讀的科目」（course of study）。隨著課程領域的知識與概念不斷的擴充與發展，課程的定義開始多元化，從最初的「實體的意義」逐漸延伸爲「抽象的概念」。

然而，「課程」對於大多數人而言，它是教育學門中的一個科目，是一種專業實務的領域，卻也是一門缺乏認證的專業。一般而言，學校裡有認證的「心理輔導諮商人員」、教學專業的「認證教師」、「視導專業認證」的行政人員，卻沒有所謂認證的「課程專業人員」。諷刺的是，上述這些可以在教育領域中被認證的教育專業人員（包含教師在內），在他們培育與訓練的過程中卻都需要修習「課程」這一門課，但是卻沒有認證的「課程專家」。

雖然如此，課程領域因爲能夠進行多樣化的過程——從建立課程、計畫課程、設計課程、到組織課程，基於這些特性，課程被視爲一個具有實在的（real）本體（entity），更因爲教師、學者對課程的實體可加以改進、修訂與評量，是故，課程逐漸成爲一個新興的「專業學術領域」。

然而，新興的「課程領域」卻缺乏對「課程」這一門學科內容在教學上的一致性，到底「課程」這一門課要教導的是哪些知識、培養哪些能力、探討哪些議題、分析哪些課程政策與變革、達成哪些成果，學界目前仍無定論。雖然如此，要能探討「課程」相關的議題就必須從最基本對「課程」的認識開始，這是不可或缺的基礎工作，唯有如此才能進一步研讀、開拓、掌握更專業、更廣泛的「課程領域」的知能。

本章即是從基本對「課程」的認識開始，不論課程學者或教師對課程採取何種的定義，在論述「課程」時往往都能發現學者對教育所採取的哲學立場、課程實務與手段，以及課程選擇的意識型態都各有堅持。就因爲學者們對課程的論述繁雜，讓學習課程的初學者覺得「課程」這一領域非常艱深而難以掌握，導致學習上產生困難。因此之故，爲了幫助初學的學生開始認識與了解「課程」，本章就常見的、實務的定義加以舉例說明，從課程的實體定義延伸至抽象的課程概念，並藉此將課程與教學兩者的關係加以分別與闡述。

第一節　課程的實體定義

雖然各國教育的發展都有其目的與歷史脈絡，但是從每一個國家發展自己的教育意圖中，可以發現它們其實都深藏著對人類社會持有一種普遍與共同的期望——那就是，如果社會中的個人能具備不斷改進社會與環境的能力，也就能確保全體人類的生活品質與文明的進步。因此，每一個國家或社會都期待他們的後代能夠更有教養、更有能力、更聰明、也更善良，而教育就是達成這些願景的不二法門。許多人也相信唯有學校才能透過主要的學習根源——課程——實現這樣的願景。雖然有這樣的普世共識，但是各國對於學校的課程中要教導哪些知識、要如何組織知識、要如何教的想法，才能達成這種世界進步的願景，其實存在著非常大的歧異。而這種差異性也會對學校、教師、學生、學校行政人員、課程專家等在課程設計時所扮演的角色，以及對評量和課程實施的要求等產生莫大的影響，進而造就了對課程多元的立場與理論的形成。

一、實體的定義

雖然早期的學者對於「課程」缺乏明確的定義與界線多所批評，M. R. Grumet甚至直指「課程」是一個完完全全令人困惑的領域，但是仍然有許多學者依照他們對「課程」的哲學信念將其定義爲不同的理念。例如：著名課程學者Bobbitt就是將課程視爲「……兒童與青少年必須學習與經驗的一切事物，藉以發展參與所有社會中成年人生活事件的能力，並成為一位良好的成人。」J. G. Saylor、W. M. Alexander和A. J. Lewis把「課程」定義為「為受教育的人所提供的一系列學習經驗的計畫」。

R. C. Doll則是將「課程」定義為「在學校的支持下，讓學習者可以獲得知識與理解、能夠發展多元的技巧，並且可以改變其態度、欣賞與評價的正式，以及非正式的內容與過程。」

A. I. Oliva將「課程」視為等同教育的學程，並且將它們分為四類的因素：(1)研讀的學程；(2)經驗的學程；(3)職業的學程；(4)潛在課程。此處Oliva將潛在課程加入，主要是因為學校所推動的價值會因為同一門學科領域中，教師不同的信仰與熱心的程度、學校實體與社會的氛圍而有所差異。同樣地，H. L. Caswell和D. S. Campbell也是將課程視為「在教師指導下的學生經驗」，而這些都是屬於較廣的課程定義。以下就是一些常見的課程的實體定義：

1. 課程是學校所教導的一切。
2. 課程是學科的總和。
3. 課程是學科的內容。
4. 課程是研讀的學程。
5. 課程是一系列學生在學校學習的所有經驗。
6. 課程是一系列的表現目標。

以上各家對課程的定義可以說是莫衷一是，它們可以是比較狹隘的定義（學科總和、內容），也可以是較為寬廣的（經驗、學校教導的一切）。目前對於「課程」一詞的定義，幾乎每個學派的課程理論者、課程研究者，以及課程實務工作者都有自己的界定。因此，為了有系統的認識「課程」，遂將常見之基本實體的定義歸納分述如下：

（一）課程即教學的科目或科目的總和

此種定義強調課程是學校向學生所傳授的「科目」或是「內容」。這是歷史最悠久的定義，也最為一般人所熟悉的定義，尤其是教學現場的教師們大都以此種定義作為對課程的初步理解。譬如，中國古代的課程即有禮、樂、射、御、書、數等「六藝」；而歐洲則有文法、修辭、辯證法、算術、幾何、音樂、天文等「七藝」。

然而，同樣的課程定義也出現於今天學校的情境中，例如：圖1-1顯示教育大學或教育系所中的「專門課程」是指教育概論、教育心理學、教育行政等「科目」，此種樣態的課程即是依據「課程即是科目的總和」的定義而形成的，這些「科目」的組合便稱爲「課程」；同樣，圖1-2中，「專業課程」是由國音及說話、普通數學、自然科學概論、生活科技概論等「科目」所組成的，這些「科目」的總和便稱爲「課程」。此外，在學校中常見的「必修課程」與「選修課程」等，亦是課程爲「科目」總和定義的例子，而這些科目的總和就稱爲課程。換言之，「課程」是指包含多種的「科目」的組合體，而眾多的「科目」組合的實體便稱爲「課程」，因此，在日常使用上應該注意使用「課程」與「科目」兩者在意義上的區別。

一、本系專門課程必修科目表（47學分）

科目代碼	科目名稱	選別	學分	時數	開課年級	備　註
AEL00200	教育概論 Introduction to Education	必	3	3	一上	
AEL00210	教育心理學 Educational Psychology	必	3	3	一上	
AEL00070	教育行政 Introduction Education	必	2	2	一下	
AEL00360	發展心理學 Developmental Psychology	必	2	2	一下	
AEL00370	教育統計 Educational Statistics	必	3	3	一下	
AEL00080	兒童心理學 Child Psycholog	必	2	2	二上	
AEL00230	教育社會學 Sociology of Education	必	3	3	二上	
AEL00260	教學原理 Principles of Teaching	必	3	3	二上	「教育心理學」課程且成績及格後，始得修習本課程。

圖1-1　課程爲科目的總和

五、教育專業課程（師資生必修）

科目代碼	科目名稱	選別	學分	時數	開課年級	備註
（一）教學基本學科課程(至少修習 4 領域 5 科 10 學分)						
AEL50010	國音及說話 Chinese Phonetics and Speech	必	2	2	一	語文領域，須先修習「國音及說話」課程且成績及格後，始得修習「國民小學國語教材教法」。
AEL50020	普通數學 General Mathematics	必	2	2	一	數學領域，須先修習「普通數學」課程且成績及格後，始得修習「國民小學數學教材教法」。
AEL60010	自然科學概論 Introduction to Nature Science	選	2	2	一	自然與生活科技領域
AEL60020	生活科技概論 Introduction of Life-Technology	選	2	2	一	自然與生活科技領域

圖1-2 課程爲科目的總和

相較於上述由眾多「科目」所組成的實體爲「廣義的課程」，所謂「狹義的課程」則是指「單一科目內的事實、概念和通則」，例如：多數人認爲國小的「數學課程」即是指數學科所包含的內容範圍，其中包括數與量、幾何、代數和統計等（如圖1-3）。從圖1-3中有關「數」的概念，則包含「一百以內各數的概念」、「十進位與位值的認識」、「加法與減法的意義」等。換句話說，這些概念是組合成爲「數」的內容，此種樣態的課程即是所謂的「狹義的課程」。

此種定義特別是在我國實施「課程標準」時代中（九年一貫之前），最爲中小學教師所認知的一種「課程定義」。在教育部所編訂的「國民小學課程標準」中，「課程」即是被定義爲「教材綱要」，而其內容主要是列出當時部編「教科書」內重要的概念、知識、思考和技能等。

此種以「教材綱要」爲課程的形式是由國家（教育部）所編制，教材則是由當時的「國立編譯館」統一編輯、出版、發行的教科書，且全國只使用同一版本教科書作爲教學的唯一教材來源。在此種課程的定義之下，學校與教師可以說是不需進行任何的轉化工作，所謂「課程」就是呈現教材的簡要內容，「課程即是教材的內容」的觀念從此根深蒂固的留在大多數教師的腦海中。時至今日，「課程」的概念逐漸脫離教學的體系而自成另一個學術的領域，確認兩者之間是不相同的實體，但是兩者的關係卻是緊密又互相依賴。

值得注意的是，不論將「課程」定義爲科目的總和抑或是科目的內容範圍，都不符合現代「課程領域」中對課程編制的概念與原則。課程著名學者G. Beauchamp指出，當「課程」的定義是指一種計畫、系統和研究的領域時，才可以合法的使用「課程」這個語詞。換言之，大部分課程的實務者（例如：教師）在日常中經常會使用的課程定義，顯然和課程專業領域中的用法與定義是不同的，因此在使用時必須謹慎。大多數課程理論的學者很少用「課程爲科目的內容」這樣的定義，對他們而言，「課程」是另外具有專業上的意義（Ornstein & Hunkins, 1988, pp. 6-7）。

國民小學課程標準　一〇〇

第二　教材綱要

數與計算

數		一年級	二年級	三年級	四年級	五年級	六年級
整數	數	•一百以內各數的概念 •分解與合成的活動和經驗（註111） •十進位和位值的認識（註112） •數線的初步概念（註113）	•五十～一千各數的概念、化聚、進位與位值（註121） •奇數與偶數（註122） •倍的意義	•五百～一萬各數的概念、化聚、進位與位值（註131）	•億以下各數的概念、進位與位值 •電算器的介紹與應用（註141）	•因數、公因數的認識 •倍數、公倍數的認識	•億以上各數的概念；整數系的統整
整數	計算	•加法與減法的意義 •基本加減法（註114） •兩步驟的加減問題（註115）	•二位數的加減法 •二到九的基本乘法（註123） •查乘法表寫出計算結果 •兩步驟的加、減、乘問題（註124） •除法的預備經驗（註125）	•三、四位數的加減法 •○和一的乘法 •三位數乘以一位數 •除法的意義（註132） •基本除法（註133） •兩步驟的四則問題（註134）	•三位數乘以二位數 •除數是一位數的除法 •除數是二位數的除法（註142） •簡易的整數四則計算		
分數	數		•分數概念的初步認識（註126） •分數的讀法轉換成記法（註127）	•分母為二○以內的真分數的認識（註135） •分母為一○的真分數（註136）	•分數的種類（註143） •真分數的概念 •假分數的認識（註144）	•等值分數（註151） •分數的數線（註152） •把分數視為整數除法的結果（註153）	•約分和擴分 •通分（註161）
分數	計算				•同分母分數的加減	•分數乘以整數的乘法	•分數除以整數的除法

國民小學數學課程標準　一〇一

圖1-3　國民小學課程標準——教材綱要

（二）課程即學習經驗

此種定義強調課程是學生在學習歷程中，實際體會到的學習意義。換言之，學生在學習的過程中，透過活動與教材、教學法、教師和學習環境等互動後所學習到的經驗才是課程。Dewey（1949）指出縱使兩位學生是上同一個班級的課程，但是他們兩人所獲得的「學習經驗」卻可以是不同的（pp. 63-64）。此種將課程定義爲「學習的經驗」，主要是源自1930年代中Dewey、Caswell，以及Campbell對經驗與教育的觀點，他們將學校的課程定義爲「課程是學習者在學校指導下的所有經驗」。此種課程的定義是將課程的核心由「教材」轉向「個人」，許多人本或美學的課程學者，以及小學課程的專家大都支持這種對課程的定義。

依照Dewey對課程的定義，學習經驗與教育目標（objectives）有著極密切的關聯。他認爲如果教育目標是要發展解決問題的能力，學校便要提供足夠讓學生進行解決問題的學習經驗；如果教育目標是要培養閱讀的興趣，則是要給予學生閱讀大量圖書的學習經驗。要培養學生的思考能力，學校就要提供許多眞實的問題讓學生獲得解決問題的經驗。

此類的課程定義，有學者就用「地圖與旅行者」之間的關係作爲譬喻加以說明。課程有如地圖上所規劃的旅遊景點，學生即是旅行者，旅行者按照既定的路徑行經各個景點，最後到達旅程的目的地。雖然旅遊的路徑和目的都是一樣，但是對於不同的旅行者而言，在旅程途中所體會到的美景、感觸與人情都各有不同，因此留在旅行者內心的旅遊經驗也就各異其趣。因此，對於此定義的「課程」泛指學生實際學到的所有經驗，而且是一種個人化獨特的經驗。

（三）課程即學習成果

「課程」到底是一種達成教育目的的手段，還是「課程」本身即是學習的目的？如果是支持後者的話，「課程即學習成果」顯然就是此派學者對課程的立場與定義。課程是由一系列選擇的成果所構成，將學習的焦點放置在預期的學習結果之上，才是發展課程眞正的目的。此種定義主要是受到70年代工業主義的崛起後對課程的「效率」，以及對「基本能力」關注的影響而產生的，其中最重要的影響是來自F. Bobbitt（巴比特）科學化課程與B. Bloom（布魯姆）等人之教育目標（educational objectives）分類的理論。目前有許多國家的教育仍然將課程視爲此種的定義，然而，許多學者批評以此種方式定義課程，學校就像是工廠，把產品所需要的原料（學生），透過製程（課程），加工製造出理想的產品（成果）。換言之，在此類的課程定義之下，教育的目的將是生產出市場所需要的人才，許多學者也坦言這是最有學習效率的教育方法之一。我國在2001年實施的「九年一貫」的課程改革中便師法歐美國家，將課程定義爲「能力指標」，此即「課程即學習成果」之一例。

以九年一貫之課程綱要爲例，其所揭櫫的「能力指標」是指透過教材與活動的設計，讓學生獲得最後可以表現出來的成果。換言之，這些成果也代表了學生學習完成後必須能表現的能力，「能力指標」不過是特別強調是「以行爲表現出來的成果目標」（performance goals）而已。

圖1-4中，以九年一貫的能力指標「N-1-02能理解加法、減法的意義，解決生活中的問題」爲例，它敘述的是在課堂上經過適當的教學或學習之後，學生能運用加法或減法解決生活中遇到的問題，此即學生要展現的學習成果，當然也是課程的「產品」。然而，要製造出這樣的「產品」就需要有適當的「製程」。這些「製程」可能包括「加法計算」、「減法計算」、「加減混合計算」、「加減應用問題之解題」等活動。換言之，課堂上進行這些活動，其目的就是學生能達成應用加、減法解決日常生活的問題的結果。所以，九年一貫的課程是以「成果」、「目標」爲導向的課程定義。

同樣，在社會領域的課堂中，教師要求學生利用網路搜尋的技巧，蒐集臺中市的人口資料，並且依照行政區、年齡、職業、教育程度、出生與死亡等變項將其製作成長條圖，以比較民國90年到108年之間的變化情形，並進行分組報告。這樣的課堂活動設計其目的就是爲了要達成表1-1社會領域的能力指標「1-2-5調查居住地方人口的分布、組成和變遷狀況」所揭示的學習成果。

數與量

N-1-01	能說、讀、聽、寫 1000 以內的數，比較其大小，並做位值單位的換算。
N-1-02	能理解加法、減法的意義，解決生活中的問題。
N-1-03	能理解加、減直式計算。
N-1-04	能理解乘法的意義，解決生活中簡單整數倍的問題。
N-1-05	能在具體情境中，進行分裝與平分的活動。
N-1-06	能理解九九乘法。
N-1-07	能在具體情境中，解決加、減、乘之兩步驟問題(不含連乘)。
N-1-08	能做長度的實測，認識「公分」、「公尺」，並能做長度之比較與計算。
N-1-09	能做長度的簡單估測。

圖1-4 課程即學習成果（數學領域）

表1-1 社會領域（人與空間）

1-1-1	辨識地點、位置、方向，並能運用模型代表實物。
1-1-2	描述住家與學校附近的環境。
1-2-1	描述居住地方的自然與人文特性。
1-2-2	描述不同地方居民的生活方式。
1-2-3	覺察人們對地方與環境的認識與感受具有差異性，並能表達對家鄉的關懷。
1-2-4	測量距離、閱讀地圖、使用符號繪製簡略平面地圖。
1-2-5	調查居住地方人口的分布、組成和變遷狀況。
1-2-6	覺察聚落的形成在於符合人類聚居生活的需求。
1-2-7	說出居住地方的交通狀況，並說明這些交通狀況與生活的關係。

教師在課堂上設計許多不同的活動，並不是僅僅讓學生參與教育的活動而已，它們背後都隱藏著一個目的，那就是達成學習課程最終的結果。換句話說，不論教師用何種教學方法或是活動作爲過程，其最終的目

的就是要達成課程的成果，意即，課程本身即是目標，而非手段。

（四）課程即計畫

不論對「課程」採取的立場爲何，或是將「課程」如何定義，最終都是要將「課程」訴諸於文件中，才能呈現於世人面前，因此有學者便將「課程」定義爲「課程即計畫」，強調課程是一種「行動的計畫」，是以文件的形式呈現。學校的課程是一項周密的計畫，通常有正式的文件說明或記載課程的規劃、實施的期程與方式，課程學者R. Armstrong（1989）稱此類的課程爲「書寫式的課程」（written curriculum）（pp. 97-121）。此類的課程定義意指課程是以「文件」的形式呈現，所謂課程的「計畫」或「文件」實際是包含了對課程的範圍與順序、教學的進程、教材與活動等有詳細資訊的記載，此類的課程定義通常能被許多視課程爲實務的學者所接受。例如：J. G. Saylor將課程定義爲「對於受教者所提供多種學習機會的計畫」，Wiles和Bondi則視課程爲「一種學習的計畫，而計畫中的目標則決定哪些是重要的學習」，都是此類課程的觀點（Oliva, 2009, p. 4）。既是「計畫」那就表示課程必須要有「文件式」的資料，才能將它訴諸於文字，提供課程有關的人員參考、檢視與修正。

我國將「課程」視爲「一種計畫、書寫式的文件」的定義，可以溯源於2001年我國的九年一貫課程的「總綱」中。教育部於《國民中小學九年一貫課程綱要總綱》中首次提及「課程計畫」一詞，並且對課程計畫的內容加以規範如下：

> 「課程計畫……內容包含『學年／學期目標、能力指標、對應能力指標的單元名稱、節數、評量方式、備註』等相關項目。……在學年開學前，各校必須提出包含七大領域與彈性課程的『課程計畫』，並送教育機關備查。」（p. 13）

自此，我國對於「課程」的定義開始脫離課程與教學混淆不清的渾沌當中。九年一貫課程綱要的「總綱」中，要求各校須依照教育部所明列之規定項目編製自己的課程計畫，此種將「課程」實施的方式與範圍詳列在適當的文件中的做法，正是符合此種「課程即計畫」的定義（教育部，1998，p. 13）。任何一種計畫都必須訴諸於文字，並且以文件的形式呈現，而課程計畫亦是如此。表1-2則是呈現九年一貫所要求的「課程計畫」，其中包含能力指標、學期之學習目標、對應單元、節數與評量等資訊，鉅細靡遺的規劃於書寫式的文件中，代表了此類「課程即計畫」的範式。

表1-2 數學三年級【上學期】課程計畫

三年級分年細目	學習目標	對應單元	節數	評量	備註
3-n-01能認識10000以內的數及「千位」的位名，並進行位值單位換算。	點數四位數（過千）數列	1-1數到10000	1	實作評量	
	千位位名	1-1數到10000			
	讀四位數	1-1數到10000			
	點數四位數（過十）數列	自編			
	點數四位數（過百）數列	自編			
	用千元錢幣付錢	1-2使用錢幣	1	實作評量	
	千元紙鈔	自編			
	能整付千元的錢幣	自編			
	用千百十錢幣組合付錢	1-2使用錢幣	1		
	用位值比較四位數大小	1-3比大小	1	測驗	
	用位值比較三位數大小	自編			
	寫出四位數展開式	1-2使用錢幣			
	換算千位與百位位值	自編	1	測驗	
	用不同位值表四位數	自編			
	從位值算出數值	自編			

三年級分年細目	學習目標	對應單元	節數	評量	備註
3-n-02能熟練加減直式計算（四位數以內，和<10000，含多重退位）。N-2-03	能做四位數進三位加法	自編	1	測驗	
	能做四位數進二位加法	2-1三、四位數的加法			
	能做四位數進一位加法				
	能做四位數退二位減法	2-3四位數的減法	1	測驗	
	能做四位數退一位減法	自編			

*作者整理自編。

表1-3則是另一個範例，來自語文領域之國語科，表中記載二年級國語科的課程計畫，計畫中爲二年級所分配的能力指標，以及由能力指標轉化的學習目標，對應單元、連結的議題、節數、評量方式、備註等項目。

表1-3　國語二年級上學期課程計畫

編號	能力指標	學習目標	對應單元	議題	節數	評量	備註
4-1-1	能認識常用漢字700-800字	能寫出200-250個生字並造詞造句	1-14課			紙筆測驗	214+50
5-1-1	能熟習常用生字語詞的形音義	能説出生字語詞的形音義	1-14課			紙筆測驗	
5-1-2	能讀懂課文內容，了解文章的大意	能夠説出課文的文義、大意、段落大意與文體	1-14課			實作評量	
5-1-6	認識並學會使用字典、百科全書等工具書，以輔助閱讀	能用百科全書和成語字典查資料	1-14課			實作評量	

編號	能力指標	學習目標	對應單元	議題	節數	評量	備註
5-1-7	能掌握閱讀基本技巧	能說出文章的文義	1-14課			實作評量	
		能說出段落大意	1-7, 12-14課			實作評量	
6-1-2	能擴充詞彙正確的遣辭造句並練習常用的基本句型	能用字詞和句型造句	1-14課			紙筆測驗	
6-1-6	能認識並練習使用常用的標點符號	能用冒號、引號、問號、驚嘆號標示段落句子	2-14課			紙筆測驗	
6-1-1	能經由觀摩、分享與欣賞，培養良好的寫作態度和興趣	能模仿課文寫簡單的作文	2.第一個新朋友 4.我希望像 12.小鎮的柿餅節	資訊議題	1 1 1	實作評量	
6-1-5	能概略分辨出作品中文句的錯誤並加以修改	能訂正作文中的錯誤	2.第一個新朋友 4.我希望像 12.小鎮的柿餅節			實作評量	
6-1-3	能運用各種簡單的方式練習提早寫作	能寫書信	3.小雨蛙等信		1	實作評量	
		能寫慰問卡 能寫節慶賀卡	7.黃媽媽的笑臉 14.耶誕樹		1 1	實作評量	
1-1-2	能應用注音符號表情達意，分享經驗	能用注音符號寫出自己的心得	8.天天星期三 9.等兔子的農夫 10.千人糕 11.自作聰明的驢子			實作評量	

編號	能力指標	學習目標	對應單元	議題	節數	評量	備註
1-1-6	能應用注音符號，擴充語文學習的空間，增進語文學習興趣	能讀有注音符號之課外圖書	8.天天星期三 9.等兔子的農夫 10.千人糕 11.自作聰明的驢子	資訊議題		自選寓言故事閱讀 實作評量	
2-1-2	能確實把握聆聽的方法	能回答並寫下聆聽的內容	8.天天星期三 9.等兔子的農夫 10.千人糕 11.自作聰明的驢子			實作評量	
3-1-3	能生動活潑敘述故事	能上臺用國語說故事	8.天天星期三 9.等兔子的農夫 10.千人糕 11.自作聰明的驢子	資訊議題	3 3 3	說話評量	
5-1-3	能培養良好的閱讀興趣、態度和習慣	能按照閱讀計畫，閱讀書籍	8.天天星期三 9.等兔子的農夫 10.千人糕 11.自作聰明的驢子	資訊議題		實作評量	
5-1-4	能喜愛閱讀課外讀物，主動展開閱讀視野	能閱讀課外讀物	8.天天星期三 9.等兔子的農夫 10.千人糕 11.自作聰明的驢子	資訊議題		實作評量	
5-1-5	能了解並使用圖書室（館）的設施和圖書，激發閱讀興趣	能到學校圖書館借書、找書、還書	8.天天星期三 9.等兔子的農夫 10.千人糕 11.自作聰明的驢子	資訊議題	1	實作評量	
1-1-3	能欣賞並朗讀標注注音的優美語文讀物	能朗讀有注音符號的童詩	13.做湯圓	家政議題	3	活動評量	

*作者整理自編。

及至十二年一貫的新課綱，在其「總綱」當中亦提及各校須有「課程計畫」的編訂，無疑是延續九年一貫「課程即計畫」的定義。

> 「課程計畫的內涵須包含總體架構、彈性學習及校訂課程規劃（含特色課程）、各領域／群科／學程／科目之教學重點、評量方式及進度等。」（教育部，2013，p. 31）

表1-4即是按照上述十二年國教之「總綱」規定，而編制之「課程計畫」。在此計畫中詳細的列出學習重點（學習表現、學習內容）、節數、評量方式、教材單元等項目，彰顯出「課程即是計畫」的樣貌。

表1-4 國語二年級【上學期】課程計畫（部分）

學習重點				
學習表現	學習內容	節數	評量	單元
4-I-1認識常用國字至少1000字，使用700字。	Ab-I-1 1000個常用字的字形、字音和字義。	1	紙筆測驗	1-14課
	字形			
	-六書			
	指事 -部首			
	字音			
	-本音			
	-變音			
	-變調			
	字義			
	-本義			
	-延伸義			

學習重點				
學習表現	學習內容	節數	評量	單元
4-I-1認識常用國字至少1000字，使用700字。	Ab-I-2 700個常用字的使用		實作評量	1-14課
	字義	1		
	-本義造詞			
	-延伸義造詞			
4-I-2利用部件、部首或簡單造字原理，輔助識字。	Ab-I-4常用字部首的表義（分類）功能		實作評量	1-14課
	部首的唸法	1		
	部首的意義			
	部首的變體			
	部首的寫法			
3-1-3運用注音符號表達想法，記錄訊息。	B-I-2在人際溝通方面，以書信、卡片等慣用語彙及書寫格式為主	2	實作評量	
	書信功能 書信種類 -印刷式 -電子式 書信格式 -稱謂 -問候語 -正文 -祝福語 -署名 -日期			

*作者整理自編。

表1-2、表1-3及表1-4所呈現的樣式與實質的內容雖然略有不同，但是都顯示課程實施的範圍與順序、教學的進程、教材與活動等詳細的資訊，完整的詮釋「課程即計畫」的定義，此舉也顯示我國對課程的定義已

經逐漸從「課程即教材綱要」，轉向「課程即計畫」另一種新的思潮。

（五）課程即假設研究

Stenhouse（1975）認爲教育是一種科學，每一間教室就像是一個實驗室，而教師就是科學社群中的成員，提供不同的方法將教育的理想轉換成可以在實務中測試的假設（hypothesis）。由於每一間教室都有其環境上的獨特性，所有的計畫都需要由每一位教師在他的教室中測試與證實。Stenhouse認爲課程的發展最重要的並非只是實施一系列既定的課程計畫，而是透過師生間動態的互動，以及深思熟慮的行爲發展課程（引自Grundy, 1987, p. 115）。

（六）課程即系統——管理

此類的課程定義是將課程視爲涉及「人」與「過程」的一種系統，或是爲了要執行課程將涉及的人員與程序加以組織的系統。此種課程定義盛行於美國50年代與60年代，由於當時美國的科技與管理的快速發展，「系統化管理」成爲當時企業界的新潮流，而此種風氣使然，使得教育界也群起效尤，將其引進學校。學生、家長、學校委員會、教師、社區氛圍、經濟水準、學校的目標與哲學等被視爲教育體系的各種元素，彼此互相影響。每一種元素都是自成另一個更大的體系，這些體系只要透過「輸入—過程—輸出」的模式，就可以將各種元素與學校原有的目標加以檢核，並且修正課程以獲得最佳的效率（引自Clegg, 1973, p. 307）。而支持此種課程的主要人物大都是學校的校長，他們認爲教育是由三個主要的元素——「輸入、生產力、輸出」——所構成（見圖1-5）。課程的發展必須根據人力、物理環境，以及財務的資源（輸入），針對學習的動機、溝通、領導風格、決策等，透過適當的教學、評量、視導等（組織與過程）產出滿足社會大眾的要求與期望的成果（輸出）。因此，課程發展的過程特別對課程實施和組織強調管理／領導和視導的層面，因此要求學校的領導者必須具有人際關係、學術的和專門的技巧能力，才能有效的營運學校系統，並且產出預期的教育成果。

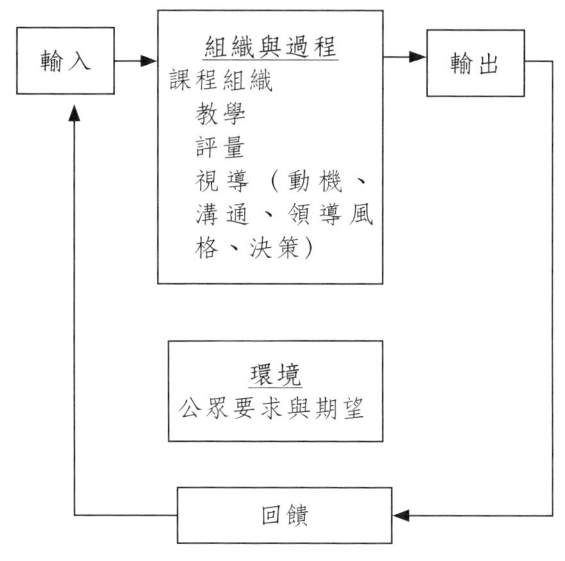

圖1-5　課程即系統與管理的模式

由於此派的支持者認為學校是一種社會系統，課程的改革必須透過政策、計畫，以及人員彼此之間遵循一定的規範和行為，以和諧的方式互動。過程中，他們特別注重教職員彼此的關係，以及課程的決策是如何形成的，因此特別重視學校的組織架構，學校的組織圖（organization chart）便成此類課程觀點的重要文件，其目的乃是說明課程發展過程中所有人力資源的角色與彼此間的關係。課程的成功在於行政人員透過近距離的監督，並且適時的介入及矯正、解決課程所面臨的問題。

支持課程即系統的學者，大都贊同「課程即管理」的觀點，他們認為在學校的系統中，校長應該是扮演課程領導者、教學領導者，以及學校「總經理」（general manager）的角色。當課程以一種管理的觀點作為定義時，意謂著校長就要設定課程的政策與優先性，建立課程改革與變遷的方向，並且計畫、組織課程與教學，同時把焦點放置在學校的組織及課程的實踐方面，他們關心課程的改變與革新，並企圖藉此重建學校的教育。

（七）課程即研究領域

由於課程領域有自己的知識基礎與範圍，也擁有其特有的研究、理論和原則等。從Bobbitt（巴比特）1918年出版《課程》（*The Curriculum*）一書開始，便奠定了課程理論的基礎。其後，1926年美國國家教育研究會（National Society for the Study of Education, NSSE）出版《第二十六輯年鑑》正式揭櫫課程編訂的原則，直至1932年課程研究學會（Society for Curriculum Study）成立後，課程成為與其他科學一樣被視為獨立的學術與研究之領域（McNeil, 1981, pp. 319-329）。

仔細檢視上述不同的課程定義，它們的產出都有一些歷史脈絡可追溯，因為每一種課程定義都是在特定的歷史時期或是特定的社會環境影響下形成的。當課程學者創造或支持某一種課程的定義時，自然也會牽涉到他們對課程的知識或是認識論上的問題。對於發展或設計課程的學者而言，課程的定義不僅是理論上具有其重要性，在課程的行動上更具有深度的影響。課程人員有必要釐清或了解自己對課程的認識觀，因為每個人對課程的觀點會形塑他們處理課程的行為。舉例來說，對於贊同課程定義為科目的課程專家而言，他被賦予的期望或是責任就是要找出科目內容的要素；而對於主張課程是計畫的課程專家而言，就必須計畫學校所有應做的事情。因此課程實務者如能先釐清自己對課程的定義，將有助於課程實務的發展。所以，課程人員對於每一種課程定義加以了解，就能夠明白他們對課程的所作所為是被賦予哪些期望及責任。

第二節　課程抽象的概念

課程學者從不同的角度分析影響形塑課程的因素，對課程遂形成多元的認知，從而建立不同派別的課程概念或理論。然而，眾多紛紜的課程概念和理論讓課程初學者眼花撩亂，因此有學者將各式各樣的課程概念和理論加以分類，從課程的目的、哲學、形式等不同的面向等，試圖以整體的觀點或取向將課程概念與理論整理後，提出系統化的類別。例如：J. D. McNeil將課程分為軟性的和硬性的兩類，軟性是指用人文學科、歷史、宗教、哲學、文學批判等軟性領域的觀點研究課程現象；而硬性的是指採用理性途徑及實證資料，準確地描述課程目前的目標及未來的發展。其他如W. E. Pinar將所有的課程理論家分成傳統論者、概念實證論者與再概念論者三種；E. Eisner與G. Vallance提出五種概念或取向：「認知－歷程」的觀點、「課程即技術」的取向、「自我實現」的觀點、「社會重建－關聯」的取向與「學術理性觀」。又如國內學者王文科（1988）曾將課程理論探究的領域分爲「結構取向理論」、「價值取向理論」、「內容取向理論」及「歷程取向理論」（pp. 376-401）。以下就常見的課程學者對課程的認知加以介紹：

一、A. V. Kelly課程概念

課程學者A. V. Kelly認爲，學習課程的人對於學校整體的課程應該要能夠分辨官定課程（official curriculum）與實際課程（actual curriculum）、計畫課程（planned curriculum）與接受課程（received curriculum），以及正式課程（formal curriculum）與非正式課程（informal curriculum）的差異（Kelly, 2009, pp. 10-13）。

Kelly對課程的觀點如下：

（一）官定課程（official curriculum）

經由政府或是教育機構的認可，或由學校根據政府的課程標準、課程綱要及學校課程文件中所規定的課程內容實施的課程。

（二）實際課程（actual curriculum）

相對於官定課程，實際課程是指教師在學校中或在課堂教學中，實際教導或傳授的課程內容。由於教師對於課程的內容可能因爲某些原因而自行增加或減少，也可能是因爲不了解課程設計人員的意圖，以致實施的課程與原來預定的課程產生差異。

（三）計畫課程（planned curriculum）

計畫課程是指學校在其簡介中或是教學大綱等「文件」中，所明訂的有關教學時必須包含的內容與範圍的課程。計畫課程的文件通常出自政

府、教科書出版社、測驗出版社，或是學校委員會等。教師必須按照這些課程文件所敘述的內容進行教學。

（四）接受課程（received curriculum）

學生實際經驗學校所實施的課程內容和活動，而獲得個人化的體驗與了解。

其中，官定課程與計畫課程都是在課表上可見的課程；而實際課程與接受課程是存於學生的經驗當中。此外，Kelly也對潛在課程和正式／非正式課程的形式提出如下解釋：

（一）潛在課程（hidden curriculum）

指學生在學習課程的歷程中，會產生隱晦而無法預測的結果，這些結果並不是在課程設計時，被有意的計畫出來，也不是存在於教師和課程人員的意識中而產生的效果，但是透過課程的實施後確實存在於學生的意識中，因爲它是伴隨著課程而發生，故稱爲「潛在課程」。Kelly指出，潛在課程是學生學習到許多有關社會角色（social roles）、價值和態度（values and attitudes），甚至是種族歧視（racialism）的意識。對於潛在課程中所產生的學習成果，有可能是正向的成果，也可能是負向的成果。是故，教師除了必須體認潛在課程的存在事實以外，在選擇教材與活動時必須付出更敏銳的觀察與謹慎，發覺學生在課程中所有可能的學習。

（二）正式／非正式課程（formal/ informal curriculum）

正式課程係指學校有安排授課時間表的學習活動，且授課的內容裡具有目標、內容和結構等，例如：科目－單元－大綱－日課表等；而非正式課程則指學校在正式課程以外，有意的安排與辦理的課程，通常是以「活動」的形式進行，又稱爲「課外活動」，讓學生可以參與學習，其系統及組織較不嚴密但卻較具彈性，甚至可由學生自主學習，例如：運動會、園遊會、校外參觀、社團活動、各種比賽等。

二、Klein & Goodlad課程概念

Klein & Goodlad針對課程提出五種概念，以下分別說明之：

（一）理想課程（ideal curriculum）

社會上對教育關心的研究機構、學術基金會、利益團體，以及課程專家等經常因爲社會的發展或變化而提出學校「應該」開設的課程，並且能夠就理論和實踐的角度說明其必要性，就屬於「理想的課程」。這些課程有可能被官方採納，也有可能被拒絕。當它被納入學校裡的課程時，就稱爲「正式課程」。從「理想課程」轉變爲「正式課程」最明顯的例子，莫過於近年來各大學紛紛開設有關職業與生涯相關的課程。由於過去學者專家強調如果學校能提供在校的學生有關職能或生涯規劃的知能，將有助於學生爲自己未來的前途和社會適應等作自我的準備，因此提出學校應該施以「職業教育與訓練」、「生涯規劃」等相關課程。但是這些課程大都停留在社會或學術團體的討論、建議的層次上，並未被學校所接受，因此被稱爲「理想課程」。

（二）正式課程（official curriculum）

由教育行政部門規定的課程計畫、大綱或是教材等，並且列入課程表的課程。各校的課程列在「課程架構」中的科目或課程，都屬於此類「正式課程」。前述中的「職業教育與訓練」、「生涯規劃」等原爲學者專家所提議的「理想課程」，及至2018年在教育部主導下各校才將這些課程納入大學課程架構中成爲「正式課程」，成爲大學必修的課程，這是從「理想課程」轉變成「正式課程」的最好範例。這些課程除了列在各校的課程架構中以外，在實施時也必須遵守教育部所提供的教學大綱與節數等規定，是屬於「正式課程」的一部分。

（三）知覺課程（perceived curriculum）

所謂「知覺課程」乃人們心裡所感知、所體會的課程，是屬於人們腦海中的課程。官方所公布的課程或學校所揭示的正式課程，在實施時常常會受到實施者的知覺和體會的影響，而使得實施的結果產生差異。例如：教師和家長們所體會到、知覺到的課程，與官方所公布的課程之間會

有某種程度的差距。換言之，「知覺課程」則是教師、家長或其他人對「正式課程」的詮釋與認定的課程。此時，多檢視課程的官方文件與說明則可避免兩者之間產生巨大的差異。

（四）運作課程（operational curriculum）

指教師在教室中實際施行的課程。運作課程乃是學校和教室中所實際發生的課程，因爲教師對正式課程的解讀或實施會以個人主觀意識的覺知去實際操作課程的活動，其結果可能產生與原課程預期的成果不同。運作課程不但與理想課程、正式課程間可能有差異，甚至可能與教師所知覺的課程亦有所差異。換句話說，教師對於課程的施爲必須「言行一致」，千萬不可「掛羊頭賣狗肉」，否則極易產生正式課程、知覺課程與運作課程不一致的現象。因此，運作課程通常是教師的知覺課程與課程實施的實際面交互影響下的產物。

（五）經驗課程（experienced curriculum）

指學生在課堂上接受教師的教學並參與課程活動，從教師運作課程的歷程中覺察、體會，以及學習到的認知、情意態度或技能，統稱爲經驗課程。經驗課程是屬於學生對課程個人化的結果，也就是所謂「潛在課程」的部分，教師雖然無法全盤掌握也無法預知，但是對於課程的說明與目的，如果能夠清楚的明示於學生，也有助於學生對於課程實施意義的了解。

三、Eisner對課程的概念

Eisner在1974年對課程概念提出分類，後於1985年修正，將其中一項課程類別「課程即社會重建—相關」修改，並分成「課程即個人相關」與「課程即社會適應與社會重建」兩類，爰此，Eisner在1985年所提出的五種課程定義，說明如下：

（一）課程即認知過程發展（curriculum as development of cognitive processes）

Eisner（1985）認爲學校主要的功能是幫助學生學習「如何學習」，

以及提供機會讓學生運用、強化學生所擁有的智識能力（p. 62）。課程和教學的焦點，應該是促進學生的獨立思考與判斷、提升解決問題等能力的學習，而非記憶內容的資訊與事實。「學習如何學習」是這類課程的重心。

（二）課程即學術理性（curriculum as academic-rationalism）

Eisner（1985）指出學校的主要功能是在最值得研讀的學科中，培養學生智識的成長。課程應該幫助學生獲得足夠的能力與技巧，以便能具備閱讀偉人作品的能力（p. 66）。意即，課程應該將人類文化、文明中重要的廣博知識、思考、理論等提供給學生，培育學生成爲具有智識能力的人。

（三）課程即個人相關（curriculum as personal relevance）

Eisner（1985）指出發展課程時應該將課程對個人的意義列在首位，同時學校應該有責任將此意義彰顯出來（p. 69）。因此，他認爲課程應該是由教師去發展，因爲他們最了解學生，所以發展課程時教師必須與學生協商，而不是服從於學校上級單位的命令。另一方面，學校應該要提供資源豐富的環境，以便學生能發現自己成長的需求，如此一來，課程才能和學生的經驗相關聯。找出學生的興趣，讓它眞正成爲課程的來源，這是由A. S. Neil所主張的兒童中心課程（child-centered curriculum），以具體的方式呈現在夏山小學中，即是此類代表的課程之一。我國的森林小學也是此類兒童中心課程的教育機構之一。

（四）課程即社會適應與社會重建（curriculum as social adaptation and social reconstruction）

課程的目的與內容應該從社會的需求分析而產出。學校的創建是爲了社會的利益，因此學校必須找出社會的需求，或者至少對社會的需求要有感受，而學校所提供的課程就是要滿足社會的需求。學校的課程必須能提供社會所需的人力資源（例如：更多的科學家、醫生、藍領工人等）、能遵從社會固有的價値、遵守社會的秩序、維護民主與自由等，讓學生能適應未來的社會（Eisner, 1985, p. 74）。

另一種主張社會需求應該是課程來源的極端觀點，是來自社會重建主義。社會重建主義強調學校課程要發展兒童與青少年的批判意識，讓他們察覺社會的病態，並且學習如何去減輕或消弭這些病態。學校的課程是幫助學生察覺眞正的社會問題，並且針對這些社會問題採取行動。此類的課程係基於培育學生成爲負起社會改革鬥士的教育目的，學校課程中必須教導學生利用所學，去批判社會中不平等的現象，同時藉由課程實際參與社區的改造、確認和解決現今的社會議題，以追求「階級平等」的社會，意即實踐「馬克思主義」下的理想社會。

（五）課程即科技（curriculum as technology）

學校是具有目的性的機構，而課程是一種系統化的教育計畫，透過可觀察到的行爲，可以評量教育計畫達成教育目的之效率與效能。一旦學生表現得很好，課程即是一個優良的設計。因此，課程設計必須以科學或科技的技術（例如：分析、評鑑、利用現代資源等）設計學習的過程、運用教學策略、提供有效率的資源、尋找課程傳播的有效方式，其最終目的即是完成課程的目標。換言之，此類課程的設計係以學習理論爲基礎，利用「目的—手段」的方式，找出達成課程目標最有效的手段，例如：教學方法、資源和過程（Eisner, 1985, pp. 79-80）。因此，課程被視爲科技的過程，因其特別注重知識的傳播與學習過程和資源的設計。

Eisner另外依照課程的特性，將課程概念分爲三類：

（一）外顯課程（explicit curriculum）

由Eisner所創的課程概念，指學校中具有公開、明顯之教育目標的課程內容；通常出現在全國性或地區性的課程指引當中，或是教師所作的課程計畫、教師方案中。簡言之，外顯課程即是學校提供給家長、學生及一般大眾的「教育菜單」，它明確地指出學校準備提供給學生的課程內容。外顯課程的目標與內容爲大眾所知，也獲得某種程度的認同。例如：讀、寫、算等基本能力的教學，以及科學、藝術、體育、社會等科目的學習，皆是外顯課程。一般而言，學校日課表中所列之學習內容均是外顯課程。依學習活動安排方式的不同，外顯課程可包含正式課程與非正式課程。

（二）內隱課程（implicit curriculum）

由Eisner所創的課程概念，指學校祕而不宣，暗地裡實際進行，以達成某種未公開之目的的課程安排。內隱課程通常以「靜默進行」的方式實施課程。內隱課程的內容可能是學校或教師有意的安排，以達成某種學校人員認同的、心照不宣的目標，甚至於家長也可能知道學校試圖所要教給學生的東西。例如：學校以獎懲方式來增強學生的順從行為，因為教師認為學生在未來的生涯中，大部分的工作都有其階層性，少有個性發揮的餘地，所以學校必須先為學生預備好順從的行為，以便讓學生適應未來的工作世界。所以，利用特定的活動以涵養其標的行為是一種有意識的安排，具有內藏的目的，且為行為者所知曉便是「內隱課程」的特徵。

（三）空無課程（null curriculum）

空無課程又稱為懸缺課程，係1979年美國Stanford University（史丹佛大學）的E. W. Eisner（艾斯納）在其著作《教育想像：學校課程的設計與評鑑》（*The Educational Imagination: On the Design and Evaluation of School Programs*）首度提出的，意指學校該教而未教的學習經驗，包括心智技能（觀點、概念及技能等），以及內容領域兩個層面。其中心智技能的部分，他批評學校課程中經常缺乏想像與創意的心智技能，只注重邏輯、理性思考的心智技能。而內容領域的部分，有的是缺少某些學科，例如：道德與倫理的學科，或是學科中部分的內容有缺失，例如：體育學科中缺乏瑜伽、國術等部分。而國內學者黃政傑則指出第三類空無課程是情意陶冶的部分，均是學校應該教而未教的部分。至於在「正式課程」的課表中，留有空白的時間不規劃任何課程，稱為「空白課程」也是空無課程的一部分。這些空白課程可以讓學生自由選擇休閒的活動，或是從事學校或教師規劃的課程。

根據上述Eisner對學校課程的觀點，課程的形式結構大體上可以由圖1-6的課程分類予以說明。學校的課程可以劃分為「實有課程」與「空無課程」兩大類；其次，「實有課程」中包含了「外顯課程」、「潛在課程」、「內隱課程」等三大類。外顯課程則可區分為「正式課程」與

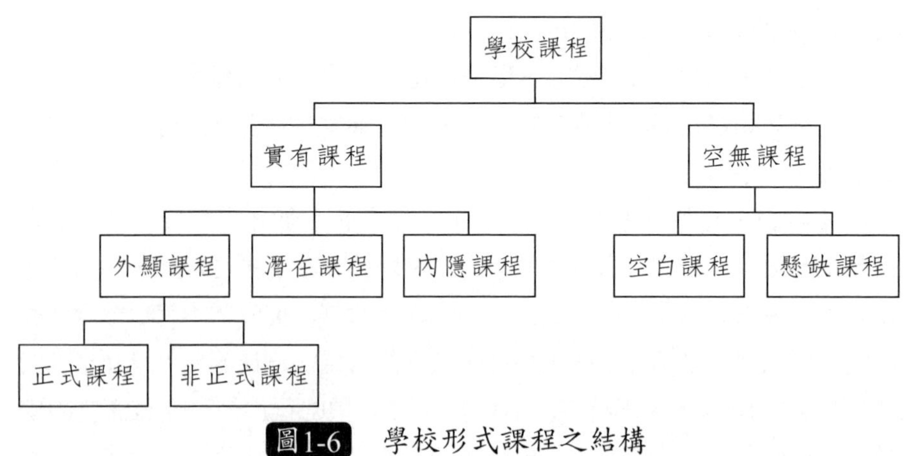

圖1-6 學校形式課程之結構

修改自黃政傑（1992），p. 81。

「非正式課程」。在「空無課程」部分，則可區分爲「空白課程」與「懸缺課程」兩種（修改自黃政傑）。

四、McNeil的課程概念

課程學者J. D. McNeil則是以課程的概念統整各種形式的課程後，提出四大類課程作爲大學中學習「課程」這一門課的基本概念。他的意圖是發展出有關課程的基本概念與各類課程的詮釋，因此他的論述跳脫一般學習課程理論時對課程歷史、社會學，或是其他專門領域的限制，不專論某一位學者對課程的主張，而是以課程的觀點和它的貢獻去了解課程。

D. J. McNeil認爲課程應該依照學者對於課程應該教什麼（what）、教誰（to whom）、什麼時候教（when）、如何教（how）等的想法，將課程分成四大類型：人本主義課程（humanistic curriculum）、社會重建課程（social reconstructionist curriculum）、科技課程（technological curriculum）、學術學科課程（academic subject curriculum）。茲說明如下：

（一）人本主義課程（humanistic curriculum）

人本主義者主張課程應該要提供個人自由解放的過程，以及滿足個人的成長與經驗的需求。換句話說，由於人本主義者通常是自我實現者，因此，他們視課程是一種符合個人成長與統整需求的「解放過程」（liberating process）。在此處千萬不要將「人本主義」與傳統「人文學科」（意指藝術、音樂、文學等學科），或是文化混淆。人本主義主張教育應該要促進個人對自己的理解，它把課程重點從「學科」轉移到「個人」。課程的目標是爲了增加個人自覺（self-awareness），並且減低自我的疏離（self-estrangement）。人本主義課程中最重要的代表人物之一是A. Maslow，他的自我實現觀點是人本課程的中心，每個人展現自我實現的特質並不是他在認知上的表現，而是在美學與道德中發展出來的人格。人本主義的課程是涵養學生成爲一個努力工作與具有良善品格的人。

人本主義課程帶動了1990年代的教育改革，特別是在醫學的教育上發展出人本主義和科學混合的課程。美國將近有127所醫學院開始提供學生以滿足他們對醫病關係的需求，因爲他們需要有更好的人際技巧和面對與了解本身憂慮的情緒問題。

人本主義課程者獲得了所謂「合流教育者」（confluent educators）、「新神祕主義者」（new mystics），以及「激進的批判者」（radical critics）的支持。其中，「合流教育」強調教育應該要引發學生對整體生活的適應。他們相信每個人都要對所有事物的整體，用「全人」（whole person）的方式（包括感覺、想法，以及情緒）去回應，而教育應該以「認知」與「情意」共同合流（confluent）的方式培養學生，不可只偏頗「認知」的一方，而忽略另一方的「情意」。「合流教育者」提出這樣的說法，即是針對目前學校普遍忽略「情意」的教育表示不滿。

「新神祕主義者」是指主張從感官訓練、瞑想、瑜伽或是透過其他超現實心理學（transpersonal）的技巧發現個人價值的人，他們主張教育應該引發個人探求人類心靈與潛能的終極本源的能力，以人生價值、宗教經驗、生死之體認、意識之領悟，以及人類幸福之追尋等爲其主要的焦點。

「激進批判者」則是自然主義者，他們比較喜歡見到教育具有讓人可以顯露天生的人性本質（眞、善、美）的企圖，而不是一種人爲的企圖去適應社會中缺乏人性的機構。

（二）社會重建主義課程（social reconstructionist curriculum）

此類的課程源自於進步主義的理想，大約出現在1920、1930年代的美國，代表人物之一，Harold Rugg也是一位教育改革的先鋒，因爲憂慮學校教育的價值到底在哪裡，因此呼籲世人應該重視課程與文化之間存在著巨大的鴻溝。他將「課程」比喻爲一個「懶惰的巨人」；而「文化」則是一股波濤洶湧的「改革浪潮」，隨時都可晃動社會的裂縫，這樣的譬喻則是在諷刺學校教育無視於社會的改革與變動，課程仍然不思索如何培養學生察覺與解決社會問題的能力。另一位學者George Counts在他的著作《學校敢建立一個新的社會秩序嗎？》（*Dare the School Build a New Social Order?*）中更直指，學校必須開始創造一個新的、更公平的社會。Theodore Brameld則是直言，社會必須建立新的文化，才能打破因爲工業革命而產生社會被少數的人所控制的現象。社會爲了要達到眞正的「民主」，就要讓藍領階級的勞工控制所有主要的政府組織機構，以及它們的資源。教師和工人要結爲同盟，兩者共同建立的社會新秩序，必須獲得大多數族群或是宗教派別的支持，並且賦予他們權力去執行新社會政策。因此他強調課程的發展必須強調社會的需求，並且要能夠超越個人的興趣。他們將課程的首要責任置於社會改革之上，希望創造出更好的未來社會。他們強調社會價值的發展，以及在批判思考的過程中如何利用這些價值。

Paul Freire（佛雷勒）是另一位領導社會重建主義的理論和實務的主要人物之一。他提出學校的課程應該教導學生具有「自覺的文化行動」。意即，社會中的個人應該對社會文化的現實（形塑他們生活的行動）與改變現實的能力達到一種深層自覺的過程。他指出妨礙人們獲得清楚的現實障礙之一，便是「標準化的思考」。社會中的個人行動往往是依據每天從傳播媒體所指示的，而不是因爲自己察覺到自己的問題，而教育系統中的學校往往成爲維持社會現狀的工具。在Freire的認知中，教育的目的不是讓學習者適應社會制度，而是從他所堅持的盲目中解放出來。課程應該教導學生挑戰社會不公平與不正義的現象，也要積極地學習如何參與社會重建任務，透過階級的鬥爭，重新建立新秩序的社會，獲得自由。

（三）科技課程（technological curriculum）

科技主義者視課程是一種科技的過程，其目的是產出課程決策者所要求的成果。科技主義者自認爲他們是客戶（課程）的代理人，因此，他們透過蒐集課程產出的證據，證實他們所設計的課程足以達成教育所想要達成的目標。

（四）學術學科課程（academic subject curriculum）

主張課程學術傾向的人認爲，課程是一種把學科介紹給學習者及學習者組織研究領域的工具。他們認爲課程是要追求具有組織的學科內容，而非提供解決社會問題的資訊來源。具有這些傾向的人認爲，學術課程發展頭腦最好的方法就是精熟課程中的知識，因爲這些知識是有助於學習者理性的思考。

第三節　課程與教學之關係

課程的定義從「教學的內容」、「教材綱要」轉型爲「成果」、「目標」、「計畫」、「經驗」等，甚至延伸至更抽象的概念，逐漸脫離「教學」的範疇，獨立自成一個學術的領域。在釐清課程定義的過程中，也引發了學者對「課程」和「教學」之間關係的討論，到底劃分兩者之間的界線在哪裡？對於課程與教學的關係，學者各有不同的解讀。著名學者Oliva（奧立發）總結Johnson（強生），以及MacDonald（麥格唐納）對課程的定義後，指出所謂課程是一種學程（program）、計畫（plan）、內容（content）、學習經驗（learning experience）；而教學是方法（methods）、教的行動（teaching act）、實施（implementation），以及演示（presentation）（Oliva, 2009, pp.

7-8）。因此，他對課程與教學的分際，簡單而言，就是把課程定義爲「教什麼」，而教學定義爲「如何教」（p. 10）。這兩者的關係可以用下列四種關係模式來代表：（pp. 9-13）

一、二元模式（dualistic model）

在此關係模式中，很明顯的是課程與教學分別位於獨立且分離的兩端，彼此並無交集，也無關係可言。課程與教學各自屬於兩個實體，寫在學校課程計畫內的要進行的學習，與教師在教室內進行的學習活動之間沒有關係，就會產生兩者之間的鴻溝。這種關係也說明了教學如果不以課程爲導向，忽略課程的要求，是極有可能產生這樣的關係。這種情況的發生就如同九年一貫課綱中的能力指標需要以「表現能力」爲課程的中心，但是國內教師的教學經常忽視課綱，只注重教科書的內容，一切以教師手冊爲導向的教學方式，重視知識的層面而忽略能力的表現。

以九年一貫國語的課綱「6-1-6能認識並練習使用常用的標點符號」爲例，因爲它是「能力指標」，其意義很明顯指的是「學生必須具備在任何文章中，都可以標示出正確標點符號的能力。」教學中教師固然會在課文中教導文中出現的標點符號，以及有關標點符號的功能、名稱等知識，但是卻不一定會出示未標有標點符號的新文章，讓學生表現出使用常用的標點符號的能力，以至於學生充其量不過是背下課文中的標點符號的知識，卻沒有養成在新文章中標示標點符號的「能力」。

在此情況下，課綱對教學因爲無法發揮其影響力，因此產生此種課程與教學之關係，如圖1-7所示。

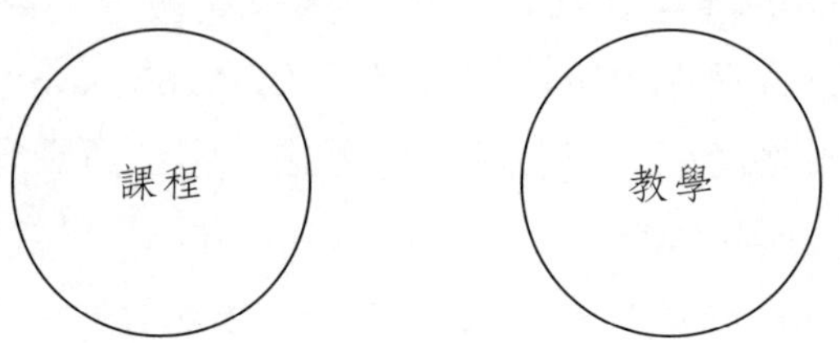

圖1-7 課程—教學的二元模式（Oliva, 2009, p. 8）

二、連結模式（interlocking model）

課程與教學在此模式中被視為是兩種不同的「實體」，顯示兩者從前述二元模式的完全分離關係到有不同程度的獨立性的「連結模式」的關係，它們各自所發展的系統連結糾纏在一起，彼此具有統合一體的關係，其關係如圖1-8所示。此種「連結模式」下的課程與教學關係，可以用「課程目標」與「教學方法」兩者之實體關係來詮釋。對於課程設計的人而言，很難認定教學方法的重要性是高於課程目標的，或是先於課程目標。然而，對於教師而言，許多人認為教學才是最重要的，沒有事先計畫的課程目標似乎也無所謂，只要能在教室的教學裡顯現課程目標就可以了。舉例來說，如果課程的目標是「5-I-4了解文本中的重要訊息與觀點」，而教學方法是教導學生運用刪除法寫出段落大意與篇章大意，兩者一為目標、一為教學方法，彼此具有其獨立性，各自有其「焦點」和「重點」，但是卻又彼此相互依賴，兩者之間便可視為此種「連結模式」下的關係。

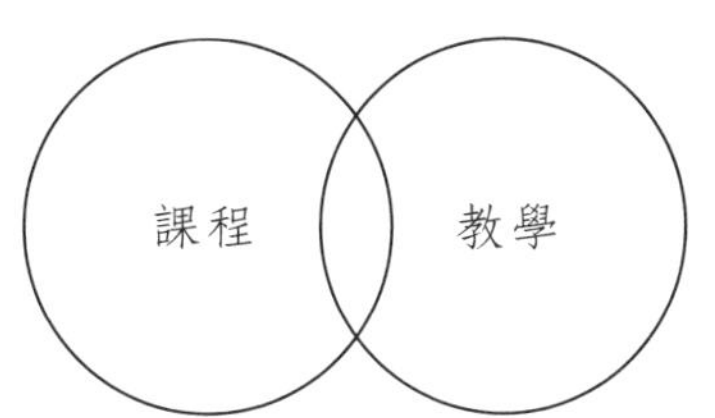

圖1-8　課程—教學的連結模式

資料來源：Oliva, 2009, p. 9.

三、同心模式（concentric model）

當課程與教學兩者相互依存，就具有同心模式的關鍵特性。但是這種關係又分為兩種不同的情況。其中一種情況是教學成為課程的次級系統，課程是整個教育的次級系統（如圖1-9之左所示）。另一種情況是，教學是兩者關係中的主體，而課程則成為附屬的系統（如圖1-9之右所示）。姑且不論兩者之關係中何者爲主體，何者爲附屬，兩者之間確實存在著明顯的階層關係。左圖顯示課程系統高於教學的系統，而右圖顯示教學系統具有支配課程系統的關係。左圖中教學顯然依賴課程而爲，右圖中課程爲教學的下屬且是從教學中衍生出來的。

例如：我國過去把課程定義爲「教材綱要」時，教學爲「教授教科書內容」時，就會有右圖中的關係，亦即兩者都是屬於知識、內容的定義，課程標準中將教材以綱要的方式敘述，那麼課程所敘述的內容自然小於實際教學的內容。然而，在實際教學的過程中，教師除了教授內容外，也會額外包含有其他的內容隱喻或是價值觀念，因此教學成爲課程的上級系統。

但是，如果將課程定義爲知識，那麼教學可能選擇知識中的重要概念或主題作爲教學時，此時課程的系統顯然大於教學，但兩者的屬性卻是相同，都是以知識爲本。

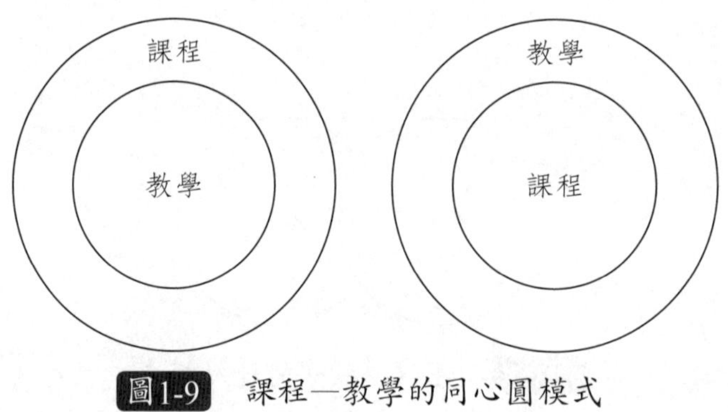

圖1-9 課程—教學的同心圓模式

資料來源：Oliva, 2009, p. 9.

四、循環模式（cyclical model）

當課程與教學存在著循環的關係時，代表兩者是分開的實體，但是彼此之間藉由持續的回饋，讓兩者彼此產生循環的影響（如圖1-10）。意即，當課程的決策確定之後才決定教學的決策，而教學的決策一旦實施且經過評量之後，反過來修訂課程。課程與教學的實體不斷的適應與改進彼此。

此模式常發生於將課程定義爲「目標」與教學定義爲「教授內容」的狀態下。兩者的屬性不同，但在此模式中課程與教學視爲分開的實體，類似天體中循環的一部分，不斷的以圓圈的方式運行，產生兩者彼此間持續性的、相互性的調適與改進。我國在九年一貫的課程改革中，將課程定義爲「能力指標」，透過教學的內容或活動，以學生的「表現能力」評量教學的結果是否達成課程的目標，可視爲此種課程與教學關係的模式之一。

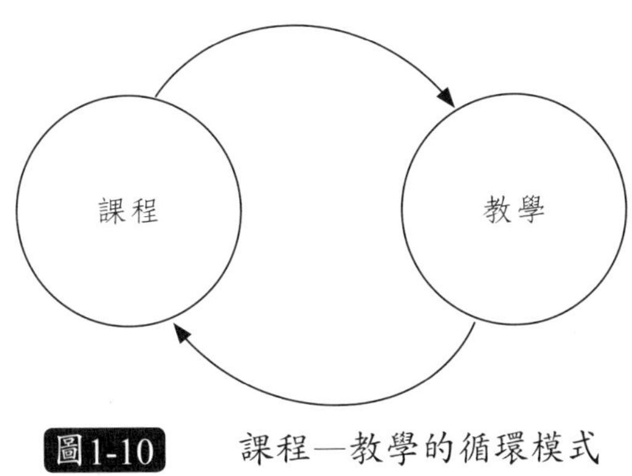

圖1-10　課程—教學的循環模式

資料來源：Oliva, 2009, p. 10.

不論課程與教學的關係如何，在課程與教學的實務中，兩者似乎很難找到極爲明確的關係，因爲兩者的關係必須視課程的定義爲何，才能有較明確的主張。例如：如果把課程視爲「科目」或是「內容」者，教學就是按照科目內容傳授給學生的活動；如果課程是「經驗」，那麼教學就成爲課程的一部分，彼此很難劃分何者爲課程、何者爲教學。此種課程與教學的關係常見於早期泰勒（Tyler）的課程論述中。如果將課程定義爲「目標」，那麼教學就成爲達成目標的「手段」，此種課程與教學之關係常見於以目標爲取向的論述中。如果視課程爲「學習計畫」，教學便是計畫的實施，其間的分野在於尚未實施的計畫屬於課程，一旦實施便屬於教學。

以上四種課程與教學的關係模式並無所謂正確或是錯誤，學者只是基於課程與教學兩者關係的可行性和合理性所提出的一種務實性的立場而已。時至今日，多數的學者或是教師對於課程與教學兩者的關係具有下列共同的看法：

1. 課程與教學彼此相關，但是兩者是不同的實體。
2. 課程與教學彼此連結，也相互依賴。
3. 課程與教學兩者是能夠以獨立的實體進行研究與分析，但兩者若脫離彼此的話就無法運作。

雖然多數人對於課程與教學的關係有以上共同的觀點，但是Oliva顯然對於「二元模式」和「同心圓模式」的課程與教學關係提出警告，如果兩者的關係是屬於這兩種模式將會產生困難和問題的。他也覺得大多數人之所以會贊同「連結模式」的課程與教學的關係，是因爲這種關係可以顯示兩者之間具有高度的相關性，是比較讓人放心的一種情況。相較於大多數人的想法，Oliva本身則是傾向支持「循環模式」的課程與教學關係，主要是因爲在這種模式下兩者是個別的實體，並不是彼此互爲對方的附屬系統，兩者的關係顯然比較單純，有利於各自成爲研究的實體，而且這種模式強調課程與教學彼此持續不斷的對另一方產生影響，在實務應用上具有可行性。以上四種課程與教學的關係中，課程與教學所扮演的角色各有不同，對於課程的實務者而言，必須自己釐清課程與教學的關係，才能對課程的行動有更正確的方向與定位，而不是和教學彼此混淆不清。

參考書目

王文科（1988）。課程論。臺北市：五南。

國家教育研究院（2015）。十二年國民基本教育領域課程綱要：核心素養發展手冊。臺北市：作者。

教育部（1998）。國民中小學九年一貫課程綱要總綱。臺北市：作者。

教育部（2014）。十二年國民基本教育課程綱要。臺北市：作者。

黃政傑（1992）。課程設計。臺北市：東華。

劉玉玲（2005）。課程發展與設計。臺北市：新文京。

Armstrong, D. G. (1989). *Developing and documenting the curriculum.* Boston: Allyn and Bacon.

Ballantine, J. H. (1989). *The sociology of education: A systematic analysis*. New York: Prentice-Hall.

Bloom, B. (Ed.). (1984). Taxonomy of educational objectives: The classification of educational goals. *Handbook I: Cognitive domain*. New York: Longman.

Clegg, A. A. Jr. (1973). The teacher as manager of the curriculum? *Educational Leadership*, pp. 307-309.

Eisner, E. (1985). Five basic orientations to the curriculum. In E. Eisner, *The Educational imagination* (pp. 61-86). New York: Macmillian.

Eisner, E. (1985). The imagination image (2nd ed). Retrieved from http://eds-courses.ucsd.edu/tep129/129C/curricula.pdf.

Eisner, E. W., & Vallance, E. (1974). Five conceptions of curriculum: Their roots and implications for curriculum planning. In E. W. E. E. Vallance (Ed.), *Conflicting conceptions of curriculum* (pp. 1-18). Berkley, PA: McCutchan Publishing. Retrieved from https://mjcoonkitt.wordpress.com/2012/09/03/eisner-vallance-1974/.

Grundy, S. (1987) *Curriculum: Product or Praxis?* London: Falmer.

Kelly, A. V. (2009). *The Curriculum: Theory and practice* (6th ed.). London:

SAGE Pub.

McNeil, J. D. (1981). *Curriculum: A comprehensive introduction* (5th ed.). New York: John Wiley & Sons.

Oliva, P. F. (2009). *Developing the curriculum* (7th ed.). New York: Harper Collins.

Spencer, H. (1860). What knowledge is of most worth? In H. Spencer, *Education: Intellectual, moral, and physical* (p. 21-96). Retrieved from https://doi.org/10.1037/12158-001

UNESCO Teaching and Leaning for Sustainable Future (2010). *The curriculum.* Retrieved from http://www.unesco.org/education/tlsf/mods/theme_a/popups/mod05t01s01.html

第二章　課程領域的源起與演變

第一節　課程領域的源起

第二節　美國課程領域的演變

第一節　課程領域的源起

課程是教育活動中最重要的元素之一。有關課程的思考與主張，在教育論述中還沒有出現「課程」這一個專有名詞之前，就已經存在。早期各國對課程的想法主要聚焦在構成課程基礎的學科本身。例如：在中國，《史記》中，有「孔子以六藝教人」之說，禮、樂、射、御、書、數之六藝即是指教育學科的總稱。中國古代以「四書」（《論語》、《孟子》、《大學》、《中庸》）和「五經」（《詩》、《書》、《禮》、《易》、《春秋》）作爲學校的課程（國立編譯館，1987，pp. 83-84）。「四書」與「五經」是爲「課程」，而《論語》、《孟子》、《大學》、《中庸》等則類似現今的「科目」。在西方，古希臘羅馬時代學校裡所設的課程，包含七門學科——文法、修辭、邏輯、算數、幾何、天文、音樂，稱爲「七藝」（林玉体，1984，p. 62）。這些文法、修辭、邏輯、算數等即所謂的「科目」，而「七藝」則等同於所謂的「課程」。

十七世紀以後西方的實用學科，如：理科、地理、歷史等，開始加入原有的七藝課程；十八世紀的教育因爲受到科學發明的影響，例如：笛卡爾發明解析幾何、哥白尼提出太陽中心說、伽利略發明望遠鏡，以及顯微鏡、羅盤等的使用，使得學科的種類更多元。這些實用學科的出現，將當時沉迷於神學、哲學辯論與古書、古文研究的教育喚醒，轉而以大自然的理解作爲教育的軸心。自然科學及一些技能性的學科，如圖畫、勞作、音樂、體操，以及縫紉等，紛紛加入學校的課程，使課程漸漸能符應社會的需求。

美國對於課程研究與發展的論述比起其他的國家來得豐富許多，相關的理論，無論是對課程的分析、課程概念的建構，還是課程的改革，都領先於其他國家。所以，現今探討課程領域的焦點仍以美國爲主要探究的對象。

美國在宣告獨立（1776）之前，其所實施的教育就是歐洲各國教育的翻版。其課程之組織也和英國相似，從圖2-1中哈佛大學的課程表就可見這樣的事實。但是隨著美國革命後的民主化，開啟全民教育後，才逐漸擺脫英國的約束與影響（林玉体，1984，p. 236）。

週次	班級	8:00—9:00	9:00—10:00	10:00—11:00	1:00—2:00	2:00—3:00	3:00—4:00
週一	一	邏輯 物理			演說（個別）		
	二三		倫理學 政治學			演說（個別）	演說（個別）
	三四			算術 幾何			
週二	一	邏輯 物理			演說（個別）		
	二三		倫理學 政治學			演說（個別）	
	三四			算術 幾何			演說（個別）
週三	一	字源學及造句			希臘文法		
	二三		希臘詩及辯證			希臘詩及演說	希臘作文及詩
	三四			希臘文			
週四	一	希伯來文法			聖經		
	二三		閃語（Chaldee）			以斯拉及但以理書（Ezra & Daniel）	
	三四			敘利亞語（Syriac）			新約
週五	一	修辭	演說（個別 一月一次）		歷史（冬）生物（夏）		
	二三	修辭	（同上）		（同上）		
	三四	修辭	（同上）		（同上）		
週	一	神學	話家常（Commom-places）				

圖2-1　美國哈佛大學的課程表

1890年代，美國為了解決學程中不斷增加的學科，開始對不同學科之間的相關性（correlation）進行探討。為了解決新興學科數量急遽膨脹的問題，學者提出以學科之間的聯繫，將大量的學科加以組織，並且按照學生的心理發展加以整理（McNeil, 1981, pp. 320-321）。例如：在科學的課程中把數學當作工具的學科加以教導，另外，語言也被當作一種表達、理解的工具學科。各種學科也按照難易的程度，配置於小學、中學、高中等階段。在當時，也有學者主張按照學生或是問題作為課程的組織策略，類似此種利用系統的方式整理、組織學科，開始探討學科與學科之間的關係成為當時課程的主要想法。對於課程的研究開始興盛，此後不到50年的時間裡，課程即被公認為是一個專業的領域。

課程成為一門研究的領域大約是在二十世紀初期，主要由四個重要的事件所促成的：

（一）1918年被學者視為「課程領域」的誕生之年，主要原因之一是現代課程領域中一位非常重要的人物——Franklin Bobbitt（巴比特）在這一年出版了《課程》（*The Curriculum*）這本書，奠定了現代課程理論的基礎（Kliebard, 1968）。在其著作中，他首先提出課程必須從人類社會與生活中產出，並經過科學的調查、分析後，才能選擇並編制成學校的課程。

（二）學者指出美國Denver學區在1922年所推動的「學校課程改革計畫」——丹佛計畫（Denver Plan），是促成課程成為獨立的學術專業領域的另一個重要的事件（Tanner & Tanner, 1990）。當時的督導Jesse Newlon將課程的編制交由兩個委員會負責：(1)學科委員會（由教師組成，分為小學、初中與高中組，負責學科的內容分配）。(2)中央組織委員會（由行政人員組成，負責主修與副修課程的架構）。兩委員會共同制定課程。由於Denver Plan模式的成功成為當時修訂學校課程的典範，各地區紛紛起而仿效，從此課程的編制成為課程的主要焦點。因此，自1920年代以後課程編制（curriculum making）逐漸被認定是教育領域中的專業活動。

（三）將課程推向成為獨立研究領域的重要推手，當屬1926年美國國家教育研究會（National Society for the Study of Education, NSSE），所出版的《第二十六輯年鑑：課程編訂的基礎與技術》。在該年鑑中揭示了課程編訂的重要原則，成為課程領域當中重要的基本理論。在年鑑出版之前，學者對於「課程」的概念與理論有極大的爭議，年鑑的領導人Rugg遂在編製年鑑的過程中，努力的取得各學派對課程發展的基本共識，終於將各學派制定課程的方法協調出一些共同的原則。這些原則包括：(1)教育目標的決定；(2)課程內容的選擇；(3)課程組織的方式。這三者成為日後課程領域中編制課程的基本原理與原則。

（四）1932年課程研究學會（Society for Curriculum Study）成立後，更強化了課程的學術性研究，「課程」才真正確立為正式的、獨立的學術領域。

「課程」在教育領域中的重要性，不僅僅是實踐教育理想的手段或目的，更是保留、傳承、累積人類文明知識的核心。然而，「課程」在另一方面又極受當代社會思潮與脈動的影響，特別是來自哲學、心理學與社會學的影響，讓課程的發展產生多元的樣貌，也使得課程研究變得多采多姿，成為一個新的教育研究領域。

第二節　美國課程領域的演變

從教育領域中對課程與教學之間的關係的關注，許多人也抱持另一種對「課程」的觀點，那就是「課程」本身也是一種科目。目前大學裡除了研究所層級必有「課程」這一門課以外，我國甚至在大學的學程裡也加入了「課程」這一門課，因此有了課程發展、課程設計、課程理論、課程實踐、課程評鑑等學科或內涵，將教育領域的範圍從教學擴大至課程的領域。除此之外，讓學生了解課程領域的歷史發展或變革也成為其中包含的內容。了解課程領域發展歷史的目的，主要基於兩個重要的理由：（一）對課程理念與實務中尚未解決的問題持續奮鬥；（二）藉由分析過去課程編製的過程，了解什麼是課程的意義。在課程發展的演進中，有哪些教育議題是從過去延續到現代的？哪些問題仍然值得持續研究解決的？課程在教育中的地位與功能是什麼？課程的意義是什麼？尋找這些答案一直是課程專家們持續研究的動力，更是課程領域中必須思考的重心。

在教育歷史的軌跡中，看到課程重心不斷的移轉、變形、融合，這樣的現象大抵都與知識的觀點有關。從課程最初以追求知識、獲得知識爲目的，進而將知識視爲工具，作爲適應社會、改造社會的手段，或將知識視爲能力的基礎，成爲國際競爭下的核心資源，如此，形塑成課程的多元觀點與持續不斷的演進。以下就美國課程領域的演進分成五個階段，分別說明之。

一、麥克馬利兄弟之赫爾巴特主義影響時期（C. McMurry & F. McMurry）

推動美國課程領域發展最早的，應是Charles A. McMurry（1857-1929）與他的兄弟Frank W. McMurry（1862-1936）。當時這兩人都受教於有教育麥加之稱的德國Jena大學，並且深受Johann Herbart（赫爾巴特）所著《教學原理綱要》（*Outlines of Educational Doctrine*）的影響（鍾啟泉，2005，pp. 95-96）。赫爾巴特是德國著名的哲學家、心理學家，是將教育推向成爲學術領域的創始者。他將哲學與心理學應用於教學中，提出五步驟教學法，並且以「興趣論」作爲學校課程組織的方式。他主張以六類興趣作爲選擇與決定課程的基本原則：（林進材，2013）

1. **經驗的興趣**：學校應該讓學生有機會直接對各種事物或現象進行觀察以獲得知識；依據此項原則選擇自然、物理、化學、地理等學科以培養學生的經驗興趣。
2. **思辨的興趣**：學校應該讓學生有機會將觀察的事物或現象提出解釋，推論其因果關係與影響；依據此原則選擇數學、邏輯學、文法等學科，可以鍛鍊學生的思維能力。

3. **審美的興趣**：學校應該培養學生對於美的本質與藝術品的鑑賞，以及道德的完美；依據此原則設立文學、圖畫、音樂等學科，可以培養學生的鑑賞力與審美觀。
4. **同情的興趣**：學校應該培養學生對他人具有如兄弟／姊妹一般的情誼與關懷；依據此原則設立本國語、外國語（古典語與現代語）學科，培養學生彼此溝通的能力，建立情感。
5. **社會的興趣**：學校應該將學生的同情興趣從個人擴大到對於社會大眾群體的關心，培養學生對自己民族的興趣，對社會的慈善之心、關心社會公共的改革、具有商業互惠的心胸與愛國之心，參與社會的合作則是最高的形式；依此原則應設立公民、歷史、政治、法律等學科以培養合作的精神。
6. **宗教的興趣**：學校應讓學生了解人類的命運不是操縱在人類權力之上，就如同自己的命運也並非操在自己的手上，因此人的內心會感到恐懼與希望。依此原則應設立神學、宗教等學科，以安定學生的心靈。

赫爾巴特的理論是以兒童的興趣作為決定學校教育目的之原則，學科則是依照學校的教育目的作為選擇的原則，不同的學科依照兒童興趣的類型加以組織分類。此種透過學科的選擇與組織達成教育目的的課程想法，深深地影響McMurry（麥克馬利）兩兄弟。返美後，他們透過觀察與研究美國的學校教育後提出五個問題：（McNeil, 1981, p. 323）

1. 教育的目的是什麼？
2. 什麼學科最富有教育的價值？
3. 學科如何和教學方法連結？
4. 什麼是學習的最佳順序？
5. 要如何組織課程？

McMurry（麥克馬利）認為課程的中心問題在於選擇正確的組織中心

（organization centers，亦即後來所謂課程的主題或議題），而這些課程的組織中心必須能讓新、舊知識之間可以結合，而它們和教育目的之間的關聯則是選擇的重要原則。

二、杜威之工具主義（instrumentalism）知識論影響的時期

John Dewey（杜威，1859-1952）將知識視爲是理解世界和改造世界的一種工具，所以學校教育的目的不應該侷限於赫爾巴特學派所主張以「知識的獲得」作爲課程的中心。相反的，他認爲課程應該是培育兒童在面臨問題時，藉由觀察各種條件，建立假設，透過實驗操作獲得知識與技能的能力（鍾啟泉，2005，p. 98）。他強調當前的學校課程再也無法滿足工業化社會的需求而必須加以改革，學校應該要成爲能夠反映現實社會的「微型社會」，而且要以此爲學校教育的主要責任。兒童在學校中接受的指導，要與其實際的生活相結合，同時也期望他們未來能負起社會的責任。因此，Dewey在芝加哥大學實驗學校的課程中加入了手工的訓練科目，例如：烹飪、裁縫、編織、木工與金工等以實現其教育的理想。

Dewey反對課程僅僅是爲了要獲得學科的內容與知識的目的；相反的，他相信學科組織的目的是讓學習者可以用來了解與重組經驗的工具。於是，Dewey提出許多基本的問題，直到今天它們仍是課程探究的焦點：

1. 用什麼方法能夠將兒童自然的觀點與專門知識的科學觀點結合？
2. 知識如何成爲豐富社會生活的工具？
3. 如何幫助兒童表現出道德的行爲，而非僅有道德的觀念？
4. 課程如何將秩序、能力、主動、智識帶入兒童的經驗中？
5. 如何幫助教師依照自己對兒童生長的權威性理解去制定課程？

Dewey對課程的想法改變過去把課程視作一種獲得學科知識和訓練個人心智的手段；相反的，應該將課程視爲兒童適應未來社會的教育歷程，唯有將兒童置於課程的中心，才能使課程與社會需求、社會適應產生

密切的關聯。

三、巴比特與查特斯之科學化課程影響的時期

（一）巴比特（Franklin Bobbitt, 1876-1956）

「科學化課程」是指運用實證的科學方法決定「教什麼」。Bobbitt與Charters深受工業主義的影響，主張「效能」與「經濟」應該成爲教育主要的考量。在課程領域的演進上，首次出現因爲課程而對社會產生探究的興趣，教育的目的開始和社會的職業、工作，以及工作條件等產生關聯。學校對於教育的觀念逐漸從訓練個人的心智，轉向滿足個人與社會的需求。

此外，十九世紀由於生物學、物理學、化學的進步與發展，使得科學大量運用於農業、製造業，以及生活的各層面。不僅如此，科學實驗的精神也影響教育的思潮，Bobbitt與Charters便是將科學的思考方式帶進課程編訂的主要人物。

在Bobbitt的著作《如何編制課程》（*How to Make a Curriculum*）一書中，敘述他自己從學術研究轉向以滿足社會的需求去編制課程的個人經驗。他在美國占領菲律賓的初期是以委員會的成員身分，被派遣去協助當地政府制定小學課程。他將美國學校所熟悉的閱讀、數學、地理、美國歷史等教科書組織成一到八年級的課程，然後複製到菲律賓的學校。結果，菲律賓的教育部長毫不考慮地拒絕這個完全美國化的課程內容；相反的，他協助Bobbitt與他所屬的委員會仔細的研究菲律賓當地社會的現實情況，並據此編訂課程。於是Bobbitt把「獲得健康」、「賺錢謀生」、「享有自我實現」等帶入課程當中，並且依據菲律賓的文化去設計課程的活動。

Bobbitt的菲律賓經驗促使他注意到課程的編訂需要有一些原則，更需要有專門相關的研究。此外，Bobbitt更主張構成課程的活動應該是預備學生未來多采多姿的「成年人生活」，而非有趣的童年，他認爲課程的編訂時應執行的程序如下：（McNeil, 1981, pp. 329-335）

1. 將人類廣泛的人類經驗分成數個主要的「領域」，包括：語言、健康、公民、社交、娛樂、宗教、家庭、職業。
2. 再將「領域」細分成更具體的活動。
3. 從履行活動所需的能力產出目標。
4. 選擇適合學生的目標。
5. 詳細的計畫。

（二）查特斯（Warrett W. Charters, 1875-1952）

W. W. Charters（查特斯）主張課程的內容，必須有理想（ideals）與有系統的知識（systemized knowledge）。他強調有理想的課程雖然短期內不一定會讓人滿意，但就長期而言，必定會讓人推崇。這些理想如果是由學校的人員來選擇那就更具有價值，因為透過這些學校的人員在公領域與私領域生活中不斷深思熟慮的想法，加上對學生需求的調查，經過仔細的衡量後形成課程的理想。在課程制定當中，教師扮演最重要的關鍵角色，因此教師必須能分析課程的活動，了解這些理想可以應用到哪些的活動中。查特斯強調課程的知識必須對學生的生活有用，以及具有引起學生動機的意義。為了怕化學、歷史、物理、數學等有組織的知識不在學生生活的課題內，他特別強調利用工作分析可以突顯基本學科（應用數學和英語）和延伸學科（用以了解人類的活動或是活動的原由）的重要性。

Charters（查特斯）認為從生活課題中分析學科的內容，可以了解學科內容中哪些因素是重要的、哪些更值得關注。將學校所選擇的課題中的學科要素加以教導，讓學生可以將知識應用於更廣的社會活動中。

Bobbitt與Charters是科學化課程編訂的代表人物，他們將教育目標（goals）、課程目標（objectives）和活動（activities）之間的關係（relation）作為編訂課程時最重要的考量。他們認為教育目標的選擇是主觀的過程，但是課程目標的選擇與決定則是實證的、科學的過程。因此，學科的知識與學生日常生活的實際需求之間的關係，應該是課程最主要的問題。

四、卡斯威爾之課程在地化發展影響的時期（Hollis L. Caswell, 1901-1988）

第一次世界大戰前，影響課程的主要因素大都是來自學校體系之外的學者或專家，鮮少是來自學校內部的教師或行政人員。學者專家是透過全國性的委員會或是撰寫教科書的方式主導課程的目標或是內容，在地的學校只能根據這些學者專家的目標或是內容，決定學校要增加哪些科目或是使用哪一種教科書。換言之，學校對於課程本身並沒有決定的主導權。1920年以後，科學化的運動開始直接影響學校的課程。新型的教科書強調課程必須和成人與兒童每天生活中所需的能力具有相關性。大學的學者們發現如此一來，他們對於課程決定的權力受到挑戰，而運用科學的方法形成課程的方式逐漸受到學校的注意，研究課程已不再是學者的專利。在1920年代中即有學校開始自行研究單獨學科裡的內容及學習的問題，特別是有關學習的困難，以及如何透過教學去克服它們。

1926年代許多學校開始進行課程的修訂。他們反對課程以一般性的目標作爲基礎，因爲如此一來，所有的課程彼此之間就都具有關聯性。由於當時州政府的教育部門負責選擇課程的目標，只將活動的選擇權交給老師。有時學校的校長或少數的教師代表會根據社會的需求選擇一些課程的目標，由學校老師組成的委員會列出適當的活動來實驗。在個別的學區或是整個州會指派一位主管負責學科內容的督導，課程專家則扮演諮詢的角色。

H. L. Caswell（卡斯威爾）認爲這樣的作法會限縮了教育的目的，於是他將注意力從學科內容的產生轉向教學的改進。他認爲課程發展應該是一種「手段」，用來幫助教師將自己對於學科的內容、兒童的興趣、當代社會需求的知識等應用於日常的教學工作。在他的想法裡，學科內容、兒童興趣、社會需求成爲課程的三個要素（甄曉蘭，2004，p. 29）。他在維吉尼亞州邀集了16,000位教師與行政人員共同編訂學科的內容。透過這個過程，他讓老師看到學科內容的用途其實是非常有限的。教師們應該可以了解學科的內容只是作爲學習的資料，並非是實施課程時必須依據的細則。

Caswell提出七個問題，作爲編訂課程時必須注意的：

1. 到底什麼是課程？
2. 要如何發展課程的修訂？
3. 學科內容的功能是什麼？
4. 我們如何決定教育的目標？
5. 什麼是組織教學的最好方式？
6. 我們如何選擇學科內容？
7. 我們如何評鑑教學的成果？

Caswell相信課程不僅僅是預備兒童的經驗，也包含對兒童實際經驗的了解，因此教師與學生的互動是課程中很重要的層面。預備課程的內容只是課程改進的一個開端而已。

課程需要改變，其目的是讓學校可以更符合社會的需求。他主張課程應該培養學生對於社會問題的敏感性，提供學生參與社會行動的機會。學校應該成爲一個替所有人提供機會的管道，因此學校必須對種族之間的相互了解、團體之間的關係、家庭的生活、民主的理想、自然資源的保護等做出貢獻。

Caswell認爲對於改變課程的要求，必須經過下列五個條件的考量：

1. 符合民主的價值。
2. 符合學習者發展的需求。
3. 其他機構無法完成的。
4. 社區支持的。
5. 無法取代其他具有高度價值的課程。

Caswell視課程發展的重要任務是將學科範圍、哲學、心理學與社會學的資料加以綜合的工作，而這些資料必須透過選擇與組織排列成爲學習者的重要經驗。所以，他認爲課程是一個研究的領域，不再是學科內容的組織，而是一種過程（process）或是程序（procedure）。後來的學者也將這三個因素視爲課程的基礎理論。

五、泰勒的理性課程編訂原則影響的時期（Ralph W. Tyler, 1902-1994）

R. W. Tyler（泰勒）曾經領導著名的美國國家研究計畫——八年計畫（the Eight-Year Study, 1933-1941），總計有30所高中、300所大學與學院參與該項計畫。十年後，Tyler集結了他透過檢視、分析、陳述對課程的想法，於1949年在芝加哥大學出版他的手稿《課程與教學的基本原則》（*Basic Principles of Curriculum and Instruction*），他所提的這些原則被視爲是近代課程編制的指標性原則，更主導了近半世紀的課程理論與課程探究。Tyler認爲課程必須探究四個問題：（p. 1）

1. 學校應該追求什麼教育目標？
2. 學校應該提供哪些教育的經驗，以獲得教育目標？
3. 這些教育經驗要如何有效的組織？
4. 如何確定教育目標已經獲得？

Tyler認爲教育目標的選擇是一件很困難的事，如果目標要具有信度（validity）就必須以學習者心理的需求、興趣、當代的生活、對每個人都有用的學科內容（而不是對成爲一位學科專家有用的知識）作爲選擇的依據。Tyler同時建議學校的教職員應該依照學校所持的「教育哲學」與「學習心理學」的觀點，負起篩選（screen）教育目標的責任。他首次使用「學習經驗」（learning experience）一詞作爲提供學習情境的計畫，並且將學習者先前的經驗與在情境中的覺知包含在內。這些學習的情境或是經驗要如何組織，才能在學習中達到學校所追尋的有意義的改變，並且累積最大的學習效果。舉凡所有的概念、價值與能力應該像布料的經緯線一樣，交織、貫穿整個課程的組織。

Tyler將「評鑑」視爲課程發展的重要活動之一。他把評鑑視爲找出學習經驗是否產出預期結果的過程，也是一種能夠發現學習經驗優、缺點的過程。他主張測驗（tests）必須指出教育目標是否達成，而測驗不必一定是紙筆的形式，舉凡對學生的觀察、學生的作品、學生參與學習的紀錄，以及其他的形式都應該包含在內。Tyler對於課程與教學的原則問題，成爲二十世紀前半時期最重要的課程觀點。

繼Tyler之後，許多課程發展理論均延續他的理論，例如：Goodlad（古拉德）、Taba（塔巴）和Kerr（柯爾）等人建構課程的模式均依循其基本的概念，也無人能出其左右（詳見第四章）。當課程發展模式或是理論發展到極致之後，課程領域似乎無法突破這樣的框架，它的發展已經停滯，也讓人對課程領域開始憂慮其是否能如同生物的有機體一樣，可以不斷擴張其學術性的探究以維持其生存空間。因此，有學者開始從不同的角度重新建構課程領域的概念，其中包含對Tyler的課程論述的批評。如此一來，對過去的課程觀點提出批判，讓課程領域有了新的視野，形塑出更多元的課程理論與探究的方法，也確保課程的專業領域能成爲學術的有機體。

六、近代課程領域的發展趨勢

（一）課程理解的概念重建主義時期（70年代到80年代）

概念重建主義者（reconceptualists）認爲，Tyler對於建立課程理論的說明或是闡述太過簡單、封閉與官僚化，課程的理論應該從直覺的、個人的、神祕主義的、語言的、政治的、社會系統等面向去闡述與說明它們建立的意義。概念重建主義者要求重新思考、反省與解釋課程的內涵，賦予課程新的概念，並且重新定義、詮釋、再概念化課程的領域。概念重建主義認爲過去課程的領域著重在如何創造課程，現在的課程則是應該轉向對課程的了解。Pinar（派納）甚至宣稱所謂的「課程發展」（curriculum development）已經在1969年結束了，取而代之的是「課程理解」（curriculum understanding）。

科學化課程的理論從Bobbitt與Charters開始，到Tyler的課程原理都看到它的發展，而各種課程模式如雨後春筍般的出現，呈現飽和的狀態，其共同之目的都是以課程的創造爲主。此時，課程的發展在課程領域中已經無法再超越；於是，許多的課程領域的研究者逐漸從課程的創造過程中注意到當課程被定義爲「目標」、「教材」、「經驗」時，對於課程發展者或是教師與學生而言，它們不僅僅是課程的形式，更代表了課程發展中隱含的教育觀、知識觀、教育立場，以及師生的定位。對於課程領域而言，這是一個新興的議題與探究的方法，可以充實課程領域知識的學術性。因此，將它納入課程領域並且形成課程領域的知識，是「課程理解」面向發展的重要原由之一。

從70年代開始，課程領域的「概念重建」的思潮開始批判Tyler的課程原理，並且從不同的層面去研究課程的立場或是尋找其背後的意義，例如：性別、種族、政治、美學、多元文化、全球教育等。換言之，把課程視爲眾多文本之一。於是，課程是歷史文本、政治文本、種族文本、性別文本、現象學文本、後結構主義的、解構的、後現代的文本、自傳式文本、美學文本、神學文本、制度文本及國際文本等，從這些不同的文本課程之中，我們去探究課程本質是什麼？具有何種意義？它如何看待知識、選擇知識？它如何處理課程的議題？其所隱含的教育立場與偏見爲何？William Pinar在1995年出版《理解課程》（*Understanding Curriculum*）一書，就是嘗試以不同的課程「文本」（text）分析課程的本質，深層的理解課程的概念。對於概念重建者而言，從不同的觀點去探討隱藏在課程背後的意識型態才能眞正了解課程。這些課程文本的觀點簡述如下：

1. **種族文本課程**（political curriculum theory）：旨在課程中揭示種族的歧視及其根源，以種族的自主概念檢視課程中有關社會公正的問題。期望能透過課程文本的分析提醒世人對種族的意識，進而追求種族平等和社會的公平。
2. **美學文本課程**（aesthetic curriculum theory）：主要探討課程的知識如何和學生的生活經驗與個人的意義相連結，以及課程設計人員和教師如何有技巧的表現他們的角色。
3. **性別文本課程**（gender curriculum theory）：主要是探討課程中的性

別歧視，體現性別與課程的關聯，促使個人能承認、擁有對性別特質的察覺，期望能透過課程消除性別歧視，尊重性別平等。

4. **社會的／政治文本課程**（social/political curriculum theory）：課程的建構常常在經濟、政治的情境中形成。歷史上許多的課程是基於國家安全、國家生存與國際競爭的意識而建立課程。探討政治文本的論述大都屬於批判取向的，關心課程意識的型態，以及課程決定中政治權力的運作與彼此之間角力的情況。換句話說，政治文本課程主要是探討誰應該控制知識的選擇與分配，以及採取何種機制。

5. **現象學文本課程**（phenomenological curriculum theory）：受到二十世紀中西方國家倡導「現象學運動」的影響，把課程作為「現象學文本」來理解。兒童和教師的日常受到他人、文化的傳統、語言、他的／她的發展，以及社會經濟、自然的影響，但是只有符合教育的目的與意圖的影響才會被鼓勵，然而這些對於兒童是毫無用途的課程元素。現象文本檢視課程中兒童在學校活動中對生活世界的經驗本質，以及知識的產生，透過兒童的自我回應（self- reflection）與表達，了解他們對學校活動眞正體驗到的是什麼。教師唯有了解兒童的經驗與觀點，才能讓學校的活動具有對個人改變的教育意義。

6. **自傳性／傳記性文本課程**（autobiographical/ biographical text）：主要從教師的傳記和自傳的角度理解教師，這些傳記包括合作性傳記、自傳實踐、教師的「個人實用知識」、教師經驗（teacher lore）和教師生活的傳記等。

課程領域從課程的創造轉向課程理解，意謂著我們開始意識到課程的複雜性不似Tyler課程原理中所闡述的那樣簡單與中立。透過課程的理解，我們開始關注課程中個人——特別是教師，用什麼方式理解課程。從不同的課程文本，藉由分析以釐清它們背後的課程專業理念，對於課程的內容如何做出選擇、判斷與關聯？這些在課程行動中特別是對課程的對象——學生可能產生的影響是什麼？另一方面，課程領域的知識也藉由

「課程理解」的加入更形豐富，研究的議題更多元化，其結果是擴大了課程領域的範圍。

（二）現代課程轉向後現代課程（80年代）

「課程理解」主要是對於課程的本質、形成、意識型態，以及知識立場提出批判的觀點，以發掘課程中隱晦的、不可論及的、無法解決的議題，從而發現課程中衝突與不穩定的一面。特別是在1960年代，蘇俄的人造衛星發射事件引起美國政府對於教育的關注，將課程的發展與設計由進步主義所主導的「兒童中心課程」轉向「學科中心課程」。這種課程改革，事實上，是在社會與政治目的的國家利益下所產生的，並非由課程的自覺所引發的。雖然許多學者都支持以學科作爲課程的基礎，例如：Bruner（布魯納）提出課程應該以學科的結構來設計，Schwab提出學科的結構是學生最重要學習的主張，Phenix也提出「學科結構即課程內容」的基礎的論述，但是顯然當課程面臨「政治選擇」時，強勢的國家觀點的課程才是引領課程趨勢的重要代表。學者將此時以國家生存爲名的「學科中心課程」統稱爲「現代課程」。然而，有不少學者對這種「課程即政治」的概念開始提出嚴厲的批判和反省，繼而引發課程的自覺運動，最終對「學科中心課程」隱然形成一股反動的力量。雖然聯邦政府與基金會透過大筆經費的挹注鼓勵「學科中心課程」的發展，使得人本主義的課程一度被壓抑，但是這股反動的力量於1970年代開始抬頭，反對政治性的課程，強調課程應注重個人的價值與成長，形成與前述之「學科中心課程」對立的課程型態。

除了人本主義對於學科中心課程的批判外，課程在1960與1970年代教育所關注的議題非常的多元，包含文化差異、弱勢族群、教育均等、教育公平等有關的討論不斷的興起，促使課程領域中呈現多元的觀點與豐富的論述。這種對課程的多元論述、課程理論的反思與再建構，構築成所謂的「後現代課程」。William E. Doll, Jr.（多爾）提出四個「後現代課程」的基本標準——4R（豐富性[richness]、回歸性[recursion]、相關性[relation]、嚴密性[rigor]），企圖與泰勒的四個原理相抗衡。

1. **豐富性**（richness）：課程必須從封閉的系統轉爲開放的系統，接納多元的變數以促進課程的轉型和更新，其包含課程的深度、意義的層次、課程的多種可能性或解釋。唯有透過對話、合作的方式，才能發展課程的豐富性。

2. **回歸性**（recursion）：課程必須讓學生能透過環境、與他人、與文化、與自身的知識，產生回應式的互動。回歸是一種反省的過程，目的在使學習者發展基本能力——能有意義地組織、綜合、探究、啟發式的使用某種事物。

3. **相關性**（relation）：課程的相關性可分成教育的相關性與文化的相關性兩種。教育的相關性是指課程內的相關性，包含教師與學生的互動、課程參與者與教材的互動。文化的相關性則強調歷史、文化之間的脈絡，以及它們彼此之間相關的方式。

4. **嚴密性**（rigor）：課程設計應抱持嚴謹的態度而不是嚴謹的要求，並非規範課程設計的內容或嚴苛的一致性，而是需有嚴謹的、有秩序的組織課程，以免流於散漫無章。

課程領域中的演變與歷史發展逐漸形成了課程領域中探討與研究的內涵，使課程成為一門研究的學科。雖然1920年代「課程」已被認可是一個學術的領域，但相較於其他的學科具備有系統的知識與範圍，「課程」領域仍處在一個未明的狀態中。總體而言，課程領域從編制原則、課程發展與設計（兒童中心課程、學科中心課程、社會中心課程等）、課程理解（政治文本課程、美學文本課程、性別文本課程等）到後現代課程原則開始形塑出它的樣貌，確立「課程」是一個新興的、科學的、學術的研究領域。

參 考 書 目

林玉体（1984）。西洋教育史。臺北市：文景。

林進材（2013）。教學理論與方法。臺北市：五南。

國立編譯館（1987）。教育史（上冊）。臺北市：正中。

甄曉蘭（2004）。課程理論與實務：解構與重建。臺北市：高等教育。

鍾啟泉（2005）。現代課程論。臺北市：高等教育。

McNeil, J. D. (1981). *Curriculum: A comprehensive introduction*, 2nd ed. Boston: Little, Brown.

Kliebard, H. M. (1968). The curriculum field in retrospect. In P. W. F. Witt (Ed.). *Technology and the curriculum*, pp. 69-84. New York: Teachers College Press.

Tanner, D., & Tanner, L. (1990). *History of the school curriculum*. New York: Macmillan.

Tyler, R. W. (1949). *Basic Principles of Curriculum and Instruction*. Chicago: The Univ. of Chicago.

第三章　課程理論之基礎

第一節　課程與哲學

第二節　美國教育哲學與課程運動

第三節　課程與心理學

第四節　課程與社會變遷

在課程領域中，無論是課程理論的形塑或是課程的行動都必須先釐清其所依據的理念基礎才能訴諸於世人面前。對於課程理論和課程實踐人員而言，影響其課程觀點和課程實務的基礎理論大致上包含哲學、心理學與社會學等，這些理論對於課程目標、課程內容、課程實施、課程評鑑都具有引導的作用。利用這些基礎的理論能夠使課程理論和課程實踐的學者或是工作者充實與釐清自己的課程觀點，為自己的思考和行動提供更豐富的課程想法。同時，也可以藉由對哲學、心理學、社會學的觀點分析其課程的行動，並且為之辯論，更能說服大眾以支持其課程改革。本章即就哲學、心理學、社會學與課程之關係加以闡述。

第一節　課程與哲學

哲學對於課程而言是非常重要的基礎理論之一，隱藏在課程中的哲學觀點亦無法是單一的、純粹的，經過混合而相融所形成的課程觀點每每又獨樹一格，各有各的主張。不同哲學派別的主張與理念往往會對課程的立場、價值、目標與內容產生重大的影響，進而形成不同課程的內容、概念與組織。綜觀學校的課程都是與知識的性質、價值、組織與傳遞方法有關，近代的課程改革運動，整體而言受哲學的影響非常深，唯有了解哲學的論理，才能探究課程改革與實務的本質。本章先就各哲學派別的主張作簡單扼要的說明，再探究不同的教育哲學觀點與主張及其所引發的課程改革運動。

一、本體與表象論

不論東、西方的哲學家在古代時，就已注意到宇宙間萬事萬物「根源」的問題。例如：古希臘時期的Thales（泰利斯，640-550 B.C.）主張宇宙萬物的本源為「水」。萬物生於水，水是萬有的元素，水為第一「本體」，最後萬物仍皆返歸於水。此外，古代的中國也有類似的理論。《易經》中記載以「太極」為萬物的「本體」。〈繫辭〉中指出：

「易有太極，是生二儀。」順而二儀生四象，四象生八卦。意即萬物皆源於「一」，此「一」即指「太極」。由此可見，探討「本體」的問題是自古以來哲學家們最感興趣的議題，直到今日科學家們仍然持續的探索宇宙的起源。亞里斯多德於公元前四世紀就曾在其「形上學」和「第一哲學」中，從萬物的發生或存在的觀點探討萬物的本體。此種對於萬物根源的涵義與現代所謂的「本體論」是相同的，都是在探究「存在」的本身，或是一切現象的基本特徵。然而「本體」一詞直到十七世紀才出現，至十八世紀因爲德國的哲學家大量的引用，才爲世人所熟悉（高廣孚，1989，p. 16）。

「本體」與「表象」是哲學中主要探討的對象。凡是透過人類日常的經驗或者感官的觀察所察覺到的事物、事實或事件，均稱爲「表象」。這些「表象」從表面上看起來是形形色色、林林總總的，彼此的差異是非常的大。由於這些「表象」是虛幻的、常變的，所以並不實在，也無法永恆的存在。然而，在這些萬事萬物的表象之後，哲學家們認爲可能有一個共同的根源，這個根源就叫做「本體」。探討宇宙的「本體」成爲人類長久以來不斷探索的問題，許多的哲學家在他們不斷的尋求答案的過程中，形成各種不同的體系和理論，因此有了所謂的哲學學派。例如：十七世紀時，法國的笛卡爾就以「上帝」爲絕對的「本體」。上帝，是萬事萬物的根源，屬於精神的存在，不占時空的位置，且具有全善、全能的本質，而「心」與「物」則爲上帝所創。到了十八世紀時，康德則認爲本體與表象是相對的，本體顯現在表象的本身，但是由於人類的理性尚無法認知本體的存在，因此無法談論上帝與靈魂等問題。

對於「本體」與「表象」的觀點，哲學家的論理不一。但是，大致上可分爲下列三個不同的派別：（高廣孚，1989，pp. 19-25）

（一）以「本體」不變，而「表象」常變，「表象」與「本體」分離，但仍受「本體」之引導

柏拉圖認爲「表象」雖然來自「本體」，兩者卻是根本分離的，惟本體仍指導表象的運作。他將世界分爲「理念世界」與「具體存在的世界」。「理念世界」是永恆的、不變的，存在於人的心靈中。它是經由

人的理智或理性的認知而獲得的，人們因此可以從變化的、虛幻的「表象」世界中發現另一個世界。這個世界是具有永恆的本質，也是清晰而眞實存在的世界，稱爲「本體」。柏拉圖所稱「具體存在的世界」，亦即所謂的表象世界，是經由人的感官而獲知的，它是一個變化的、虛幻的，無法恆久存在的世界，並不實在。柏拉圖認爲知識並非來自感官所得，眞正的知識必定是與「觀念」有關。

（二）以「本體」不變，而「表象」常變，「表象」顯現「本體」，而「變化」內含「恆常」

亞里斯多德主張「表象」與「本體」是一體的，不能分開。萬事萬物兼具「形式」（form）與「質料」（matter）兩者。「形式」是萬物發展的目標，而朝向目標發展的萬物即是「質料」。例如：成人是以兒童爲「質料」的「形式」；兒童是以胎兒爲「質料」的「形式」；胎兒是以受精卵爲「質料」的「形式」，依此類推。所以，任何的事物存在必須兼備「形式」與「質料」兩者。亞里斯多德認爲「形式」不變，而「質料」常變，但是「質料」並不是虛幻的，而是眞實存在的。「形式」是本體，而「質料」是表象。他以橡樹爲例，在生長的過程中，由橡樹的果實開始發芽，長成幼苗，由小樹而大樹，開花再結果，仍然變回果實，形成一個生長的週期。就表象而言，其生長的樣貌變化頗多，但在發展過程中，每一個階段都是眞實的，此生長的週期持續重複，千百億年之前即循此永恆的軌道運轉，千百億年之後仍遵此永恆之軌道循環不已。是故，在現象之後，有一種不變的形式支配著萬物的生滅和變化。由此證明，「表象」與「本體」是一體的，不能分離，本體永遠指導表象的運轉，而「變化」中內含「永恆」，而「永恆」支配著「變化」。再以橡樹爲例，它在各時期的生長樣貌雖有變化，從種子、幼苗到大樹，但它們生長的形式則永久不變，每一棵樹都是歷經相同的生長過程。「本體」與「表象」爲一體之兩面，永恆的「本體」藏於「表象」之後，「表象」雖常變，但永遠遵循此永恆的形式而運轉。

亞里斯多德認爲知識來自認識客觀世界的事物，通過感官經驗認識的世界是眞實的，也是重要的知識來源。因爲感官經驗是學習事物的起源，有了感官的經驗，才能帶動認識的活動，因而獲得知識，所以學習事物的本身和發現其概念是同等的重要。

柏拉圖與亞里斯多德對哲學的觀點代表了對知識性質的想法是不同的，因此課程的取向便是在理性和經驗兩者之間擺盪，繼而創造出各式各樣的課程，也引發各種的課程理念。

（三）以「變化」即是本體或實在者

黑格爾認為宇宙中任何一種「存在」，必定是沿著「正」、「反」、「合」的順序作周而復始的演進。由「正」至「反」稱為「量變」，又稱「漸變」；由「反」至「合」稱為「質變」，又稱為「突變」。宇宙現象之如此不停的演變，其最後的目的乃在於追求「絕對」，在萬事萬物的「絕對」尚未獲得之前，世界上的「變化」永不會停頓。

不同於黑格爾將「變」視為手段或方法，達爾文認為「變」是萬事萬物的目的。達爾文認為人類代代相傳，每一代都有它的差異性，當優良的差異性累積愈來愈多的時候，人類便會出現新的品種，其他的生物也一樣。依其理論，所有的生物都具有變異性，遺傳是使相似的生物體形態能代代相傳，生物生存的競爭在於個體能否改變，以適應環境的變異。不論是「量變」或「質變」，「變」即是萬事萬物的「本體」，也是世界不停止運轉的根本。

二、哲學對教育的觀點

不論對「本體」與「表象」的主張為何，學者將上述「本體」與「表象」論的觀點應用於教育上時，即產生對教育的意義與本質不同的詮釋，繼而形成不同的派別。所謂「本體」即是指教育的本質、目的或是原理原則，而所謂「表象」是指教育的現象或實務。教育的本質、目的或原理原則不易變化，而教育現象或實務則日新月異，經常修訂、改進，但這些改變，通常還是以教育的原理原則作為準繩。上述三種對於「本體」與「表象」的觀點，都是追求宇宙的知識，只是重點是「本體」還是「表象」而已。然而，哲學本來就是為了探究宇宙的本體知識而存在，而學校教育又以知識爲核心，所以，學校教育在面臨堅持教育本質或是選擇教育實務的時候，就會以哲學的觀點或立場作爲辯證或支持的理由，教育與哲學的關係因而密不可分；而哲學因爲對知識的探究往往也會對於學校教育的目的提出看法，形成不同的派別。以下就哲學四大派別對於知識的立場，以及教育的目的，分別以「本體」與「表象」的觀點，說明其對教育之觀念：

（一）理想主義（idealism）

理想主義源自前述第一種對「本體」與「表象」的觀點，主要的代表人物爲柏拉圖。柏拉圖將知識的世界分爲：1.觀念世界（idea）；2.現象世界（phenomena）。觀念世界是由理性所想像和推論的世界，是眞實存在的，且永恆不變的；現象世界則是變動不居，是虛幻而不眞實的世界（林玉体，1984，pp. 47-49）。舉例而言，現象的世界中我們可以看到不同的「實體植物」，如：柏樹、楓樹、昭和草、鬼針草等，然而這些「實體的植物」，透過人的理性分析，建立了「樹」、「木本植物」的觀念。實體的植物會凋謝、死亡，它們的存在是虛幻的，是不眞實的。但是，「樹」、「木本植物」的「觀念」（idea）卻不會因時代或地區而會消失，是永恆不變的。故而，這些「觀念」遠較那些「實體」的物質來得重要，也更永恆。換言之，理想主義重「本體」而輕「表象」的知識。然而，這些「觀念」是由「造物者」所創的，所以人一出生雖然具有理性的思考，但是必須透過教師的引導，才能參透並發展理性的思維。透過理性的作用，人的情感與欲望得到引導，心靈得以訓練，個人才能表現出理性的行爲。

柏拉圖認爲教育的現象千頭萬緒，變化莫測，應該秉持統整的理念和根本的原理原則去處理之。換言之，教育實務的發展必須在永恆的、不變的教育準則下進行。教育的原理原則是一種不變的形式，是教育永恆的目的，教育的實施則是一種「表象」，可以在原理原則指導下採取不同的策略或方法，加以變動或改進。

所以，他認爲教育的本質是啟迪「理性」及訓練心靈與道德品性的歷程，利用音樂和體育以陶冶、淨化心靈，在他的理念中屬於理智的學科自然受到重視，對於職業教育則是相對的輕忽。

此外，在他的理想中教育應該是追求個人的自我實現，以及培養國家的良好公民。欲求個人的自我實現，必須喚醒其理性能力，以節制情感與欲望，人的心靈才能獲得和諧的狀態，達到自我統整的階段。而達到自我實現的個人，亦成爲國家所需要的良好公民。柏拉圖對於實施階級教育（智者、戰士、平民、工匠）主張在教育內容與方法上，應有不同的變化和改進，但必須在教育原理原則的指導下進行。

綜合理想主義對教育的重要觀點，包括：

1. 強調精神和道德的世界。
2. 眞理與價值是絕對的、永恆的。
3. 眞知是指再思考潛在的理念。
4. 教師的工作是將潛在的固有知識帶到意識中。
5. 教育是啟迪理性與訓練心靈和道德品性的過程。

理想主義追求的是絕對的眞理與價值，亦即教育的「本體」。教育的功能是尋求人類潛在的良知，並將其帶入人的意識。教師的角色是教導學生發現潛在的知識和意念，教師自己則是道德和精神的領袖。學習的重點應該是要記憶知識和作抽象的思考。課程是以知識爲主的學科才是重要的學習，例如：文理學科、哲學、神學、數學、歷史、語言、自然科學和物理科學等。

（二）唯實（現實）主義（realism）

此派哲學源自前述第二種對「本體」與「表象」的觀點，亞里斯多德（Aristotle）被認爲是唯實主義的創始人。他認爲「本體」與「表象」不能分離，且同等重要，與理想主義主張「本體」與「表象」各自獨立，以及「重本體」、「輕表象」的立場不同。唯實主義認爲「本體」爲事物的形式；而「表象」是事物的質料，形式是質料的眞實意義。

唯實主義對於知識的觀點，則是注重具體的經驗世界（表象），強調感官功能的重要性，並且重視自然界的資源。唯實主義論者認爲只有透過感官來獲得知識，才是最「實在」的知識。

唯實主義的發展與歐洲人在地理上的新發現，以及科學新理論的出現有很大的關聯（林玉体，1984，pp. 210-212）。從十五世紀開始，歐洲地區因爲航海的盛行，人類發現了許多新的世界與知識。其中最著名的莫過於馬可波羅旅行至中國、哥倫布發現新大陸，以及麥哲倫之航行地球一周。而科學的發明亦不惶多讓，例如：哥白尼的「太陽中心說」、伽利略發明了望遠鏡、牛頓發明了微積分等。這些地理新發現與科學新知識，讓中世紀的人從基督教教義的學習與人文教育的注重古文及淪於詞藻之美中覺醒，開始重視攸關人類生存的大自然知識。

自然科學的知識於是成爲當時教育中最重要的學習，著名教育家H. Spencer（史賓塞）在1895年提出〈何種知識最有價値？〉（What Knowledge is of Most Worth？）之論說，在當時就是指「自然科學」的知識（林玉体，1984，pp. 370-376）。

唯實主義觀點應用於教育時，主張教育的原理原則與教育現象不可彼此分立，兩者在實施的過程應該如影隨行、密不可分。雖然教育的原理原則有其本身的永恆性和不易變性，並且爲教育改革的準則，但是教育現象是隨著時代的變遷、社會結構的調整，以及人群的不同而隨時更新和改進，亦是不可忽略的。

唯實主義重要的觀點如下：

1. 以形式（規律）和物質解釋世界。
2. 人是透過五官與理性了解世界。
3. 人類理性之行爲是依照自然或社會的法則。
4. 課程專家是權威的來源。
5. 從藝術與科學中獲得現實與眞理。
6. 讀、算、寫（3R）成爲個人的基本教育。

在唯實主義的觀點中，教師的角色是培育學生理性思考的大師，也是學生精神和道德的領袖，更是知識權威的來源。學習的重點是訓練學生的心靈、邏輯和抽象思考。課程的重點以知識爲主的學科，如：藝術與科學，並且重視具有知識體系的學科，如：人文科學、科學。

（三）實用主義（pragmatism）

此派的哲學受到上述第三種對於「變化」即是本體觀點的影響。實用主義有時候也稱爲經驗主義（experimentalism）。實用主義認爲世界是變動的，「變」即是本體。萬物在宇宙的演進中，不但外面的「表象」在變，變的「形式」也在變。宇宙的一切，生滅無常，人類生存於其中無法把握住永恆，宇宙隨著造物的變遷而變遷。因此，追求「本體」與「表象」的知識並不具有意義。根據實用主義的觀念，沒有永恆的知識，因爲知識本身也會變。所以，我們無法預測教育之未來發展的方向，更無法樹立教育的固定規準和理想。兒童和青少年要做的是什麼既無法預測，對於他們應該做的是什麼也無法給他們一個標準。在一切的變動下，教育將沒有固定的價值，而道德教育將面臨破產的命運，教育哲學也無法建立它的穩定性。自從1859年Darwin（達爾文）出版的《物種源始論》（*Origin of the Species*）提出「進化論」顛覆了過去科學的知識，影響人們長久以來對知識一直秉持著絕對正確與永恆的信仰，於是，實用主義逐漸受到世人的青睞，改變了理想主義與唯實主義對知識的定義。

實用主義認爲唯有個人在解決問題的過程中，學習才會眞正發生，只有這些習得的（learned）問題解決技能可以遷移至各種各樣的學科與情境中。所謂「知」（knowing）被看作是學習者與環境之間的互動過程，而兩者都在互動的過程中不斷的改變，「變動」就成爲實用主義中最重要的概念。基於「變動」的論調，實用主義強調教學應該重視學生批判思考能力的培養，探究的學習、適應變動的能力，以及科學的實驗與調查。

實用主義的最重要代表人物之一是John Dewey（杜威）。他主張課程應該以兒童的經驗與興趣爲基礎，預備他們未來的生活。課程的焦點應該放在問題的解決上，而不是精熟學科的內容；解決問題是運用科學的方法，而不是根據一堆的事實或是觀點。因此，實用主義將教與學定義爲「根據科學的方法去重組經驗的過程」，學習是在（不論是以個人還是以團體的方式）解決問題的過程裡發生。這些問題和學科一樣在不斷變動的世界裡改變。對於學習者而言，最重要的是學會以智慧的方式解決問題的方法和過程。

實用主義的重要觀點如下：

1. 以變化解釋世界的演變。
2. 知識來自學習者與環境的互動。
3. 追求永恆的眞理爲無意義的事。
4. 教學是依據科學的方法重組經驗的過程。
5. 學習是解決問題時主動發生的。
6. 教育的問題是依照世界的變化而改變的。

在實用主義下，教師的角色是培育學生批判性的思考能力和科學的能力，學習應付變動環境的處理能力和科學的解釋是學習的重點。對於實用主義而言，並無所謂永久的課程或是知識，課程的目的是以傳承文化和培養個人適應變動與解決問題的能力。

（四）存在主義（existentialism）

存在主義直到第二次世界大戰以後，才受到學者的注意。存在主義是一個哲學的「非理性主義」思潮，它認爲人存在的意義是無法經由理性思考而得到答案的。存在主義強調個人化、獨立自主和主觀的經驗。其中最突出的命題是：世界沒有終極的目標；人會發現自己處於一個隱隱約約而有敵意的世界中；人的選擇仍然會依照個人的品格、目標和觀點做選擇；不選擇也是一種選擇，即是選擇了「不選擇」；世界和我們處境的眞相最清楚地反映在茫然的心裡不安或恐懼的瞬間。

人的生存之外沒有天經地義的道德或靈魂，道德和靈魂都是人在生存中創造出來的。人沒有義務遵守某個道德標準或宗教信仰，卻有選擇的自由。評價一個人，是評價他的所作所爲，並非評價他是什麼樣的人物，因爲「人」是由他的行爲來定義的。

總而言之，存在主義強調個人主義與個人的滿足。人有選擇的能力，選擇的結果導致個人對「自我」的定義。其重要觀點如下：

1. 個人面對的是一連串的抉擇。
2. 個人選擇自己要成爲什麼樣的人。
3. 最重要的知識是有關人類狀況的知識。

4. 教育是發展選擇自由意識的過程，以及選擇的責任。

5. 教師的角色是教導學生做個人的選擇，對自我的定義。

存在主義認為學習的重點是有關人類現狀的知識與原則，以及個人抉擇的過程。課程的主張是要求學科要多樣化，特別重視選修，有關感情、美學和哲學的科目被視為重要的學科。

第二節　美國教育哲學與課程運動

理想主義、唯實主義、實用主義與存在主義等四大派別哲學，都是探討「本體」與「表象」的問題，其最終目的旨在求得萬物本質的知識。不論是透過柏拉圖所主張的辯證法或是亞里斯多德所主張的經由理智的活動，獲得「眞知」才是哲學的主要目的之一。四大哲學對於知識論的主張，自然會影響其對教育的立場與目的。不過，採用這四大哲學：理想主義、唯實主義、實用主義與存在主義對教育或知識的觀點，也影響美國的教育政策與實務中，逐漸形成一般普遍為大家所熟知的「教育哲學」。

美國教育哲學的分類方式有很多種，但其中Ornstein與Hunkins（1998）將美國教育哲學分成四大類：（一）永恆主義（perennialism）、（二）精粹主義（essentialism）、（三）進步主義（progressivism）與（四）重建主義（recomstructionism）（如表3-1），則是最為人所熟知的分法。各類的教育哲學都以哲學為其基礎，因此每一種教育哲學都會和其中一種或兩種以上的哲學有非常密切的關聯。以表3-1為例，永恆主義的根基源於唯實主義中，精粹主義則根基於理想主義和唯實主義，進步主義則從實用主義而來，重建主義有部分的主張和存在主義是關聯的，可見教育基礎中的哲學很難看到是受到純粹或單一哲學的影響。為了了解影響四類教育哲學的主要哲學根源，如表3-1列出它們的關係，以利於掌握各派別的教育主張。

表3-1 哲學與教育哲學之關聯

教育哲學	哲學			
	理想主義	唯實主義	實用主義	存在主義
永恆主義				
精粹主義				
進步主義				
重建主義				

從以上的哲學對教育所引發的觀點，美國更進一步形成目前最爲人所熟知的美國教育哲學，除了承續歐洲的哲學觀點以外，它還形塑出特有的教育哲學，以下就常見的四大教育哲學：永恆主義（perennialism）精粹主義（essentialism）、進步主義（progressivism）與重建主義（reconstructionism），分別說明之。

一、永恆主義（perennialism）

永恆主義與唯實（現實）主義有非常深的淵源。永恆主義的興盛時期大約是在美國的殖民時期與後殖民時期。永恆主義的課程是以學科爲中心，在小學階段的課程中強調3R（讀[Read]、算[aRithmetic]、寫[wRite]）的基本能力，以及道德與宗教的訓練。教育應發展人的理性，藉著智能的訓練來了解宇宙的眞理。強調人的功能無論在哪一種社會中都是一樣的，而教育的功能在任何時代與社會也都是一樣的，那就是使人成爲「人」。

爲了達成上述的教育目的，支持永恆主義的人強調教育必須透過古籍經典的閱讀，讓學生獲得恆久的知識與事實。而所謂古籍的經典是指學習柏拉圖、亞里斯多德、奧古斯丁、坤體良以及莎士比亞的作品。因此之故，美國的學生必須學習拉丁文、希臘文。除此之外，課程中尙需學習文法、修辭、邏輯、進階數學及哲學。學習這些學科的目的是訓練腦力及培育智能，使學生成爲一個「博雅」的人。臺灣近年來推行的「讀經」運動，也是希望藉由古籍經典的閱讀，學習古人的智慧而獲得知識，這也是永恆主義下對教育的一種思維。M. Adler（亞德勒）根據此觀點提出「Paideia Proposal」（白迪亞計畫），被視爲永恆主義所支持的課程改革運動。

白迪亞計畫是在永恆主義的教育思想下產出的課程運動，是由M. Adler（亞德勒）所提出的。在此計畫中，Adler提出三種可以增進智能的課程與教學，那就是：（一）師生以對話方式進行教學，俾便獲得有組織的知識。（二）以教練的方式發展學生的基本能力。（三）以蘇格拉底的詰問法教導觀念和價値。博雅的教育是其重點，教育的目的是培育有意義的知識與思考的能力，而古典的作品則是最適當的教材。

二、進步主義（progressivism）

進步主義從實用主義而來，反對永恆主義的主張，而Dewey是其中主要代表人物之一。進步主義盛行於美國經濟大蕭條的時代（the Great Depression），是美國社會與政治改革運動下的產物。30年代的美國社會因爲集中在都市裡的工廠倒閉，許多人失業，連帶學校的經費也遭受大幅的刪減。這些原先被學校訓練成工業社會所需的人力，在經濟體系崩潰後生活無以爲繼，危及其生存，引發社會極大的動盪與不安。學者紛紛對當時的教育與學校教育產生不滿，進而提出改革的呼籲。進步主義提出教育的意義應以「預備兒童未來的生活」爲目的，而非製造工廠的「工人」，此種呼籲正好符合當時的社會需求，因此，在這樣的氛圍下進步主義得以迅速的發展，對於當代的教育產生非常重大的影響。

Dewey提出「民主」是教育中重要的課題，學校所提供的學習經驗必須包括民主社會中所強調的「合作行爲」和「自我管理」。同時，他認爲學校應該是一個微型的民主社會，學生在其中可以利用技能和工具學習與實踐民主的生活。學習的技能與工具包括解決問題的方法、科學的探索，以及勞作、手工藝、縫紉、烹飪等技能。透過這些學習的經驗，學生才能傳承社會的文化以預備對未來社會的適應。進步主義強調個人的興趣與需求，而非社會的需求。受進步主義影響的課程改革運動有：（一）關聯課程；（二）人本課程；（三）激進的學校改革。說明如下：

（一）關聯課程（relevant curriculum）

關聯課程是1960年代學生示威運動的一部分。精粹主義所強調的「學科中心課程」被視爲與學生的社會現實無關。關聯課程運動主張學生在學習的任務中應該是被鼓勵的，以及課程應該引發學生的興趣，教室應該建立在眞實生活經驗中。不僅是學生，連許多教育學者都呼籲課程必須和學生的生活經驗具有關聯性。因此，他們認爲學校的課程必須：

1. 透過教學方法，例如：獨立研究與特別的方案，提供個別化的教學。
2. 修改現行的科目，發展學生所關心的新科目，新科目的主題應涵蓋環境保護、藥物成癮、都市問題等。
3. 提供更多的自由與選擇的另類教育，例如：選修科目、迷你課程、開放教室等。
4. 延伸學校教育到創新的教育，例如：工讀計畫、生命經驗學分、校外課程、遠距學程學位。
5. 鬆綁學術標準與高中、大學的入學標準。

（二）人本課程（humanistic curriculum）

人本課程是對1960與1970年代中過分強調學科內容及認知學習的反動。推動人本教育改革的著名學者爲C. Silberman（1970），在他的著作《教室中的危機》（*Crisis in the Classroom*）大力呼籲美國的學校應該要更人性化。他認爲學校是壓抑學生的，因爲學校只教導學生要服從，所以必須進行改革。

人本課程植基於心理學中人類潛能的主張，尤其重視Maslow（馬斯洛）和Rogers（羅傑斯）的主張，認爲教育的目標應該是培養自我實現（self-actualizing）的人或是全人（total human beings）的人。所謂好的教學應該是對自我和學生具有相當的知識，因爲學生對自我概念與動機會影響學業的成就。師生之間的關係、學生的獨立性、學生的自我導向、學生對自己和他人的接納等是人本課程的主要焦點，因此人本課程常常被批評是不關心學生高層次的認知理解，也沒有增強學生的心智或是對自我的知識。由於人本課程無法在課程中具體的評量學生的情意，也無法評量學生對自我實現或對自我的概念，因此受到質疑。

（三）激進的學校改革（radical school reform）

1960、1970年代裡對於學校和教師提出嚴厲批評的教育學者，被稱爲「激進的浪漫主義者」或是「新進步主義者」。在Holt、Goodman、Friedenberg、Neill、Illich眼中，學校是一個逼迫學生的機構，教師好比是獄卒，學生好比是犯人。學校不斷的將學生分類、分軌，是一個高度歧視的地方。

Neill認爲兒童是相當的聰明而且務實的，就算沒有大人的建議，他們自己也會自行發展。例如：要成爲學者的學生會成爲學者，適合清掃街道的學生會成爲街道的清潔人員，學生成功的標準無關於學校的學習成果或個人經濟的成果；相反的，他認爲只有當學生擁有「工作愉快」、「正向的生活」的能力時，才是教學的成功，才是具有教育的意義。

基於對教育的理想，Neill在英國的Suffolk創立「Summerhill School學」（夏山小學）（類似我國的「森林小學」）。在「夏山小學」裡，教室成爲「快樂的地方」。他的課程是高度的以兒童爲中心，幾乎不強調學術的學科或是認知的成就，以小班的形式進行學習。由學生自己決定是否參加課程，也可以自行決定如何利用他們自己的時間。學生和行政人員對於學校內的規則，具有同樣的投票權。

三、精粹主義（essentialism）

受理想與現實（唯實）兩種主義的影響，出現在1930年代，被視爲反對進步主義的一股潮流。精粹主義發展成主要的教育哲學是在美蘇冷戰時期與1950年代Sputnik（史波尼克）事件之後（蘇俄所發射人類第一枚的人造衛星），一直延續到1960年代的初期。

精粹主義的形成是出自哥倫比亞大學教育學院W. Bagley的想法。精粹主義和永恆主義兩者都一樣認爲學生有如海綿一樣需要吸收知識，所以學習事實和知識是很重要的，但是精粹主義更重視學科的概念、思考的原則與學科的理論。在小學階段中，精粹主義注重3R（讀、算、寫）的訓練，以及學習最重要的五個「基本學科」：英文、數學、科學、歷史和外國語。精粹主義比永恆主義更反對藝術、體育、家政與職業教育。它們認爲這些學科是浪費設備、教材。精粹主義的主張與有關的課程改革運動則有：（一）回到基本課程運動；（二）教育卓越運動；（三）沒有落後的兒童法案；（四）我國九年一貫課程之十大基本能力；（五）OECD關鍵能力；（六）十二年國民基本教育之核心素養，茲說明如下：

（一）回到基本課程運動（back-to-basics）

美國的蓋洛普民意調查公司（Gallup）每年都會調查社會大眾對於教育改革的意見，其結果提供給教育當局作爲改革的基礎。從1976年開始，每年的調查結果都顯示「學校應該致力於基本學科的教導」，以及「提高課程標準」這兩項的意見都排在調查報告中的前五名，到了1980年甚至排到前三名，可見社會大眾對於現行的教育水準是多麼的不滿，甚至認爲它還不如自己父母上一代的教育。許多不識字的學生可以從一個年級升上另一個年級，就學術的表現而言，大學的文憑已經不具有任何的意義。精粹主義的支持者因此呼籲學校應該訂定最基本的學術標準，這些標準是指個人生存於現代社會所必須具備的基本能力與學科知識。

精粹主義對課程的立場是非常強調閱讀、寫作與數學。它主張應該在所有的年級中都要教授英語、歷史、科學和數學等「剛性」的學科。但是，所謂的英語是指傳統的文法學，不是現代語言或是非標準的英語，亦即英語要讀莎士比亞而不是蘿莉塔的愛情小說。歷史是指美國與歐洲的歷史或是亞洲和非洲的歷史，而不是非裔美國人的歷史。科學指的是生物、化學、物理這些基本學科，而不是生態學。數學是指舊式數學而非新數學，這樣的主張意味著學校教育應該走回傳統、學術性的「基本學科」（basic subjects），而這些基本科目是每一個人都要修習的。至於，選修科目、迷你課程，或是統整的社會科、普通科學被認爲是太「軟性」的課程，是精粹主義所排斥的。

「回到基本學科」的主要目的，是培養學生的「基本能力」（basic competencies）。到目前爲止，幾乎美國所有的州都強制對不同年級的學生採用州的標準測驗評量學生的基本能力。除了學生必須具備基本能力之外，州政府也要求初任的教師需具備基本能力（拼音、文法、數學），以及學術的知識（英語、社會、科學、數學、藝術等）和教育實務的知識。此外，爲了能教導學生的「基本能力」，任職的教師也應該具備教導基本學科的知識與能力，從1986年美國開始要求教師必須通過資格檢定後才能任教。我國亦於2006年開始「教師檢定」考試，也是深受美國的影響。

雖然許多人認同有訂定基本課程標準的必要，但是什麼樣的標準可以稱爲「基本的」？由誰來訂？我們要如何對待沒有通過標準的學生，以及學校呢？這是精粹主義被質疑的地方。

（二）教育卓越運動（excellence in education）

教育卓越運動是盛行於1980年代，是「回到基本能力」運動所衍生出另類的教育改革，其重要的主張爲要求課程必須具有更嚴格的學術水準，以及以追求卓越的教育品質作爲課程的目標，而非僅僅是「基本能力」。這些要求教育卓越的趨勢正好符合美蘇冷戰和蘇俄Sputnik（史波尼克）人造衛星發射事件的政治氛圍，同時也和當時美國呼籲重視國防安全，以及科技與經濟競爭的議題相呼應，使得精粹主義擴大它對學校課程的影響。當時許多報告都討論了美國學術品質的問題，其中最著名的一份報告在1980年代中期出爐——《危機中的國家》（*A Nation at Risk*）。這一份報告具體的提出改革美國教育品質的呼籲，強調教育必須重視美國未來在國際中的競爭與生存。

「教育卓越」運動要求所有的學生（非只限於大學的學生）在學術的領域中，必須有更高的學習成就（而非基本能力而已）。意即，教育必須強調認知的成就，而不是人本主義所主張的全人的教育。此外，教育應該要求更客觀的評量與測驗，以及更嚴謹的學科組織。同時，學校應將學科的及格標準提高，唯有符合及格標準的學生才能畢業。

精粹主義將基本能力的定義提升至進階的能力與知識，由強調3R，改為四個R（第四個R為電腦能力）。精粹主義呼籲學校要增加學生學習的時間、改進教學的品質、提升教師能力和學校的效率。精粹主義使用輸入（inputs）（進入教育的資源）、生產力（throughputs）（改進資源的分配與使用），以及輸出（outputs）（提高對從資源中獲利之人的期望與標準）等三元素來分析教育的成果，此舉無疑是強調教育的「生產力」。精粹主義強化了國家經濟的健全與活力、政治的立場和學校教育的連結。

學者和社會大眾都同意學生不但要精熟基本的能力，也要有更傑出的表現、創意的思考、解決問題的能力，以發展其潛能。學校如果能提升學習的效率，如此一來，社會大眾也願意花更多的經費去進行學校的改革和課程的提升。

（三）「沒有落後的兒童法案」（No Child Left Behind Act, NCLB Act）

由於「回到基本能力」運動的影響，美國各州對於四年級與八年級學生開始強制實施「基本能力測驗」，甚至是參與「全國教育進步測驗」（National Assessment of Education Progress, NAEP）。NAEP測驗的結果發現許多經濟弱勢、非英語種族、學習弱勢兒童的表現，不如其他群體的兒童。藉由分析測驗的結果，許多教育的問題開始浮現，於是，美國學界大力呼籲重視教育不均等的問題，獲得了社會普遍的支持。更進一步，美國政府為了縮短社會上長期以來，因為不同種族之間的貧富階級所延伸的教育落後的問題，布希總統（George W. Bush）在他的任內，於2002年1月8日簽署了「沒有落後的兒童法案」（No Child Left Behind Act, NCLB Act）（Oliva, 2009, p. 156）。這個法案的目的主要是縮短中、小學學生學習的落差，特別是「非裔」美國人與美國原住民。因為這些族群在校的學業與其日後進入社會就業時，其收入與就業機會都和其他的族群有著極大的差距，因而形成社會中嚴重的不公平現象，是造成社會問題愈來愈嚴重的主因。因此，美國的政府希望藉由這個法案，對這種不公平的現象加以重視並積極尋求改善。NCLB法案的簡要內容如下：

法條一：增進學習不利兒童的學習成就，特別是閱讀與識字。

法條二：儲備、訓練、招募高品質的教師與校長。

法條三：提供語言教學給移民與英語能力不足的學生。

法條四：建構二十一世紀的學校：安全、免於毒品的學校和社區。

法條五：促進家長教育選擇權與創新學程的訊息。

法條六：透過績效、彈性、志工提高學習成就、發展州級的評量與標準。

法條七：滿足美國印地安、夏威夷原住民、阿拉斯加原住民學生的教育與文化相關的學習成就需求。

法條八：從聯邦取得房地產的款項與補助金給付給學校修繕與現代化。

法條九：提供日常學生出席率與在學率，以及對這些語詞的定義。

法條十：提供有關其他條例的廢除、重新設計、修正。

在這些法條之下，美國各州開始提出學校的政策以實施NCLB法案，其作法如下：

1. 各校必須達成各州所訂的閱讀與數學目標。
2. 州政府及地方學區必須評鑑三至八年級學生在閱讀與數學的表現，並在2007-2008年前實施K-12三個階段中每一個階段的科學測驗。每一州都要有學生樣本參與四和八年級「全國教育進步測驗」（National Assessment of Education Progress, NAEP）的閱讀和數學測驗。
3. 要求對於持續無法達成目標的學校，應提供學生選擇其他公立學校與補救教學的機會。
4. 要求各州確保教師必須至少具備學士學位，以及具備教師合格證書。
5. 要求貧困學區的學校更應該實施K-3年級的閱讀優先計畫。
6. 若有學校連續五年未達目標，各州就會執行五個處置方案：(1)更換教職員；(2)轉型為特許學校（charter school）；(3)州政府接管；(4)外部公司控管；(5)澈底變革重組。
7. 要求各州將學生測驗所得分數，依照背景進行不同群組的數據分析，以確保學校重視不同背景學生進步的情形，並須加以公布周知。

8. 特別撥款補助高貧困學區，以改進不利地區學生的學業成就。

雖然，NCLB法案突顯了美國政府希望藉由教育企圖消弭社會不公的強大決心，但是各界對於這個法案褒貶不一，儘管如此，它對於美國的教育仍然具有深刻的影響。這些教育不均等的議題仍然引起大眾的注意，但同時也獲得一些法律的補償（例如：學校要對無法達到基本能力的學生負起責任，提供一切必要的補救教學的協助措施），但是時至今日，這些問題仍然是教育領域中難解的困難。

（四）我國九年一貫課程之十大基本能力

「回到基本課程運動」的理念，也影響了我國的教育思潮。爲了順應世界各國之教改脈動，特別是來自美國的影響，「基本能力」運動的思潮逐漸在我國開始發酵。民國90年教育部以「基本能力」爲導向，展開新的課程改革。在此次的教改中，首揭教育應以激發個人潛能、促進社會進步、提高國家競爭力爲主軸，進行教育改革，而教育之核心爲課程與教學，遂以銜接國中和國小之「九年一貫」課程進行規劃與實施。在此次的教改中，提出現代國民所需的十大基本能力，作爲貫穿整體課程的軸心：

1. **了解自我與發展潛能**：充分了解自己的身體、能力、情緒、需求與個性，愛護自我，養成自省、自律的習慣、樂觀進取的態度及良好的品德；並能表現個人特質，積極開發自己的潛能，形成正確的價值觀。
2. **欣賞、表現與創新**：培養感受、想像、鑑賞、審美、表現與創造的能力，具有積極創新的精神，表現自我特質，提升日常生活的品質。
3. **生涯規劃與終身學習**：積極運用社會資源與個人潛能，使其適性發展，建立人生方向，並因應社會與環境變遷，培養終身學習的能力。
4. **表達、溝通與分享**：有效利用各種符號（例如：語言、文字、聲音、動作、圖像或藝術等）和工具（例如：各種媒體、科技等），表達個人的思想或觀念、情感，善於傾聽與他人溝通，並能與他人分享不同的見解或資訊。

5. **尊重、關懷與團隊合作**：具有民主素養，包容不同意見，平等對待他人與各族群；尊重生命，積極主動關懷社會、環境與自然，並遵守法治與團體規範，發揮團隊合作的精神。
6. **文化學習與國際了解**：認識並尊重不同族群文化，了解與欣賞本國及世界各地歷史文化，並體認世界爲一整體的地球村，培養相互依賴、互信互助的世界觀。
7. **規劃、組織與實踐**：具備規劃、組織的能力，且能在日常生活中實踐，增強手腦並用、群策群力的做事方法，與積極服務人群與國家。
8. **運用科技與資訊**：正確、安全和有效地利用科技，蒐集、分析、研判、整合與運用資訊，提升學習效率與生活品質。
9. **主動探索與研究**：激發好奇心及觀察力，主動探索和發現問題，並積極運用所學的知能於生活中。
10. **獨立思考與解決問題**：養成獨立思考及反省的能力與習慣，有系統地研判問題，並能有效解決問題和衝突。

除十大基本能力以外，各領域之課程綱要則以「基本能力指標」（basic competencies）的形式作爲表徵，此與過去「課程標準」時代中課程以「教材綱要」的形式表徵截然不同。在九年一貫課程改革中除了課程擺脫過去課程知識傳授的傳統以外，「基本能力運動」也帶動我國師資培育制度的改革。從2006年開始教師不再是大學畢業分發，而改以通過「教師資格檢定考試」後取得教師的資格才能擔任教職，這也是此次教育改革的另一項改變。換句話說，教師也需要有教學的「基本能力」。

（五）OECD關鍵能力（key competencies）

1957年蘇俄發射人造衛星Sputnik的事件中，電腦與網路科技的發展與應用使得全世界的通訊變得無遠弗屆，最終也觸發美國對教育的改革，而課程的改變則是首當其衝。70年代個人電腦科技的發展與網際網路的成熟，讓知識的傳遞方式改變了數千年以來的流程，引發了「資訊爆炸」的現象。未來學的專家Naisbitt與Aburdene（1990）就指出，網際網路的使用對資訊的流程與量的改變具有重大的影響（p. 12）。知識不再被少數社會階級的人占有，資訊也不再透過創作、印刷、推廣與購買的傳統流程而散播。它是即時的、無遠弗屆的、眾人的、分享的，澈底改變學習的習慣。而此種知識散播的方式，造成知識大量的爆增，讓學校、教師與學生都處在「資訊爆炸」的情境裡。由於資訊的快速成長，爆增的知識量、多元的學習管道、電腦科技的使用等都讓所有的人重新思考學校教育必須改變，必須教導學生能夠面對所謂「未來的衝擊」（future shock）的學習。美國的未來學專家（futurist）Alvin Toffler（1975）在其著作《未來的衝擊》（*Future Shock*）一書中指出，後Sputnik時代中社會將會有以前所未見的速度變遷，學校如何預備學生面對變遷中的社會將是學校未來教育的重點。另有，著名的未來社會學專家Naisbitt和Aburdene（1990）在其著作*Megatrends 2000*中，指出蘇俄人造衛星Sputnik的發射不僅僅是科技的大突破，更深深的影響社會與教育，甚至是人類的文明。學校要重新思考Spencer曾經提過的「什麼是有價值的知識？」，以應付資訊快速變化的社會。於是乎，學習要改變、學校要改變、教育要改變，「學習如何學習」正是這個資訊社會下教育的新觀念。

當學生可以不用透過教師、教科書，從網際網路學習知識的方式開始蔚爲風氣之後，各國無不努力建造自己的學習資料平臺，例如：「可汗學院」（Khan Academy）的興起，讓學校的老師在教導學生知識這一方面顯得非常的無力。「學習如何學習」逐漸受到注意成爲學校課程的重心，人們對學校教育應該培養學生哪些能力，才能符合教育的目的，展開了一系列的反省與檢討。

各國政府也逐漸察覺到資訊社會的變化與網際網路所引發學習行爲的重大改變。爲了因應全球化競爭的問題，開始思考作爲一個國際社會裡的公民應該擁有什麼樣的「關鍵能力」（key competencies）才能在全球化競爭中生存，並且貢獻一己之力。聯合國教科文組織首先在1998年國際教育會議中，首先提出了所謂「學習的四個支柱」（引自許芳菊，2006，p. 27），之後又加入第五支柱，作爲各國政府努力的教育目標。聯合國教科文組織提出的學習五個支柱如下：

1. **學習知的能力**（learning to know）：學習基本知識與技能。
2. **學習動手做**（learning to do）：培養自主學習與終身學習的能力。
3. **學習與他人相處**（learning to live together）：具備世界公民素養、國際觀與文化了解的能力。
4. **學習自我實現**（learning to be）：展現天賦潛能、實踐個人的責任與目標，成爲熱愛生活、有道德的社會人。
5. **學會改變**（learning to change）：培養個人接受改變、順應改變、積極改變，以及引導改變的能力。

根據聯合國的精神，歐盟會議（European Commission, 2002）也提出八大關鍵能力：

1. 用母語溝通的能力（communication in the mother tongue）。
2. 用外語溝通的能力（communication in foreign languages）。
3. 運用數學與科學的基本能力（mathematical competence and basic competences in science and technology）。
4. 數位學習的能力（digital competence）。
5. 學習如何學習的能力（learning to learn）。
6. 社會與公民的能力（social and civic competences）：人際互動、參與社會的能力。
7. 主動與創業家的精神（sense of initiative and entrepreneurship）：能夠擁抱改變、勇於創新，能夠自我設定目標、策略、追求成功。
8. 文化察覺與表達的能力（cultural awareness and expression）：能夠欣賞創意、體驗各種美感經驗（例如：音樂、文學、藝術等）。

此外，澳洲1991年在Finn Report中首先揭露在工作職場上，不論是哪一種專業或工作，六項必要的技巧與關鍵能力，繼之於1992年的

《*Mayer Report*》中列出七項基本能力（key competencies）作爲公民生存於現代知識社會中必須具備的條件，這些條件也成爲學校教育的目標。

澳洲的七項學以致用的關鍵能力，包括：

1. 蒐集、分析、組織資訊的能力（collecting, analyzing and organizing information）。
2. 表達想法與分享資訊的能力（communicating ideas and information）。
3. 規劃與組織活動的能力（planning and organizing activities）。
4. 團隊合作的能力（working with others and in teams）。
5. 應用數學概念與技巧的能力（using mathematical ideas and techniques）。
6. 解決問題的能力（solving problems）。
7. 應用科技的能力（using technology）。

這些關鍵能力的背後，其實是各國政府思考自己國家的公民需要有什麼樣的「關鍵能力」，才能在全球的競爭當中獲得個人生活的成功，並且能夠對社會的團結、經濟的生產、生態的永續作出貢獻。「關鍵能力」不僅要培養個人適應世界的能力，還必須培養形塑世界的能力，是現在和未來教育的中心與焦點。課程向來是以實踐教育目的爲其宗旨，在課程中如何培養學生的「關鍵能力」勢必成爲學校面臨最大的挑戰。精粹主義重視的是學科的知識及能力，而「關鍵能力」思潮的興起則是加深了它對現代教育的影響。

由於各國對「關鍵能力」定義不同，「經濟合作開發組織」（Organization for Economic Cooperation and Development, OECD）於1998至2002年起進行大規模「界定與選擇關鍵能力」（Defining and Selecting Key Competencies，簡稱DeSeCo）的跨國研究方案（project），將關鍵能力區分爲三大類別作爲其基本架構，如圖3-1所示。

1. 個人必須有能力使用廣泛的工具與環境進行有效的互動：這些工具

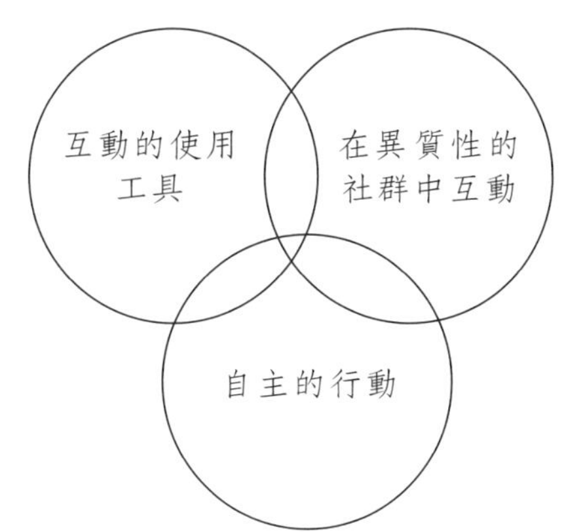

圖3-1　DeSeCo關鍵能力的概念架構

包含實體的工具，如：資訊科技，也包含社會文化的工具，如：語言的使用。所有人對這些工具了解的程度必須是能夠可以依照自己的目的而適應；換言之，就是互動的使用工具。

2. 在日益互動頻繁的世界中，個人必須與他人交手，意即每個人都會遭遇或面對來自不同背景的人群，因此在異質性的團體中能夠彼此互動就顯得非常重要。
3. 個人必須負起經營自己人生的責任，將人生置於更廣泛的社會脈絡下，並且自主的行動。

總而言之，DeSeCo方案中選出二十一世紀公民的關鍵能力「key competencies」，分別為：（Rychen & Salganik, 2001; Ruchen, 2006）

1. 能互動地使用工具，包括使用語言、符號和文本能力，以便運用知識和資訊能力與他人互動等。
2. 能在異質性的社群中互動，包括發展和經營良好人際關係的能力、團隊合作的能力、處理和解決衝突的能力。
3. 能自主地行動，包括具有較大的世界觀和脈絡下行動的能力，形成並執行生涯規劃與個人計畫的能力，主張與辯護自己的權利、利益與需求能力。

上述「關鍵能力」（key competencies）的三大類別各有其焦點，但是三者之間彼此相互關聯形成「關鍵能力」的基礎。在「關鍵能力」概念架構下個人所需要的反思與行動是其中的核心，意即，個人必須學習以一種更爲統整的方式去思考（think）與行動（act）。所謂「反思」不僅僅是個人必須具有應用（apply）例行性的準則或是方法去面對不同的情境的能力，而更需要的是每一個人都要具備面對不斷的變革，並且從經驗中學習，以及從批判的立場中去思考與行動的能力。OECD所提出的三項關鍵能力不僅僅代表著全世界都將它們視爲教育的指標，而其中除了「反思」之外，更指出個人在思考之外，「實踐」與「行動」的重要性。

國內學者楊國賜（2013）將「能力」定義爲「能成功地回應個人或社會要求的能力」，並且直指：「能力不是知識、不是技能，而是包含個人獲取和應用知識，認知與技能的能力，以及態度、情緒、慣性與動機等。能力是可以在合適的學習環境中學習而來，而且是終身的學習。」此種認知正是「核心素養」的眞義（p. 12）。

（六）十二年國民基本教育之核心素養（core competencies / literacy）

當各國在省思自己的公民所必須具備的OECD的「關鍵能力」之時，我國也在民國99年「第八次全國教育會議」的結論中指出，國內的教育應參酌世界先進國家國民教育發展之經驗，才能符合世界教育的發展潮流。OECD在DeSeCo的跨國研究方案中所提出的三大關鍵能力，遂成爲各國教育改革所依賴的重要基礎，我國也提出以「核心素養」的概念作爲十二年國民基本教育之內涵，強調培養以人爲本的「終身學習者」，並且以「自主行動」、「溝通互動」和「社會參與」，作爲必備之關鍵能力。此三項關鍵能力亦是我國自108年課程發展與設計的最高指導原則，其內涵分別如下：

1.「自主行動」核心素養：包含「身心素質與自我精進」、「系統思考與解決問題」、「規劃執行與創新應變」等能力。
2.「社會參與」核心素養：包含「多元文化與國際理解」、「人際關係與團隊合作」，以及「道德實踐與公民意識」等能力。

3.「溝通互動」：包含「符號運用與溝通表達」、「科技資訊與媒體素養」，以及「藝術涵養與美感素養」等能力。

十二年國民基本教育所提出的三個面向——「自主行動」、「社會參與」與「溝通互動」——與OECD所訂出的三個關鍵能力（key competencies）——「能互動地使用工具」、「能在異質性的社群中互動」、「能自主地行動」——名稱上雖略有差異，但是其本質上非常的接近。只不過在我國則以「素養」一詞冠之，此與英文的「literacy」之中文譯文（素養）雖然一樣，但是其義卻有所不同。

四、重建主義（reconstructionism）

重建主義與實用主義有關，它來自早期烏托邦的思想，後與馬克思主義有密切之關係。但是在30年代的經濟大蕭條（the Great Depression）趨勢下，改造社會、重建社會的需求漸漸成爲氣候。雖然進步主義的教育思潮在當時達到它的高峰，但是有一些重要的團體聲稱其對進步主義的理想已經破滅。他們認爲進步主義的教育太過強調以「兒童」爲中心，用遊戲的論調讓教育爲個別的學生或是中產階級的兒童服務，而此時教育眞正需要的是以社會爲中心（social-centered），以及教育應該爲所有的社會階級而服務。於是G. Counts在1932年的進步主義教育年會大會上，要求學校應該領導社會認識民主的價値，讓學校變成改革的動力和教育改革的機構。他呼籲進步主義應該要重視時下的社會和經濟的議題，把學校打造成社會改革的平臺。

重建主義認爲教育應該探討當代的社會議題，例如：種族、部落、社會階級歧視、貧窮、失業等。到目前爲止，除了上述的這些議題外，還擴大至性別不平等、社會福利、電腦與科技、政治壓迫、戰爭、核能災變、環境汙染、疾病、飢餓、地球資源耗竭等，都是學校的課程中應該包含的。因此，重建主義對教育主張如下：

1. 能批判性的檢驗自己社會的傳統，以及全人類的文明。

2. 不害怕檢視爭論性的議題。
3. 謹慎的參與社會、組織的改造。
4. 培養能夠考慮世界的現實，並持有計畫未來的態度。
5. 支持學生和教師參加明訂的學程，以增強對文化的復興與跨文化主義的認識。

重建主義的教育目的是重建社會和改造社會，Theodore Brameld被視爲發起人（1956）。他反對進步主義過分強調「兒童中心」的學習，而忽視社會的需求。教育應顧及整個社會的需求而非個人，應該注重所有階級的需求而非中產階級。重建主義主張知識是辨認社會問題的技巧與學科、學習是主動的、關心現代與未來的社會。教師是學習計畫的指導者、研究之領導者。課程的焦點是社會科學、社會研究法、社會經濟、政治問題。概念重建主義與教育機會均等兩項是重建主義對教育的影響。

（一）概念重建主義（reconceptualists）

概念重建主義者對於自Tyler以來的課程理論與實務提出批評，他們認爲課程的目的應該是促進學生心智的解放，而不是透過課程維持或控制現存的社會秩序，課程的本質應著重個人的自我實現與自由，將人由限制、束縛的社會控制中予以鬆綁，因此課程應該重新加以反省、修正、思考、再詮釋與再概念化。支持此派的學者大多以教育的批評家居多，許多學者，如：Greene、Kliebard、Pinar等，從哲學思維、歷史的回顧、知識社會學等不同層面對課程與其背後的意識進行解構分析，提出批判。這些批判的論述蓬勃的發展，儼然成爲課程理論的第三勢力。因此，以「概念重建主義」來統稱這些不滿當時課程實踐現況學者的觀點（甄曉蘭，2004，pp. 37-40）。

概念重建主義是從直觀的、個人的、神祕主義的、語言的、政治的、社會系統等層面來詮釋課程理論的形成。對課程的探究亦從保守的觀點（特別是依泰勒原理所發展的課程）發展爲多元的層面，這些層面包含從歷史的、美學的／哲學的、心理分析的、社會的／政治等面向來探討課程及其背後的意識型態。

Pinar於是提出「誰的知識最有價值？」便是以不同的課程「文本」重建課程的概念與內涵。課程領域遂從關注課程的創造進而轉移到對課程的理解（understanding curriculum），開啟了課程領域的新視野與課程典範的移轉，再度擴大深化課程的領域。

（二）教育機會均等（equality of educational opportunity）

教育機會均等不再是指學生學習成果的均等。在十九世紀與二十世紀初期，教育機會均等是指兒童的學習起點是齊頭的，然而有些兒童會比其他的兒童走得更遠、更快一些。雖然兒童的背景、能力、動機、運氣會造成個別的差異，但是學校都會承諾任何一個社會階級的兒童會與生於其他社會階級的人，有同樣的機會達到相同的學習成就。事實上，許多結果顯示學校在這一方面的努力往往是失敗的，因爲多數的研究仍然顯示學生的學業和經濟成就，和他的社會階級有非常高的相關。

新的教育機會均等的觀點大約形成於1950到1970年代之間，消弭教育機會的不均等是政府弭平社會貧富差距，以及提升弱勢族群的經濟成就的重要手段。Coleman指出五種不均等的教育機會：(1)不均等的教育機會是指施予所有的兒童同樣的課程，亦即學校的設施對於所有的學生是均等的。(2)學校種族的組成造成不均等的教育機會。(3)學校中無形的特色，比如教師的士氣和對學生的期望，造成不均等的教育機會。(4)同樣背景與能力的學生造成不均等的學習成果。(5)具有不同背景與能力的學生造成不均等的成果。這些教育不均等的議題後來引起政府對教育均等，以及均等機會的立法行動，並且擴及學校與社會的各個層面。

前述的課程改革運動，其原因大體上都與哲學有密切的關聯。教育哲學往往顯示了當時社會中大多數人對教育的態度與價值觀，而課程的改革則是符應社會期望下的教育實務。每一次的教育改革都是在哲學的背景下產生質變與量變，始終受其支配。哲學將我們在課程的決定與選擇意義化，藉此讓課程的改革成爲合理的政策。如果缺乏哲學的指引，課程改革就有可能被批評是崇尚流行或淪爲花俏的裝飾品而已。所以，課程的發展往往環繞著哲學，課程的價值與知識的選擇都是課程發展時必須考量的核心，然而這些又與哲學思潮的傾向有關。

第三節　課程與心理學

課程在編制的過程中，除了考慮知識的立場外，另一項重要的考量就是來自心理學的因素。Tyler認爲課程的目標必須經過「哲學與心理學的濾網」篩選後才能施予學生，可見心理學對於現代的課程發展占有多麼重要的地位。本節擬就心理學中的（一）行爲主義心理學與（二）認知主義心理學，對於課程的影響加以說明。

一、行為主義心理學的影響

行爲主義心理學是依據刺激與反應之間的關係，來詮釋「學習」的歷程。學習是刺激與反應的連結與增強，複雜的行爲反應則是由簡單的行爲反應所連結而成。大體上而言，心理學似乎對教育的影響比較偏重「如何教」，而不是「教什麼」。所以，在行爲主義心理學的影響之下，學者創造出許多著名的教學法，如：「編序教學法」、「個別化教學」與「精熟學習」等，這些教學法共同的目標就是要讓學生精熟學習的內容。然而，依據行爲主義心理學的原理，複雜的學習內容就必須切割成許多的小單位，才能實施精熟的教學與學習。透過這些小單位的學習，教師就容易控制並引發學生正確的反應，然後施以獎賞，強化刺激與反應的連結，最後才能獲得精熟的學習成果。因此，爲了要達成精熟的學習，在課程的編制上，勢必將課程的內涵，不論是目標或內容，切割成小單位，對學生加以教導與訓練，才能產出預期的反應。就行爲主義心理學而言，課程的目的就是要提供學習的刺激，以便引起學生的反應，這種以小單位的方式處理課程的內涵，可視爲行爲主義心理學對課程編制的影響。

另外，課程在編制的過程中將課程的內涵切割成小單位，然後仔細的安排這些小單位的順序，大致上都是遵守由簡單到複雜、時間先後、具體到抽象的原則，其實這種安排和行爲主義心理學中複雜的反應是由簡單反應連結而成的立場是一致的。

將課程目標或內容切割爲小單位，要求學生對每一個單位做精熟的學習，除了強調刺激與反應的學習連結外，更重要的是讓學生可以因學習精熟而產生正向的、成功的學習經驗，藉以獲得「內在滿足」的獎賞作用。因此，行爲主義心理學主張課程的組織必須建立在能夠讓學生獲得正向經驗的基礎上，就是基於此種論調。

行爲主義心理學強調刺激與反應的連結，Watson更主張「知道反應就可以推論刺激，而知道刺激就可以推論反應。」而所謂的「反應」則是側重可以讓人觀察到的、可以測量的「行爲」。此項原則和Bloom在1956年發表的《教育目標的分類》一書，將教育目標分成認知、情意和態度三個領域，並且以可觀測到的「行爲」作爲編寫目標之基礎的立場是一致的，可以說Bloom的目標理論深受行爲主義心理學的影響。至於，Tyler的課程理論也都強調要以具體的行爲目標作爲編寫課程目標的標準。此種將行爲目標分割成更具體的目標作爲人類學習成果的表徵，也是充分的顯現出行爲主義心理學對學習的基本理念。

綜觀行爲主義心理學對課程的影響在於它們在課程的設計中，運用了許多行爲主義心理學的原則，並且以學生「精熟」學科的方式組織課程。由於要將課程內容或目標切割爲小單位，明訂出具體的行爲，診斷分析學生，以難易程度安排課程的內容順序等，因此課程便需要依賴步驟式、邏輯式的原則進行設計，此種設計的方式也是行爲主義心理學對課程的影響之一。行爲主義心理學可以說是二十世紀上半期對學校課程影響最大的心理學派。以下就Bloom和Gagné的理論詳加說明之。

（一）布魯姆（B. Bloom）

「精熟學習」（mastery learning）的理論早於1920-1930年代由C. W. Washburne（華盧朋）提出文納特卡計畫（Winnetka Plan），以精熟學生的學習爲主要的教學目的，H. C. Morrison（莫禮生）也提出類似的概念。直到1960年代由B. F. Skinner提出以「編序教學」（programmed instruction）作爲「精熟學習」的教學法，同期還有J. B. Carroll則提出學校學習模式（model of school learning）的理念，以「學習性向」

（learning aptitude）作爲主要的論述，這些教學法都是關注如何幫助學生精熟他們的學習。最後由B. Bloom（布魯姆）以Carroll的概念模式爲基礎正式提出精熟學習（mastery learning）。精熟學習法的實施如下：

1. 分析學習目標。
2. 編排學習內容。
3. 編制學習測驗。
4. 設計回饋校正及充實活動。
5. 編制後測。

在計畫實施精熟學習法的教學前，教師在編排學習內容時必須將課程內容或教材分成連續且相關的「較小的單位」，再組織成有意義的順序以利精熟活動的進行和評量的實施。爲了因應精熟學習的需求，課程必須以「小單位」和「連續性」的方式設計，才能符合行爲主義心理學應用「控制刺激」的原理，以引發預期的反應。

（二）蓋聶（Robert M. Gagné）

在蓋聶的學習階層理論中，指出學習必須具有合理的順序，分別說明如下：

1. **符號學習**（signal learning）：由反射性反應所引發的學習（古典制約學習）。
2. **刺激反應學習**（stimulus response learning）：學習者對特定刺激產生的自主性特定反應（操作制約學習）。
3. **連鎖學習**（chaining learning）：多重刺激反應連鎖的學習，複雜的動作技能的學習。
4. **語文連結學習**（verbal association learning）：用語言或文字替代眞實的物體的學習。
5. **分辨學習**（discrimination learning）：對一連串不同但是卻類似的刺激，給予適當反應能力的學習。
6. **概念學習**（concept learning）：將具有共同屬性的事物用概括性的文字或符號表示，具有形成分類、類別的學習。

7. **原理原則學習**（rule learning）：兩個概念以上的連鎖學習。
8. **問題解決學習**（problem solving learning）：應用兩個以上的原理原則的學習。

基於上述Gagné主張，學習是由低層次簡單的朝向高層次複雜的階層進行。由於每一項低階的學習都是後面高階學習的先備學習，因此課程內容的順序安排就必須按照學習的順序予以組織，才能讓學生的學習逐步由下往上進行。換句話說，課程就必須按照學習階層而設計，從事物簡單的特徵、分類、原則、解決問題的順序，選擇適當的內容分層組織以符應Gagné的教學方式。此種由簡單的學習到複雜的學習也是依據行爲主義心理學的觀點，「控制刺激」以獲得正確的行爲反應，更藉著學生以小量的學習內容循序漸進的學習，很容易引發正確的反應，獲得成功的經驗則可以強化學習的反應。

行爲主義心理學的學習理論強調刺激控制和學習反應之間的連結，爲了能夠實踐不論是Bloom精熟學習理論或Gagné的學習階層理論，課程在設計的時候都需要將內容作適當的切割與安排才能獲得預期的成果。綜上所述，行爲主義心理學影響課程結構與組織，也改變了課程設計的方式。

二、認知主義心理學

在美蘇太空競賽之後，特別是1957年蘇俄發射人造衛星Sputnik事件之後，行爲主義心理學開始走下坡，取而代之的是來自瑞士的皮亞傑所代表的認知心理學。行爲主義心理學與認知心理學最大的不同是在於，前者關心學習者對特定的刺激作出關聯性的反應，後者關注的是學習者認知結構的重組與發展，故「認知結構」是認知心理學中最重要的論點之一。認知心理學的代表人物——Piaget（皮亞傑）認爲個體在環境中，如果無法利用既有的經驗與認知結構適應環境時，就產生認知不平衡的現象。然而，人類天生就具有追求平衡的驅力，藉由學習改變其認知的結構，調整

「基模」，以達到認知平衡的狀態。對於認知心理學而言，學習是改變與擴展個人的認知結構，形成適當的基模，以便適應環境。所以，學習者的心智發展及教材的組織結構如何配合是教學上最重要的任務。從布魯納強調課程內容必須符合學習者的認知表徵階段發展，奧斯貝爾的前階組織法則重視課程內容的架構，課程內容必須遵循學習階層等理念中，充分的顯示認知心理學對課程內容組織方式的影響，以及迦納的多元智能說。

（一）布魯納（Jerome S. Bruner）

布魯納所提出的「發現教學法」是利用啟發的方式教導學習者思考，進而發現教材所包含的結構。他主張人類經知覺而將外在環境中周遭的事物或事件轉換爲內在的心理事件的過程，稱爲「認知表徵」或「知識表徵」；學習的主要條件必須由學習者主動探索，才能從事物的變化中發現它的原理原則。而根據布魯納的觀點，兒童會按照其年齡階段以不同的方式了解世界，形成其認知與思考。因此，任何學科都可以針對不同年齡的兒童，依據他們對世界不同的了解方式——動作表徵、影像表徵、符號表徵——教給他們，所以，布魯納提出「任何學科的結構均可用某種方法，教給任何年齡的兒童」的說法。換言之，課程內容的設計必須符合兒童在每一階段的認知特性。

其次，布魯納「螺旋課程」的設計讓各學科的結構與概念不斷的反覆回到其基本的觀念上，直到學習者可以完全掌握整個學科全貌的知識系統。布魯納的學說與理論，引發課程設計者去思考課程設計時有關學科結構的問題。

（二）奧斯貝爾（David Ausubel）

奧斯貝爾的「有意義的學習」指出，學生學習的新資訊必須以他們認知結構中已有的觀念爲基礎，只有當學生將新資訊與舊有之知識結構連結，學習才會發生。換言之，新教材必須依照學生已知的內容予以安排才能發生「有意義的學習」。因此，課程中的內容概念、命題、結構組織必須按照一定的結構組織安排，使得課程的內容前後具有某種邏輯的聯繫，而這種聯繫又與學習者的認知結構相符合，才能稱此種課程的編制是促進學習者「有意義學習」的眞義。

（三）迦納（Howard Gardner）

迦納提出人類的智能是多元的，每個人都擁有十種智能：

1. **邏輯—數學智能**（logical-mathematical）：對於邏輯、抽象化、推理、數字，以及批判性思考具有高度的能力。
2. **語言智能**（verbal-linguistic）：對於字詞和語言有高度記憶，且能透過口頭或書寫文字表達想法和了解他人想法的能力。具有語言智能的人特別擅長於閱讀、寫作、演講、說故事等。
3. **視覺—空間智能**（visual-spatial）：對於視覺空間具有準確的判斷，並且可以透過腦海中的想像把空間視覺化。具有空間智能的人，通常是從事繪畫、建築、室內設計的工作。
4. **肢體—動覺智能**（bodily-kinesthetic）：對於身體的動作，以及對物件的操控具有高度技巧的能力，此項智能包含對時機點（timing）的感受力。具有肢體動覺智能的人，通常對運動、舞蹈、演技、或是物品製造具有高度的能力。
5. **音樂智能**（musical-rhythmic and harmonic）：對於聲音具有高度的敏銳感，例如：節奏、音調、音律等。具有音樂智能的人，通常在唱歌、演奏樂器或是譜曲的能力上有傑出的表現。
6. **人際智能**（interpersonal）：對於他人的情緒、感受、性情和動機具有敏感性，具有人際智能的人也是最能夠和他人合作成為團體成員的人。通常業務員、政治家、經營者、教師、顧問、社會工作者，都是具有此項能力者。
7. **內省智能**（intrapersonal）：具有反思、內省的能力，對於自我具有深層的了解，例如：自己的優缺點、自己的獨特性、可以預測自己的反應和情緒。
8. **自然觀察智能**（naturalistic）（1995）：對於周遭環境的植物群與動物群具有識別的能力，以及對自然世界中找出重要的特徵的能力，諸如：動物和植物的種類、岩石和山岳的型態等，能於狩獵、耕種，以及生物科學中使用此種能力。具有自然觀察者智能的人，包含獵人、農夫、收藏家、植物學家，以及廚師等。

9. **存在智能**（existential）（1999）：具有對宇宙及抽象人生觀的思考能力，以及對事物本質的靈感、頓悟能力和直覺思維能力，如：宗教家。

10. **教學—教育智能**（teaching-pedagogical）（2016）：能成功教導他人的智能，如：教師。

多元智能的理論強調每個人都有獲得知識和解決問題的不同心智優勢，所以應該著重課程內容基本概念的深度理解與生活的應用，而非機械式的記憶。從多元智能的觀點，傳統課程中過分偏重語言、數理、空間的智能；相對地，卻忽略了對其他智能的發展。Eisner認爲學校課程的設計，應該以不同的表徵形式（forms of representation）來呈現經驗、來組織課程，幫助學生學習。

從多元智能的提出不難看出是以「全人」的方式看待學習者個人的心智發展，其生長與發展就成爲課程的理想，如何組織課程才能有助於學習者心智的發展，便須考量學習者的心理歷程與發展的順序或階段，其與心理學的關係自在不言中。

行爲主義心理學是以刺激—反應爲其學說的基礎，創造出編序教學法與精熟學習法等教學法，小單位的學習內容、排序、精熟與增強的教學特點，則是體現行爲主義心理學對人類學習的觀點。在編制課程的過程中，這些觀點便成爲課程設計的原理原則，課程內容的切割、順序與範圍限制成爲重要的關鍵。認知心理學是以兒童的認知發展與結構爲其學說的基礎，創造出發現教學法、前階組織教學法、概念獲得法等的教學法，學習從簡單到複雜、具體到抽象、整體到部分、時間的序列等的觀點影響課程設計的原則。除了重視課程內容的結構與學習者的認知結構之間的符應關係外，認知心理學從注重人類的認知發展，到關心教材的結構，以及各種認知的過程與評量，都與它發生一定的關聯。兒童學習時的思考邏輯也是其不可缺少的因素。在知識的表象外，更關注思考能力的培養，這也是認知心理學所關注的焦點，因此我們常見到課程中強調反省思考（reflective thinking）、批判思考（critical thinking）、創造性思考（creative thinking）、直覺性思考（intuitive thinking）、發現式學習（discovery learning）等，也都是認知心理學在課程中強調的功能。課程如何提出可以挑戰學習者的內涵，以促進思考的程度，則是認知心理學的課程編制最主要的任務。多元智能的理論使得課程的編制從原先的知識結構更進一步注重心智的促發與成長。由此可見，課程編制的過程中都與心理學發生一定的關聯，課程中包含哪些內容、哪種組織方式、哪種程序都受到心理學的影響。

對於大部分的課程而言，學科取向的設計顯然是課程編制時最能夠被多數人，包括課程設計人員、教師、家長接受的一種課程設計方式。所以，在課程設計時，心理學的原理都可在課程內容、安排的順序、組織的方式中體現出來，由此也可見心理學對課程的影響。

第四節　課程與社會變遷

學校一方面是社會組織的成員之一，深受社會文化、政治、經濟等因素影響，但另一方面卻也擔負保存、傳遞或重建固有社會文化的任務。學校的課程便是在如此複雜的社會環境因素的交互作用之下而作成決定的。R. Tyler（1949）認爲教育目標形成的方式是必須先研究當代社會的生活，由此可見教育與社會的關係是多麼的密切（p. 16）。

Dewey強調教育的目的是爲了使兒童適應未來的生活，就其觀點，學校就有責任將未來要生活於社會環境中的規範、共同的價值觀與文化等，透過課程傳遞給下一代，以維持社會的生存與運作。舉凡個人在社會中表現的角色、審美、道德標準、飲食方式、科學技術知識水準、意識型態等都是社會化（socializing）的過程所形塑出的結果，也是促進社會穩定與發展的重要基礎。這些社會群體意識形成的過程中，衝突、協調與整合的歷程持續不斷的循環，而課程中勢必將重要的、共同的、共享的群體意識帶進課程，才能滿足Dewey所揭櫫的教育目的，也才能維護社會的結構，保持社會的安定與平衡，永續社會的生存。因此，形塑（shaping）

和社會化（socializing）學生成為學校教育中極其重要的任務，選擇適當的內容、活動與環境成為課程直接或間接的重要決策。本節擬就課程決策中的社會議題與社會變遷，對課程的影響分別說明之。

一、社會議題

任何課程的發展和設計都應該要考慮社會的環境，特別是學校和社會的關係及其相互的影響。社會的要求（demands）在通過哲學與心理學的濾網之後，往往強加諸於學校的課程之中，因此課程人員唯有對社會的議題具有相當的靈敏度，才能做出正確的決定。

學校教育一向被認定具有傳承社會文化的任務，舉凡社會的價值觀、信念、社會規範等皆需藉由學校課程傳承，這是社會對於學校功能的期望。雖然教育始於家庭，但是隨著兒童逐漸成長，學校成為幫助年輕人獲得有系統的知識，成為培育他們合於社會體制與價值觀的機構，學校教育對於社會的安定、傳承與發展扮演著關鍵的角色。決定課程內容、活動，以及教育情境成為學校教育反映它們所重視的社會價值，是提供形塑和社會化未來公民重要的支持系統。對課程做任何決定時，必須對某些社會的爭議具有機敏的察覺，才能保持中立的立場，這些爭議包含：（一）眾趨人格（modal personality）、（二）性別角色（sex roles）、（三）性別差異與成就（sex differences in achievement）、（四）審查制度（censorship）、（五）性教育（sex education）、（六）多元文化（multiculture）、（七）殘障教育（handicapped education）等。以下分別說明之：

（一）眾趨人格

眾趨人格（modal personality）是指每一個社會中的成員受到文化影響所表現出具有共通性的世界觀、性格及行為的模式，進而形成每個社會的特質。社會中的個人雖然彼此有差異，但因受到文化的影響，在其成長的過程中，不論是教養的方式、習慣、接受的教育、婚姻、生活方式、信仰等會發展出社會共同的經驗，而這些共同的經驗會調和社會中的個別差異，讓社會中的個體產生類似的行為模式（或者稱為「氣質」）。依據Benedict的觀點，社會規範對於人際關係的約束，會產生特有的眾趨人格，那就是社會的成員大部分會表現的共同的態度、感情、行為模式，例如：美國社會所表現出的眾趨人格特徵就是民主、自由與平等，而日本社會則是以禮節、內斂、合群等社會人格著稱。Dewey在學校課程中曾強調學校必須提供學生民主活動和經驗，以便傳承美國社會重要的特色與價值觀。人格的發展及塑造正是透過學校的教育與課程而潛移默化，至於，在課程中要體現哪些眾趨人格的特質是課程設計人員必須小心謹慎面對的社會議題。

（二）性別角色

另一個課程中常見討論的議題是性別。社會不僅僅傳承它的價值與道德觀，同時也對其成員賦予約定俗成的角色，期望社會成員能以社會既定的行為模式作為其行為舉止的範本，其中最明顯的例子就是性別角色（sex roles）。換言之，社會規範了男孩、女孩，男人或女人的行為舉止。不同的社會文化中，對於性別的行為規範要求亦不相同，例如：許多文化中男孩玩洋娃娃是不被允許的事，但女孩玩扮家家酒則是被鼓勵的；抑或是男性遇到難過、痛苦的時候，是不能哭泣的，而女性則是可被允許的。性別角色間接的體現在課程中，無形中傳承了社會對於性別的觀念與分野。此外，性別也是檢視學校時經常被討論的議題之一。性別角色成為學校教育中經常被討論的議題，是因為社會對性別角色所賦予的期待，特別是性別角色的差異在學校內所產生的衝突。課程如何適當的反映當今社會中性別的角色，從兩性擴大為第三性及同志等性別主張更是具有一定的爭議性，那麼課程中對這些性別角色的規範與認知則是有賴課程中對性別角色的決策立場，如何避免過度激化彼此的衝突，以及對傳統角色的挑戰，將成為課程中需要謹慎的決策過程。

（三）性別差異與成就

在課程中另一個有關性別差異的議題，是兩性在學習成就上的差異。傳統上女性並不被鼓勵從事高階的行業，例如：律師、醫生、商業等；相反的，女性經常被鼓勵從事教師、社會工作、護士等相關行業。儘管女性與男性同處於相同的行業，她們的薪資、職位卻較一般男性爲低。這種因性別差異造就的社會差異則是社會化的過程中受到課程的認同，因爲女性就應該女性化（feminine），從事女性的工作。而教科書對女性一向具有偏見，不鼓勵女性追求高等教育，也不鼓勵女性學習日後經濟獨立所必須的技能，身爲女性應該成爲家庭主婦或是太太。所以在學校教育過程中，女性學到的社會化是對男性有更多的依賴。由於學校教育和社會化過程太強調男女生在數學與科學成就上的差異，使得女性對這些科目或是所謂的「男性職業」產生害怕與焦慮，所以成就上低於男性。相反的，男性選擇一些女性課程則會被視爲「娘娘腔」的作爲，這些性別的差異考驗著課程是否能跨越性別之間的鴻溝，消弭性別所帶來的歧視。

（四）課程的審查制度

課程內容的審查，長久以來、或多或少都眞實存在於教育中。雖然法律上並沒有明文規定課程必須經過審查，但依照長久以來的習慣，一些可能招致社會爭論的議題是不能出現在課程的內容，這也是書商慣用的作法。因此，嚴格來說，對課程或教科書並沒有所謂的審查要求，然而爲了市場的緣故，書商對於教科書採取的策略是只需包含教育人員認爲適當的課程內容即可。因此，美國早期的課程內容限定只能呈現美國人對家庭、教會、工作與國家等傳統的價值觀。70年代西維吉尼亞州卡諾瓦縣的社區是第一個曾將教科書予以禁止的團體，結論是他們不支持任何課程或教科書有下列的內容出現：(1)對家庭的神聖提出質疑；(2)對超自然生命體的存在提出質疑，或培養不信仰任何宗教；(3)鼓勵懷疑或攻擊政府訂定的法律；(4)批評自由企業的制度；(5)培養反對美國主義，不尊重傳統的價值觀；(6)暗示文法的規則不適切。因此，課程或教科書雖然沒有實質的審查制度，但社區民眾卻有限制教科書內容的事實。

近年來，性教育、猥褻的言語、種族主義、人口過剩與其宗教的暗示、神創論與演化論等議題也是不能出現在課程內，否則會受到家長團體、社區團體、利益團體的壓力，進一步要求學校、教師和圖書館員去審核教材或教科書。是故，爲了解決對課程或教科書內容的紛爭，學校一方面要能理解，任何人民都有權力表達對課程或教材的意見；另一方面，對於不同的意見，學校必須即時做出明確、專業的回應，是避免爭論擴大的有效策略。所以制定適當的課程選擇政策和過程對於學校、社區代表、家長代表而言，具有緩和彼此衝突的作用。課程的內容雖然沒有正式或法定的審查機制，但是它仍然受到各種社會團體的監督，課程決策中如何避免引發爭議也是課程人員必須要有機敏的察覺力。

（五）性教育

性教育是最容易引起爭論的議題之一。一些保守的團體反對在課程中出現有關性教育的議題，因為他們認為性教育的課程往往會鼓勵青少年懷孕、同性戀等。但學校的輔導人員或教育學者卻主張學校應塡補性教育的空白，或者至少消弭青少年對性教育的錯誤知識。性教育的課程應被視爲健康的議題？道德的議題？宗教信仰的議題？家庭的事件？社會、心理、身體的事件？教育的議題？還是社區的議題？恐怕是許多家長、社區、宗教團體爭論不休的議題。性教育反映了社會的規範與價値觀，它必須重視家長和社區的需求與感受，同時又要兼顧利益團體的堅持，此時課程的選擇，以及應該包含哪些成員以避免發生衝突，就變成一件非常困難的事，也是課程設計者必須面對的問題。

（六）多元文化

多年來，世界各國開始注意到社會的多元化現象，其中最引起重視的是文化的多元化。透過網際網路的通訊科技，以及無遠弗屆的交通科技，「地球村」的概念開始深植於各國社會，各國的教育也顯現對多元文化的重視。過去對於多元文化的政策大都強調提供語言的訓練，或是學習當地主流文化的特性，以便能融入和認同主流文化，使其成爲該社會的一體，即「大熔爐」（melting pot）的概念。時至今日，這種大熔爐的概念卻被視爲剝奪不同種族對自己文化的認同，取而代之的是了解、欣賞各種族間的差異，讓各種族能保有原來的習慣、道德觀和語言，卻又能與其他種族在工作或是學習上彼此共同合作。爲達此目的就必須在課程中，從幼稚園到高中，對所有的兒童與青年充實與豐富其文化的多元性。學者提出的作法，包括：

1. 教材要引介多元種族、多元人種及非性別歧視的內容。

2. 教導促進文化多元與個別差異的價值。
3. 在教室或學校—社區合作的學程中，納入不同文化和種族的活動。
4. 鼓勵多語言和方言的使用。
5. 強化教師多元文化的教育。

（七）殘障教育

個別差異永遠存在於各種社會組織或學校中，最讓教育專家關心的是殘障的兒童，因爲他們需要特殊的教育人員和教育服務。此處所謂的殘障兒童泛指：(1)語言損傷；(2)心智遲緩；(3)學習遲緩；(4)情緒障礙；(5)癱瘓；(6)聽力障礙、失聰；(7)肢體障礙；(8)視障；(9)多重障礙等之兒童。美國在殘障兒童教育方面於1975年通過「公共法案PL94-142」（The Education for all Handicapped Children Act）即《殘障兒童教育法》，立法保障殘障兒童的受教權，該法令的目的爲：

1. 獲得免費、適當的學校教育是殘障兒童的基本權力。
2. 對殘障兒童的測驗與評量必須有效。
3. 不論是短期或長期的個別教育計畫，必須滿足每一個殘障兒童的需求。
4. 所有的殘障兒童必須在最少的環境限制下受教。

這樣的法令讓愈來愈多的課程專家和教師體會到，他們必須面對殘障兒童的需求。PL94-142法令中特別提及殘障兒童必須在「最少環境限制下」受教，因此許多學校的作法是將殘障兒童安置於一般的班級中受教，稱爲主流教育（mainstreaming），此舉讓學校開始不再爲他們另設特殊班級，以符合該項法令的要求。此外，專家們發現將殘障兒童置於一般普通的班級，比讓他們處在單獨、特殊的班級中受教更有利。在一般的班級中殘障兒童可以和非殘障兒童交流，正常兒童也能藉此機會了解殘障兒童，可以增進彼此的成長，培養未來能在社會上共事的經驗。但很不幸的，許多正常兒童察覺到殘障兒童經常帶有負面的人格，特別是重度殘障的兒童，因此他們寧願與其他正常的兒童交往，而不願意和殘障兒童有所牽連。綜觀「主流教育」的成效其實是正、反面皆有；換言之，「主流教育」的作法和成立特殊班級都不算是最佳的策略。不過，PL94-142法令實施的目的，是在於幫助教育學者、立法人員與課程人員注意到這些問題，以便採取適當的策略與步驟改進學校的課程及教育。特別是在課程改革時需要重新定義參與人員的角色，讓雙方的家長和社區代表在課程發展和實施的政策中都能有意見表達的機會。

綜合上述，課程發展與設計是無法離開社會環境而單獨思考的，必須以社會環境為範疇，小心謹慎的面對與處理。學校課程的改革是持續的過程，社會所關心的議題未來仍將不斷的影響學校，而學校課程則反映了現今社會最關注的議題。不可諱言，來自社會的力量往往會影響課程的決策，而課程的決策也適度地反映了社會的現實，如何分析、評量塑造社會的趨勢，在永恆主義和未來主義之間抉擇是教育學者可以努力貢獻之處。

二、社會變遷與課程

關注社會的變遷是課程人員應具備的能力，「回應社會要求」被認為是二十一世紀課程的新思維。在後工業社會，或稱為資訊社會，其變遷的速度遠超越人類從狩獵社會轉向農業社會，再由農業社會轉向工業社會的想像，而變遷的形式也是人類始料未及的。課程如何回應社會的需求已經不再是學生的關鍵能力，而是課程人員的關鍵能力。本節即是就Toffler與Naisbitt等未來學的學者，對社會變遷的觀察與思維做一介紹。

（一）社會即變遷的來源

未來社會學的知名學者A. Toffler（杜佛勒）在1970年出版《未來的衝擊》（*Future Shock*）一書，被認為是70年代論及未來學最具震撼的著作。書中指出十七世紀的工業革命將人類從農業社會轉變為工業社會；而第二次工業革命，即超級工業主義，則在「加速的推動力」（指科學技術和生產技術，特別是電子計算機的使用）的推動之下形成一股變動的洪流，使人類社會不斷的、急速的改變。而這些改變的速度之快和層面之廣，是過去人類從未有過的經驗。因此當人們無法適應社會劇烈的轉變時，即產生對未來茫無所措的感覺，便是所謂「future shock」（未來的衝擊）的現象。Toffler歸納出三項社會變遷的特徵：一時性（一用即棄的物品）、新奇性（科學、科技的發明）、多樣性（多重選擇的文化與生活），這是資訊社會中可預見的現象。這些現象使人們面對社會各層面的變化感到茫然無助，導致無法跟隨社會變遷的速度和方向而改變，逐漸與實際的社會產生落差，此稱爲「文化落差」（culture lag）。

提出社會變遷現象的尙有J. Naisbitt（奈思比）於1982年出版《大趨勢》（*Megatrends*）及1990年出版《2000年大趨勢》（*Megatrends 2000*）的這兩本著作，均引起全世界對近年來社會變遷和其影響的注意。Naisbitt認爲1956至1957年是工業時代結束的時間，他將1957年以後的時期稱爲「資訊社會」，取代其他學者所稱的「後工業社會」。書中提到未來的社會變遷趨勢如下：

1. 從工業社會到資訊社會。
2. 從強制科技到高科技／高接觸。
3. 從國家經濟到全球經濟。
4. 從短期思考到長期思考。
5. 從集權管理到分散管理。
6. 由制度救濟到自力救濟。
7. 由代議式民主到參與式民主。
8. 由層級組織到網狀分布。
9. 由北（工業）向南（科技）。
10. 由「非此即彼」到「多重選擇」。

不論是Toffler或Naisbitt都詳述了社會在近五十年來的劇烈變化，雖然他們討論的是廣泛的社會變遷，但是其中有許多的變遷與學校教育有關（黃明堅譯，1986，pp. 13-35）。例如：

1. 資訊社會以服務業爲主，此服務業是指創造、處理、分配資訊。在工業社會中只有17%的人從事資訊工作，但到90年代的資訊社會卻有60%以上的人從事資訊有關的職業。所以學校必須改變課程，培育學生「資訊的技能」以適應社會與生存。

2. 資訊社會是「文字密集」（literacy-intensive）的時代，更需具備基本的讀、寫技巧，面對網際網路的資訊爆炸，個人更需要有高效率的閱讀、精粹的文字表達能力。
3. 資訊社會中的通訊技術瓦解資訊的流動，每天有六千到七千篇科學論文出現。科學和技術的資訊年增加13%，也就是每五年半增加一倍，學生在尋找論文的題目會更加的困難。
4. 學習的管道多元化，除了課本、書籍以外，儲存資訊的資料庫將是未來學習的來源。
5. 知識價值取代勞動價值，資訊社會中學習的資訊不是「供給」而是「選擇」。如何在資訊爆炸的社會選擇有價值的資訊，是重要的技巧。

事實上，從蘇俄發射人類第一顆人造衛星Sputnik於1957年10月成功後，其所引起對美國的巨大影響包含對科學、社會和教育的影響。美國的朝野開始探究太空科技落後的原因時，不免歸咎於當時學校教育在科學和數學方面的忽視，因而開始挹注許多聯邦的經費以支持全國性的科學與數學的課程改革。一些學者強調這些學科必須以更嚴謹的知識和學科結構重建中小學的課程與教學，使得「學科中心課程」成爲60與70年代的重要課程設計與發展。

Toffler或Naisbitt認爲人類因爲科技發展帶來的社會變遷，會使得未來的社會產生巨大的衝擊，其實這樣的現象一直都存在。然而，如何克服未來衝擊所帶來的文化和學習落差，人們開始向學校尋求協助，希望藉由學校、課程的幫助，讓學生了解、面對這些社會的變遷，並培育學生在未來社會生存的能力，試圖將文化的落差予以消弭，避免產生逃避或放逐自我（例如：70年代的嬉皮）。但長久以來，學校的課程與社會之間卻存在著將近二十年的差距，因此社會呼籲教育專家和課程專家必須加速、降低教育落差（educational lag），避免在90年代卻設計出適合60年代的課程。

（二）學校即變革的來源

從長遠和宏觀的角度觀察，學校的變遷是隨著時間慢慢地呈現出來。從早期教室的形式、設備、布置、燈光、座位等和今日有電腦、白板、空調、不同尺寸、材質的座位的情況相比，學校有明顯的改變。但從微觀的角度來看，學校的改變似乎較不明顯，而且它的改變似乎比較微小而表面的。過去五十年來，科學、科技、醫學等的改變已深深地影響社會中各種層面與個人的生活；但學校與教師仍然採用五十年前的觀念和教學方法上課。雖然教育目的和學科會隨著政治和社會的要求或有新發現而產生變化，但卻無法大幅度的改變學校組織和架構。最主要的原因爲學校是一個高度官僚而保守的機構，它的運作必須依據許多行爲規範、明文規定、行政人員、教師、學生各司其職，此種由上而下的層級不可踰越，這是長久以來學校未曾改變過的次序。教師、課程專家、行政人員、學生之間的互動也會呈現例行性的程序和規則，建立所謂的社交秩序（social order）；團體的規範、學校組織的價值會透過這種互動遍及到整個學校，進而形塑學校中個別成員的人格和行爲模式。這是一種極其複雜的社會關係網絡，也是學校特有的文化。遵守社交秩序的互動方式既是一種很有說服力的社交方法，卻也限制、控制學校人員的互動方式，壓抑學校的改變。學校建築、設備、環境等外在形式是學校比較容易接受的變革，而比較難以改變的是學校的意識型態及其官僚制度。

（三）知識即變革的來源

傳統認爲知識是從心智的發展中發現、產出的，是一種普遍的眞理與絕對的概念。隨著學者對於傳統的知識觀產生質疑並提出另類的觀點，指出知識是由社會所建構，是社會中各種群體運作的結果，也是權力運作的結果，並不是傳統知識觀所強調的：知識的選擇是中立的、自然的。隨著科學化課程的發展，許多學者開始將課程與社會連結，於是對課程具有社會意涵的探究便成爲課程領域中極其重要的討論。

50年代人造衛星的發射，加上70年代電腦和網際網路的發展，人們開始注意到「資訊爆炸」（information explosion）的現象，這種現象在全球以飛快的速度蔓延開來。根據統計，每十五年人類的資訊量就會增加一倍以上，而且這種速度會愈來愈快。資訊以令人無法置信的速度持續增加，除非找出有效的方法，否則這些資訊就會埋沒個人與整個社會。由於資訊的增加，知識也不斷的引入課程中，這種情形就會排擠那些較不重要的教材。那麼要選擇納入課程中哪些知識，或排除哪些知識，似乎成了課程專家們的難題。Toffler對此表示「知識爆炸」（knowledge explosion）的時代，要教導的知識必須與未來有關。換言之，課程中的知識必須能證明它和未來有關，否則應該淘汰。因此課程專家要解決的兩個問題是：(1)要選擇什麼知識？(2)如何去組織它？

「什麼知識最有價值？」這個問題由英國教育思想家Spencer於1859年發表的論文所提出，今天許多課程專家仍在尋找這個問題的答案（林玉体，1984，p. 370）。在Spencer的時代中，這個問題顯示出教育中的知識是具有社會的意涵，如今它更突顯出知識和社會的關聯。「什麼是最有價值的知識？」這個問題在每個時代、國家都有不同的理解和答案。早於古希臘時期，柏拉圖與亞里斯多德就曾經從社會與政府事務的層面質疑知識的價值；在羅馬時代，坤體良（Quintilian）認為社會需要有精於口才的、善良的雄辯家，因此必須授予當時認為是重要的知識，如：文法、音樂、邏輯、算術、天文、幾何、修辭等七藝課程的雛形（林玉体，1984，pp. 80-82）。Spencer則在十九世紀指出「自然科學」是最重要的知識，因為它攸關人類在自然中的生存。近代如Sputnik事件促使當時美國社會一片檢討聲浪，要求學校重視科學與數學。因為這兩種學科是攸關國家未來及作為世界超級強權國家所必需的，也是當時被認為最具有價值的知識。在80年代的教育改革議題中——「卓越的教育」（excellence in education）又再度掀起同樣的問題。

人造衛星、電腦、網際網路的結合，其所帶來的影響使各國的社會面臨前所未有的衝擊。瞬息萬變的社會促使各國思考如何教育未來的國民面對這些「變遷」。無疑地，學校的課程將承擔培育未來地球村公民的責任，因此「什麼是最重要的知識？」再度浮現在二十一世紀的教育。聯合國教科文組織（United Nations Education Science Culture of Organization）針對此問題，於1996年出版《學習：內在的財富》（*Learning: the Treasure Within*）一書發表「學習的四個支柱」，後於2003年又發表第五個支柱，表達對教育知識選擇的重要原則。其後於2020年10月UNESCO再度呼籲推動「生活、工作、終身學習的素養與民主教育」（literacy for life, work, lifelong learning and education for democracy）口號，作爲人權教育的宗旨。之後世界各國紛紛起而效仿，不論是教育目的或課程知識的改變都是因應網際網路下社會的快速變遷，而知識的改變則會更加速社會的變遷，也會在社會變遷中再導致其他的改變，這個循環只會持續的繼續、加速，不會停止。

二十一世紀各國的社會無疑地受到許多科學和科技的影響，使各個層面均面臨巨大的改變。爲了因應改變中的社會，學校必須在其教育目的與目標和課程內容上回應社會的要求。過去課程內以知識的獲得爲目的，取而代之的是新的知識觀，學校必須加速課程的改革，以預備學生未來的生活。

爲克服社會的變遷、知識爆炸，學校課程對於知識必須重新選擇、組織，其基本原則如下：（Orstein & Hunkins, 1988, pp. 127-130）

1. **新知識必須包含基本學習的工具**：閱讀、寫作、算術、口語溝通和電腦素養，都是學生學習必須使用的學習工具。這些學習工具不是學習的目的，而是達到學習成果的手段。學生的學習必須超越基本技能，但是沒有基本技能就無法從學科的簡單知識或是批判性思考中往前邁進。
2. **新知識必須促進學習如何學習**：學校必須幫助學生獲得技巧、學習工具、學習過程，使他們成爲學習的高手，以及能利用舊知識去學習新知識的能力。教師必須能控制自己不要受到教導一大堆事實和正確答案的誘惑；相反的，他們必須鼓勵學生對自己的學習負起責任。
3. **新知識必須能應用在眞實的世界中**：教科書裡的知識如果不能應用於日常生活中，就毫無意義，也會很容易被遺忘。沒有意義的、過時的知識，無法幫助學生有效的參與未來的社會，所以學校必須重新思考課程中可以應用於實務的理論。

4. **新知識應該要促進學生的自我概念、覺悟的技能、正直感**：學習只強調對事實、數字的認知，沒有考慮學生個人的、情緒的、心靈的狀態，這樣的學習並不符合「全人」的概念。知識是用來發展學生的感情、正直感。學生學到的知識應該讓他們可以與自己和他人相處，唯有快樂的、身心平衡的個體才能發揮他們的認知和技能。

5. **新知識應該包含使用不同的形式和方法的技能**：學習的道路很多，探究也有很多管道。學習的型態及思考的模式很多，適用於某人的學習，不見得適用於其他的人。學校應該提供多樣的選擇和另類的方法，讓學生獲得知識和學習。學校必須體認到他們是許多學習和智識的權威之一，但是並非是唯一的權威；學校也和家庭、社區、同儕團體、大眾傳播媒體等一起競爭，後者對於學生、知識的學習、思考更具有重大的影響。

6. **新知識必須包含個人能在科技世界裡生存所需要的技能**：生活在現代的社會中，必須學習接受電腦、機械人、雷射、電子通訊、太空探險等。一個眞正有教養、生產力、表達能力的人，能夠在科學和科技快速增長的社會中發揮他的功能。

7. **新知識必須預備個人可以處理科層化世界裡的人際關係**：科層化是社會中持續發展的現象，也是現代社會的特徵。學校是由許多複雜方法營運的社會組織之一，它也是兒童在人生當中第一個遇到的科層組織，他們必須學會應付龐大的科層化制度。在面對有關規則、規定、紀錄和書面的記載、冷漠和難懂的關係、熟手、生手、前輩和行政的階級時，必須能夠和橫向的同儕或同事，以及縱向的下屬和督導人員相處。

8. **新知識必須允許個人能夠檢索舊資訊**：個人無法累積發展其潛力所需要的全部知識，所以個人必須了解檢索舊資訊、修訂或是轉換成新知識的方法。知識是一個強而有力的工具，在資訊處理的時代中，凡是能夠檢索，然後聰明的運用資訊是最具有生產力和權力的人，也是現代社會中最具有競爭力的人。

9. **新知識的獲得必須是終身的過程**：當學生成長、發展以後，學校的角色逐漸縮小。學校只有提供初步的、暫時性的基礎知識，其他的機構或其他形式的教育會逐漸取代學校。其他的教育工具，例如：書本、報紙、電視、影音媒體、電腦等，對年輕人和成年人則具有更重要的影響。當青少年變爲成年人後，他們的經驗已經超越學校，所以新的知識都是從校外獲得的。

10. **新知識必須在價值的脈絡中教導**：知識以事實爲基礎，知識是客觀的、中立的、可量化的。習得的知識，透過個體的社會和哲學的濾網，成爲處理過的知識，因此它們是極具價值的知識。我們詮釋、建立和使用知識時，如果忽略形塑個體的社會價值，會帶來非常大的危機。我們是什麼樣的社會，可以變成什麼人，都反映了我們所學到的知識和價值，更精準來說是如何在價值中詮釋我們的知識。

面對資訊社會的快速變遷，學校如何預備學生面對改變，必須能夠了解、分析影響社會的事件與趨勢，但是另一方面，學校又如何捨棄數百年來的傳統經典知識（如：達爾文進化論、愛因斯坦相對論、牛頓運動定律等），如何選擇知識、如何組織知識，需要持續的關注。我們必須在學科裡丟掉舊的、沒有關聯的知識，並且重新排序、平衡、統整新的知識。因此，修訂、更新課程時，由於壓力團體和特定的利益團體的緣故，我們還是無法丟棄經過時間考驗的、耐久的學科，如：文學、歷史，甚至是音樂和藝術。課程人員必須在改革的氛圍下，感知社會的變化與未來的趨勢，在傳承社會的文化與價值下開創未來學校教育的新觀點，並且協助教育人員做出課程的決定。

參考書目

王文科（1988）。**課程論**。臺北市：五南。

王文科（1994）。**課程與教學論**。臺北市：五南。

尹萍（譯）（1990）。**2000年大趨勢**。（原作者：J. Naisbitt & P. Aburdene；原書名：*Megatrends 2000*）。臺北市：天下文化。

方德隆（譯）（2004）。**課程基礎理論**。（原書名：*Curriculum: Foundations, Principles, and Issues*，原作者：Ornstein, A. C. & Hunkins, F. P.）。臺北市：高等教育。

司琦（1989）。**課程導論**。臺北市：五南。

林玉珮（2011）。大學生應有的素養與能力。**天下雜誌**，360期。（http://www. cw.com.tw/article/article.action?id=5009824）。

林玉体（1984）。**西洋教育史**。臺北市：文景。

施良方（2005）。**課程理論**。高雄市：麗文。

高廣孚（1989）。**教育哲學**。臺北市：五南。

許芳菊（2006）。全球化下的關鍵能力：你的孩子該學什麼？『2006年教育專刊』。**天下雜誌**，2006年11月22日-2007年2月28日，頁22-27。

陳聖謨（2013）。國民核心素養與小學課程發展。**課程研究**，**8**(1)，41-63。

黃光雄（2007）。**課程發展與設計：理念與實作**。臺北市：師大書苑。

黃明堅（譯）（1980）。**第三波**。（原作者：Toffler, A.）。臺北市：聯經。

黃明堅（譯）（1986）。**大趨勢**。（原作者：J. Naisbitt，原書名：*Magatrends*）。臺北市：經濟日報。

楊國賜（2013）。培養新世紀大學生的關鍵能力。http://www.tpea.org.tw/uploads/TPEA_2013112021132.pdf。

甄曉蘭（2004）。**課程理論與實務：解構與重構**。臺北市：高等教育。

蔡伸章（譯）（1975）。**未來的衝擊**。（原作者：Toffler, A.）。臺北市：新潮文庫。

鍾啟泉（2005）。現代課程論。臺北市：高等教育。

簡楚瑛（2014）。課程發展：理論與實務。臺北市：心理。

Benedict, R. (2006). *Patterns of culture*. Boston: Mariner Books.

Brameld, T. (1956). *Toward a reconstructed philosophy of education*. New York: The Dryden.

Carroll, J. B. (1963). A model of school learning. *Teachers College Record, 64,* pp. 723-733.

European Commission (2004). Working group B: ‘key competence’, implementation of education and training 2010 work program. *Analysis of the mapping of key competency frameworks* (pp. 3-37). Brussels: European Commission.

Gagné, R. M., Briggs, L. J., & Wager, W. W. (1988). *Principles of instructional design* (3rd ed.). New York: Holt, Rinehart and Winston.

Gardner, H. (2017). https://howardgardner.com/multiple-intelligences/

Mayer, E. (1992). *Putting general education to work: The key competencies report.* Canberra: Australian Government Publishing Service.

McNeil, J. D. (1981). *Curriculum: A comprehensive introduction* (2nd ed.). Boston: Little, Brown.

Naisbitt, J. (1982). *Megatrends: Ten new directions transforming our lives*. New York: William Morrow.

Naisbitt, J. & Aburdene, P. (1990). *Megatrends 2000: Ten new directions for the 1990's*. New York: William Morrow.

Ruchen, D. S. (2006). Key competencies identified: OECD conceptual framework. Paper presented at the International Workshop on Key Competencies. Taipei: National Yang Ming University

Rychen, D. S., & Salganik, L. H. (Eds.). (2001). *Defining and selecting key competencies*. Cambridge, MA: Hogrefe & Huber.

Silberman, C. E. (1970). *Crisis in the classroom*. New York: Random House.

Toffler, A. (1980). *The third wave*. New York: William Morrow.

Toffler, A. (1970). *Future shock.* New York: Random House.

Tyler, R. W. (1949). *Basic principles of curriculum and instruction.* Chicago: The University of Chicago.

第四章　課程發展

第一節　技術／科學的課程發展模式

第二節　非技術／非科學的課程發展模式

在課程領域中對於課程的形成與創造常會使用一些相關的術語，如：「課程編制」（curriculum making）、「課程建構」（curriculum construction）、「課程發展」（curriculum development）、「課程設計」（curriculum design），這些術語是否可以互通使用或是在哪些情境下才可以適用，對於初學者而言常常是感到困擾與混淆。大體上，使用「課程編制」一詞作為創造課程的策略用語主要是來自J. F. Bobbitt，在他的「科學化課程」理論的著作《如何編制課程》（*How to Make a Curriculum*）一書中最常也是最早所使用的相關用語。Charters則是使用「課程建構」一詞，「課程發展」一詞的使用則是Caswell和Campbell在1935年出版《課程發展》（*Curriculum Development*）一書之後，最常被課程學者專家所使用的語詞。

「課程發展」與「課程設計」兩者的區別至今仍然是莫衷一是，不過還是有學者企圖對這兩者之區分提出澄清。課程學者R. S. Zais（蔡司）指出當課程人員創造課程時，如果將焦點置於創造課程的人和創造的歷程上時便是「課程發展」，而將焦點置於「課程計畫」的元素上時則稱為「課程設計」，它主要是處理課程目標的確定、課程內容的選擇、課程活動的組織，以及課程評鑑的「技術」。雖然Zais將「課程發展」與「課程設計」加以區分，但是還是無法獲得課程專家們的一致贊同。

為了明確與方便起見，本書將「課程發展」定義為課程設計的概念化歷程，意即在課程設計時對設計的策略所採取的立場與程序。「課程設計」則是依照「課程發展」的程序以特定的方式，選擇和組織課程的目標、內容、活動、評量方式和實踐策略。

課程是以實踐教育目的為導向，因此要有非常謹慎的態度和詳細的計畫。課程的發展深受社會、學科和學習者三項因素的影響，因而形成多元的課程立場與觀點，創造出多樣化的發展歷程。時至今日，課程發展的歷程仍然無法確切的劃分出類別，但是為了能夠讓學校了解課程的發展歷程，學者們遂將課程發展所依據的原則（principles）和過程（processes），例如：在課程設計中學習者、教師，以及課程專家的角色、課程的目的和目標、檢視的重要議題等，將課程發展的模式予以區分，以利學習者能夠迅速的掌握學習。

Ornstein和Hunkins的觀點遂將課程發展的方式分為技術／科學（technical/ scientific approach）與非技術／非科學（non-technical/non-scientific approach）兩種取向，其中以技術／科學的方式發展課程的取向是傳統正式學校教育所熟悉的方式，通常以循序漸進和邏輯的步驟作為基礎進行課程的發展，因此它所發展的課程具有相當的客觀性、普遍性與邏輯性。相反的，非技術課程發展的取向主要是以進步主義的哲學為基礎，注重個人的需求與興趣，以及社會的需求為主要的考量，以彈性和結構鬆散的方式發展課程。它主張以主觀的、個人化的、美學的、啟發性的、人際關係為課程的焦點，不以學習成果為目的，而是以學習者為主，透過活動為導向的課程進行教學與學習。以此種方式發展課程的人是將課程視為一種進化的過程，而不是要機械式的、精準的設計課程。

將課程發展區分成不同的取向主要是利用技術／科學的原則，以及人文主義和藝術的歷程，讓學校或學校的人員意識到不同的教育目標，會影響課程決策的過程。因此課程發展被定義為「根據學生的需求、興趣、能力及社會的本質，選擇、組織、執行、評鑑學習經驗的歷程。」由於課程發展的模式太多，有些源自心理學，例如：目標模式與其變形；自然模式與技術模式源自科學與技術；而過程模式則源於教育哲學，情境模式則以文化為其根源（王文科，1994，p. 217）。

第一節　技術／科學的課程發展模式

屬於科學／技術的課程發展模式，其主要的特色是以具有明確的步驟與線性方式建立課程，被認為是以學習者的學習效率為課程焦點而設計的課程。對於重視課程學習成果的支持者而言，它是一種理性而有效率的課程計畫方式，Bobbitt與Charters兩人是此類課程發展的代表人物。

回顧美國的課程歷史，Bobbitt與Charters兩人均以「科學化」的方式發展課程，開啟日後以理性取向的課程發展。他們除了奠定課程發展的理論外，另一項貢獻即是促使美國的Teacher College at Columbia University

在1938年率先開設了課程與教學的學系，自此課程的領域才逐漸爲教育界所重視，兩位學者在課程領域中才占有非常重要的歷史地位。

Bobbitt在菲律賓的西美戰爭（Spanish-American War, 1898）後，以委員會的委員身分到馬尼拉，協助菲國政府發展當地的小學教育。更於1903到1907年之間擔任菲律賓師範學校的教師。當時他的做法是將美國的小學課程全盤複製到菲律賓的學校，此舉卻受到當時菲國教育部長的拒絕，要求他以當時菲國的社會情況作爲發展課程的基礎。於是Bobbitt在課程內加入「增進健康」、「賺錢謀生」、「享受自我的實現」等內容與活動，以符合當時菲國的社會需求。這樣的經驗促使日後他開始思考課程必須預備學生能在新工業社會中扮演好自己的角色；換言之，課程必須回應社會的需求（needs），而兒童—社會—課程之間的關係必須是發展課程時的基礎。1918年Bobbitt出版了《課程》（*The Curriculum*）一書，對於日後「技術／科學模式」的課程發展有極大的影響。他認爲學校課程的發展應該從社會成員的生活領域找出重要的，而不是家庭的教育或活動可以達到的目標。他提出課程發展的步驟如下：

1. 實際調查當代社會中成年人日常生活的活動。
2. **從日常活動中分析社會中成人的經驗**（analysis of human experiences）：將社會中成人的活動經驗分入幾個主要的領域，如：語言、健康、公民活動、社會、創造、宗教、家庭與職業等，依此編訂課程。
3. 工作分析（job analysis）：他獲得查特斯（Warrett W. Charters）的協助，將盛行於當時工商業所做的工作分析（job analysis）與工作表現分析（job performance analysis）的技術，應用於課程的編訂。透過社會上各行業的專業人員對他們工作責任和技能的自省與訪問，以及調查人員親身執行的結果，將工作所需的任務或者技能帶入學校課程中，編訂成爲活動的內涵。
4. 產出目標（deriving objectives）：Bobbitt在他的著作《如何編制課程》（*How to Make a Curriculum*）中，將社會中成人的活動經驗分類爲十種領域，並且列出超過八百個重要的目標作爲學校課程的依據。他發現這些目標可以透過一般性的原則，幫助課程人員決定要產出哪些教育的成果。同時，Bobbitt發現這些八百個目標可以分析成更小的目標或元素，直到這些小目標或元素可以讓教師能夠看出要進行的活動時才停止。

5. **選擇目標**（selecting objectives）：Bobbitt將上述重要的目標分析成更小的目標或元素，作爲設計學生活動的基礎。其選擇的原則如下：
   (1)刪除在一般生活中可以實施的目標，只有學生發展不足的能力才能包含在教育目標中。
   (2)強調能夠克服成人不完美世界的目標。
   (3)避免社區反對的目標。
   (4)刪除無法達成的目標。
   (5)把社區納入選擇目標的代表機構。
   (6)分辨適用於所有的或部分學習者的目標。
   (7)按照學年排序目標。
6. **計畫細節**（planning in detail）：根據目標詳細計畫所有的活動、經驗，以及機會。這些細節包括不同年級的兒童每天的活動內容，這些活動即構成了Bobbitt所謂的「課程」。

他從調查社會成年人在生活中參與各種活動的研究中歸納出十個生活活動的領域，成爲課程的基礎。Bobbitt認爲這十個活動的領域可作爲課程的目的，是學生用來準備適應未來成人社會的生活，並且適當地執行生活中的各種活動。

這十個活動的領域包括（Bobbitt, 1918）：

1. 語言活動。
2. 健康活動。
3. 公民活動。
4. 一般社交活動。
5. 休閒娛樂活動。

6. 維持個人心理健康活動。

7. 宗教活動。

8. 親職活動。

9. 未專門化或非職業性的實際活動。

10. 個人職業活動。

Bobbitt採取的方式是從上述十個活動的領域中找出大的目標單位（unit），再從大目標單位中找出小的目標單位，如此持續的分析出更小的目標單位，直到可以從極小的目標單位中「看出」實施的活動時才停止，此法稱為「活動分析法」，是奠定課程科學化的基礎。以語言領域經驗為例，他列出（部分）一般性的目標為：

1. 能夠正確發音的能力。
2. 能夠用宜人的方式使用聲音的能力。
3. 能夠使用正確語法的能力。
4. 能夠有效的組織和表達思考。
5. 能夠在交談中、重述經驗中、討論中、口頭報告中、給予指導時，在聽眾之前表達想法。
6. 擁有足夠的閱讀、說話和寫作的字彙。
7. 用簡易、迅速的方式寫作的能力。
8. 能夠正確的拼出生字。
9. 在寫作中使用正確形式的能力（頁邊、空格、對齊、分段、大小寫、標點符號、音節劃分、縮寫）。

以上的目標可以再進行分析成為更小的目標，直到教師可以從這些更小的目標中「看出」要進行的活動為止。這就是Bobbitt編制課程的方法，此種方法也一直延續使用到現在，成為目標模式中課程分析的原則。

Charters也利用同樣的方法分析社會中各種職業的共同活動，作為課程發展的基礎。Charters重視哲學，因為哲學家有能力建立教育目的，而課程的分析則是創造轉化教育目的成為課程現實的技術。Charters非常強調哲學的重要性，他深信哲學所提供的理想可作為目的與行動的標準，但論及知識的議題時，他提出學科內容必須是有用的，以及可以促進學習動機的。

Bobbitt和Charters運用科學的方法實地調查美國社會中理想成年人的生活，發現他們在生活中所進行的活動。依照活動的次數，分析出大多數社會人在生活領域的活動作為學校教育目標的來源。此種以調查、分析與統計找出學校應編制的人員，稱為「教育的工程師」。

技術／科學的模式以Bobbitt和Charters的課程發展原則為基礎，強調課程的發展必須有步驟、有程序的，而且依循課程的發展原則，透過科學的方法分析、決定的。此種課程編制的觀念打破美國立國以來承襲歐洲教育傳統的作法，啟發日後現代課程理論的研究。

課程發展的模式是以注重模式的步驟或歷程為特色的，依照Ornstein和Hunkins的想法，列入技術／科學的課程發展模式有：目標模式、歷程模式、情境與文化分析模式，以及自然模式；而以人本／美學、再概念化為特色，列入非技術─非科學的課程發展類別有：開放教室的課程發展，以下分別說明之：

一、目標模式

列入此類的課程模式，大都以Tyler的課程模式為基礎，強調課程的發展必須從目標開始，然後進行一系列的設計步驟，並且以評鑑作為結束。

（一）Tyler課程發展模式

Ralph Tyler在1949年出版《課程與教學的基本原則》（*Basic Principles of Curriculum and Instruction*）一書，奠定日後目標課程發展的範式。Tyler模式可以說是技術／科學的課程發展模式的代表之一。根據Tyler的理論，課程的編制必須能夠回答下列四個問題（Tyler, 1949, p. 1）：

1. 學校應該追求哪些教育目標？
2. 如何選擇可能有助於達成教育目標的學習經驗？
3. 如何組織學習經驗使教學更有效果？
4. 如何評鑑學習經驗的效果？

如此一來，課程的編制就有其原則可遵循，後世稱此爲課程編制的四大原則：

1. 選擇並確認課程目標。
2. 根據目標選擇學習經驗。
3. 依照順序組織學習經驗。
4. 選擇評鑑方法評鑑學習經驗。

Tyler（1949）雖然在其著作中並未提出課程與教學的模式，但後來的學者將Tyler的理念以下列的模式做出更詳細的闡述（如圖4-1所示）（Lunenburg, 2011, p. 2）。Tyler認爲目標應該從研究學校必須改變兒童行爲模式的需求（兒童需求）、學校以外當代生活所需的知識、技能與能力（社會需求），以及學科內容專家的建議（學科需求）等三者開始，作爲決定初步教育目標（或稱一般性目標）的來源。這些初步的教育目標再透過學校的教育哲學，選出重要或與社會價值體系符合、適切的目標；同時利用心理學過濾出適合學習者心理、智識發展、年齡，以及教育階段的教育目標，按照學習順序排列目標。從這些經過哲學、心理學篩選過的目標去選擇能達成目標的學習經驗，並加以組織。最後，選擇評量的方式（測驗、觀察、問卷調查、蒐集作品、各種紀錄）與程序，評鑑學習經驗對於達成教育目標的效果。

Tyler的課程發展模式將課程目標的來源溯往社會、學生，以及學科知識的需求，成爲現代化課程編制的重要基礎。從調查社會成人與就業的活動中找出需求而反應在課程中，充分的說明了學校課程必須回應社會的變遷與要求，而非遠離社會的現實。關注學生本身的需求，不論從身體的、情感的，或是融入群體的需求，是學校作爲社會機構的一種責任，幫

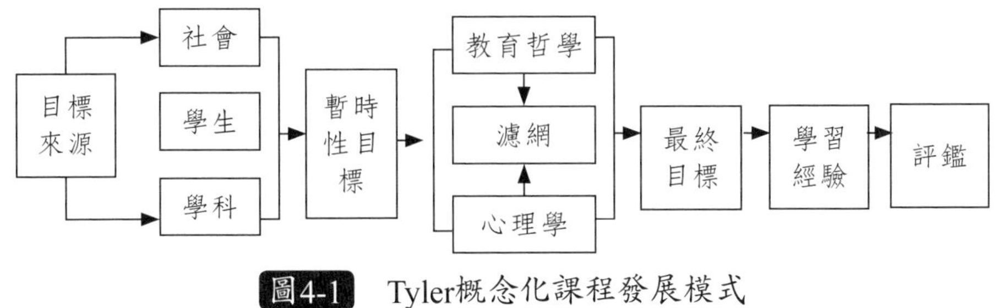

圖4-1　Tyler概念化課程發展模式

助學生建立對生命的哲學更是需要有學校的協助。透過這樣的認知，在課程活動中提供相關與適切的知識、技巧與態度，可以幫助兒童更有效的滿足他的需求，也讓兒童提升學習動機與感受到課程的意義。

學科專家對學科知識的追求通常是著眼於學習者將成爲學科專家的立場而設計課程，經由不斷的累積學術知識而達到大學或是專業領域的水準，但是Tyler呼籲學科專家應該重新思考，學科的知識對於未來不是要成爲領域專家的學生們，應該要有什麼樣的貢獻？換句話說，對於那些不是想要成爲數學家或是科學家的普通的、一般市民的人，究竟在中小學的課程裡應該提供什麼樣的學科知識才能符合他們的需求？針對這樣的問題，美國進步教育學會（the Progressive Education Association）開始提出所謂的「普通數學」、「普通社會」，企圖去回答上述的問題。

（二）Taba課程發展模式

Hilda Taba於1962年出版《課程發展：理論與實務》（*Curriculum Development: Theory and Practice*）一書闡述她的理念。Taba認爲發展課程必須依循明確的順序而爲，而教師身爲教授課程的主要人員則必須參與課程的發展。Taba主張教育目標應該由下而上，從教室內學生的需求作爲目標的來源，而不是讓學生去適應由上而下既定的學校目標，因此她的模式被稱爲「草根模式」。Taba模式中將課程的發展分爲七個步驟（如圖4-2）：

1. **需求分析**：從確認學生的需求，作爲教師發展一系列課程發展過程的開始。
2. **目標形成**：教師要用心發現學生的需求，詳細的找出要達成的目標。

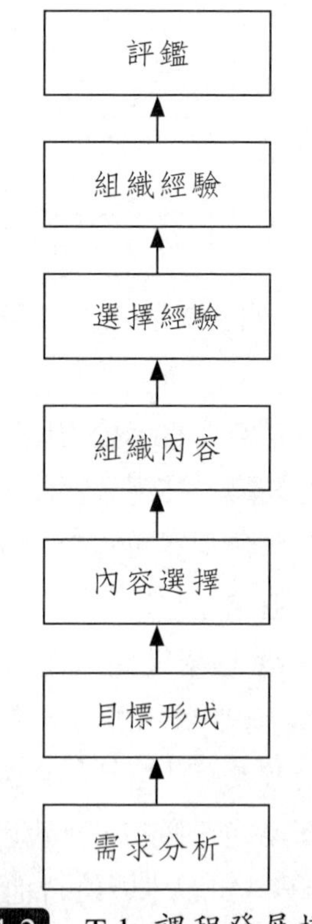

圖4-2 Taba課程發展模式

3. **內容選擇**：選擇的內容必須符合目標，且具有正確性與意義性。
4. **組織內容**：教師考慮學生的成熟度、學業成就、興趣，將內容按照適合的順序安排。
5. **學習經驗的選擇**：將內容呈現給學生，或者學生要與內容互動，Taba認爲這與教學的方法有關，教師應該選擇能將學生和內容包容在一起的情境，產生預期的成果。
6. **學習經驗的組織**：學習活動要依照內容的順序加以排列和組織。
7. **評鑑內容、方法和手段的決定**：計畫課程的人決定要達成的目標，設計評鑑的程序，以評量學習成果。

H. Taba的模式受到Tyler理論的影響，但是她所創建的模式特別強調課程的發展應該從「教室」開始，而擔任教學的教師更應該要參與課程的發展，此種由下往上的課程發展觀點，似乎又與Tyler有些不同。Taba主張課程不應該由上級權威的課程學者和專家制定，而是應該讓學校內的教師依照自己的學生啟動編制合適的課程學習，此種創見讓她的模式被稱爲「the grass-roots approach」（草根模式），對於後來讓教師參與課程發展和設計的政策有很大的貢獻，此舉同時也擴大了參與課程決策的人員範圍。

（三）Saylor和Alexander的課程發展模式

G. Saylor和W. Alexander將課程定義爲提供一系列達成教育目標和學校具體目標有關的學習機會之計畫。Saylor和Alexander於1974年提出系統化的課程計畫模式（curriculum planning），其過程如下（如圖4-3）（Lunenburg, 2011）。

1. **選擇課程目的、目標和領域**（goals, objectives, and domains）：課程目的與目標的選擇會受到(1)外部勢力的影響，例如：法律的規定、研究的資料、專業團體或學會，和政府的指導方針。(2)課程基礎理論的影響，例如：學習者、社會、知識等，這些因素是發展課程時必須關注的外在變數。每個主要的目標都代表一個學習領域，其中有四個領域需要特別注意：個人發展、人際關係、終身學習之技能與專業領域。
2. **課程設計**（curriculum design）：課程人員對每個課程目標決定它的內容、內容組織的方式、媒體傳播方式，以及適切的學習機會。此時，就要考慮課程的設計究竟是要偏向學習者、學科知識，還是社會的需求，於是教育哲學的觀點就成爲左右課程設計的重要關鍵。
3. **課程實施**（curriculum implementation）：當前項的課程設計決定之後，教師需針對設計的結果開始去創造教學的計畫（instructional plans），包括教學的方法、教材等，進行試教或預試，意即將課程的實質內涵加以實踐。
4. **課程評鑑**（curriculum evaluation）：課程人員和教師選擇評鑑的方

法，針對課程計畫、教學品質、學生的學習行爲進行評量。透過評量，將其結果作爲課程的回饋與調整的依據，課程發展人員可以決定是否保留、修訂與放棄課程。

Saylor和Alexander的課程計畫模式相較於前述Tyler和Taba的模式，顯然是比較複雜和成熟許多。特別是在決定課程目的與目標的過程中，除了Tyler所主張的學習者、學科、社會的影響因素之外，特別把課程外部影響因素納入影響選擇課程目的、目標的範圍，更符合課程在發展時面臨的情境。

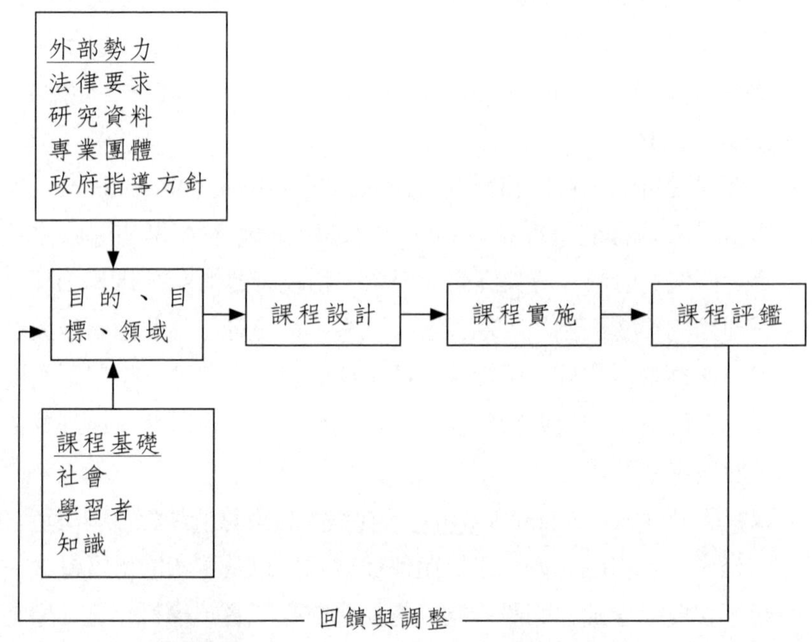

圖4-3 Saylor和Alexander課程計畫模式

Saylor和Alexander以系統化的方式對待課程發展，他們最大的特色是將「課程計畫」視爲課程整體發展系統的概念，系統中包含四個重要的設計元素，而「課程設計」則是課程計畫過程中的一個元素，「課程發展」和「課程設計」兩者的差別可以說是不言而喻。

（四）Hunkins課程發展模式

Francis P. Hunkins在其1980的著作《課程發展：學程改進》（*Curriculum Development: Program Improvement*）中提出課程發展的概念，並以「curriculum planning」（課程計畫）之名稱設計出他的模式。他的模式是以系統化的方式發展課程，並且由七個主要的階段所組成，分別爲：(1)課程概念化與合理化（conceptualization and legit; mization）；(2)課程診斷（curriculum diagnosis）；(3)課程發展—內容選擇（curriculum development: content selection）；(4)課程發展—經驗選擇（curriculum development: experience selection）；(5)課程實施（curriculum implementation）；(6)課程評鑑（curriculum evaluation），以及(7)課程維持（curriculum maintenance），如圖4-4所示（Hunkins, 1980, pp. 17-22）。

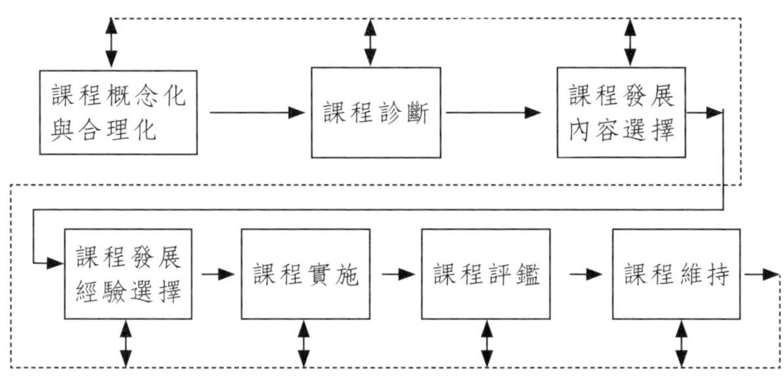

圖4-4 Hunkins的課程計畫模式

1. 課程概念化與合理化階段

此階段包含要進行的活動爲：

(1)進行需求分析。

(2)決定課程的對象。

(3)提出哲學的問題與課程的概念。

(4)決定課程的設計。

(5)創造總體管理計畫，決定參與的人員。

整體而言，Hunkins指出對課程實施對象實施需求分析，縱使課程的對象是全校性的，仍然要考量校內特定學生族群的需求。對於大多數的人而言，他們都希望參與課程設計的人都能提出他們對教育的哲學問題；換句話說，就是敘明他們的哲學立場，以表彰他們對教育的理想與價值。教育人員、社會的公民甚至是外行人都認為課程的設計就是把教育宗旨、目的和目標，學科主題或內容，學習活動與經驗，評鑑程序與經驗等視為課程的重要元素而加以安排。

所以，創造學校的總體課程計畫是此階段必要的部分，課程專家的責任是規劃課程發展、實施、評量與維持課程——教學計畫所需要進行的工作任務，意即完成學程的計畫是這一個階段的主要工作，同時也要決定參與這些工作的人員，以及他們該負的責任。

2. 課程診斷階段

此階段的工作包含：

(1)把課程的需求轉化為理由和解決的辦法：雖然診斷的工作有可能在第一個階段就進行，以便找出課程的需求，但是通常會用非正式的方式進行學校課程的概念化，並且只限於跟課程概念化有關的需求。但是到了這個第二階段，課程診斷主要瞄準的焦點是造成現行課程需求的原因，以及建議可行的解決策略。

(2)產出新課程之目的與目標：根據前述的診斷結果，本階段要決定新課程的目標，以及教學目標。

3. 課程發展—內容選擇階段

此階段的工作包含：

(1)選擇知識的概念與內容。

(2)決定選擇的標準。

(3)選擇內容。

(4)組織內容。

將課程目標與教學目標轉化為學習的內容、經驗，以及教學的環境，並且將它們結合在課程—教學的學程計畫當中，形成所謂的「課程指南」（curriculum guide）。從知識與內容的概念中選擇、建構與組織內容是這個階段主要的任務。

4. 課程發展—經驗選擇階段

此階段的工作包含：

(1)選擇經驗的概念。

(2)選擇教學的概念。

(3)決定選擇的標準。

(4)結合經驗與教學環境。

(5)選擇和組織經驗。

(6)創造教學環境。

(7)將上述的課程元素結合成爲課程—教學計畫。

課程不僅僅是內容而已，它還包含了目標和教學策略、學習的經驗，以及許多的教育活動。選擇學習的經驗並且把它結合在教學的環境中，創造出有利於學習的活動，完成建構課程—教學的計畫，是這個階段最重要的工作。

5. 課程實施階段

此階段的主要工作是：

(1)試教。

(2)說明教學媒體與傳播的形式。

(3)監督課程的系統。

(4)保持溝通管道的暢通。

(5)進行最終的實施。

課程實施是指將前階段完成之課程—教學計畫付予實踐，將前階段試教所接受的回饋作爲課程—教學計畫的修正，選擇最有能力的與最願意投入新課程的教師進行正式的教學，特別是在之前的階段中都有參與課程發展的教師。雖然這個階段是正式實施新課程，但不意味新課程就此定案，而是要持續的監督課程的運作，保持教師與行政人員溝通管道的暢通，以便容納各種的建議調修新課程是最佳的策略。另外，學校也要讓所有的教師或行政人員都能獲知正在實施的新課程，達到新課程的推廣。

6. 課程評鑑階段

此階段的評鑑包含：(1)形成性評鑑；(2)總結性評鑑。

雖然課程評鑑的元素是在模式的末端，但是它是介於整個模式中的各個階段的設計活動。模式中每個階段，例如：決定課程的需求、內容、經驗的選擇與組織等，有關的決策都必須在這個階段再加以評鑑，稱爲「形成性評鑑」。在課程實施完成後，於特定的時間進行課程的評鑑，稱爲「總結性評鑑」。評鑑的結果作爲課程計畫維持的回饋，提供調修整體課程計畫的各個元素的基礎。模式中虛線的路徑即是代表「課程維持」的運作功能，其基本的資料來源即是從課程評鑑的資料而來，期望課程能永續發展並且具有相當的效能。教學人員期盼課程的修訂與調整可以顯示課程的學習，可以讓學習者獲得最大的學習效果，也可以顯示教學人員最有競爭力的表現，以及獲得社會各界的支持。

7. 課程維持階段

此階段包含兩項工作：(1)管理課程系統；(2)管理支持系統。

許多教育學者會認爲當課程的計畫完成，也付諸實行後就可以結束所有的作業，實則不然。因爲沒有任何課程可以永遠有效，學生會變、新老師會接手、新教材會出現，新的需求、議題、社會大眾的看法，甚至是新的知識出現等，這些變化都會促使課程專家們開始對課程持續不斷的修正保持著警惕。

管理課程系統不僅僅是注意到管理課程的人員要負責的任務，同時也要注意到對於課程的支持系統（包括人與教材）的說明與協調，是否有助於課程的實質運作。維持課程的階段任務可以讓課程人員不斷的檢視課程的目的與目標、需求、教學的成效，以及進行中的評鑑，以確保課程的功能可以發揮。

Hunkins的課程發展模式比起之前的其他模式顯然成熟與複雜許多。

他打破前述Tyler、Taba、Saylor和Alexander以單一、直線的路徑發展課程，他把回饋與調整的迴路（loop）以虛線的路徑回歸到模式的各項要素中，讓課程設計的人員可以在不同階段作成的決策之間來回修正與調整，讓決策不再被限制爲線性的過程，而成爲循環的歷程，對於課程設計的實務具有彈性與可行性的特質。另一個特色則是他的模式中明顯的多出了「課程概念化與合理化」及「課程維持」兩個階段的元素。前者讓課程設計的人員可以有檢視課程發展與哲學之間關聯的機制，以便察覺自己的哲學立場是否可以回答設計課程時所面對的教育問題。後者藉由不斷的修正與調整，維持課程的永續發展。

在大多數課程發展模式中，評鑑往往是模式中最後一個元素。它意味著當課程評鑑結束後，課程人員就此罷手，不再對課程進行任何的調整與修正，這是非常危險的事。課程如果沒有與時俱進的更新、調整，會讓課程死亡或者消失。課程維持強調課程系統必須要加以適當的管理，對於課程的支持系統必須重視，因爲它是課程持續運作的重要關鍵。

（五）Oliva課程發展模式

Peter F. Oliva藉由他的模式將課程與教學結合於同一個系統中，具體的描述課程與教學發展的歷程，突顯他對於課程與教學兩者具有循環關係的立場。在Oliva的模式中可以清楚的看出課程與教學的關係，課程與教學是兩個實體，而且課程的系統優先於教學的系統。依照模式，課程的發展必須先從學生與社會的需求中釐清學校教育的宗旨，學習信念與哲學的立場。教育目標的衍生自然要關注全球的教育發展，特別是來自the United Nations Educational, Scientific, and Cultural Organization（UNESCO）對於教育的呼籲。教育目標需要有教育哲學的引導，其中常見的有四大派別，分別爲永恆主義、精粹主義、進步主義，以及重建主義（由左至右排列是依其對教育的保守程度到自由程度），其中精粹主義和進步主義實爲大多數學校普遍接受且討論的兩大哲學。進步主義從1930年代開始主導美國的教育，直到1957年因爲Sputnik事件之後被精粹主義所取代。永恆主義認爲教育應該培養學生推理，以及追求眞理的能力。精粹主義提出學校教育應該是以培養學生的智識和認知能力爲主的訴求，而進步主義則是藉助歐洲Rousseau的論理，教育應以兒童的需求、興趣爲中心，注重兒童的身體、情緒和心靈的發展，因此受到所有學校的支持。重建主義則是挑戰學校的教育太過保守，教育應該重新思考學校在社會的角色。學校不應該只教導傳統文化的承襲或只是研讀有關社會的問題，而是要培養學生成爲解決社會問題的人。Oliva主張以上這些教育哲學的想法都必須在發展課程之前釐清，堅定學校教育的立場，也才能使課程依照這樣的哲學進行有基礎論理支持的改革。

考量不同教育階段學生、學科知識、社區的需求，是訂定適切的課程目的和目標的基礎。學生的需求可以依「需求的層級」（levels）分爲：(1)人性的需求：食物、衣著、安全庇護、良好的健康等；(2)國家需求：思考能力的發展、精熟基本的科技能力、進入高等教育的準備、消費的知識和技巧、一般性的知識等；(3)地方需求：地方產業人才的預備，以及專門職業知識的具備等；(4)社區需求：社區生活與就業的知識與能力；(5)學校需求：對特定學科特殊的要求等五種。

學生需求可以依「需求的型態」（types）分爲四種：(1)不同年齡兒童的身體／生理需求；(2)對於感情、受歡迎、被認可、歸屬感、成功和安全等需求；(3)對教育的需求：從古典與神權的教育轉向職業與現世的教育需求；(4)滿足兒童在不同時間的心理發展需求等四種。

社會需求按照「需求的層級」（levels）可分爲：(1)人性需求：對於自由、免於匱乏、疾病和恐懼的需求；(2)國際需求：與世界各國分享和溝通的需求，以及能找出全球共享利益的需求；(3)國家需求：具有就業基本能力的教育需求、族群教育的需求、消費者教育的需求、新興職業教育的需求、全球教育的需求，以及性教育的需求等；(4)地方需求：對大量移民學生的基本能力測驗需求、對移民專業化的職業訓練的需求；(5)社區需求：因爲社區型態改變（從農業轉向服務業）所需要的職業教育、對社區未來公民教育的需求等；(6)鄰里的需求：對於低收入與經濟弱勢的鄰里特色了解的需求、對於鄰里轉變趨勢了解的需求（都市與郊區人口的轉向）、對於轉化居住環境的需求（利用舊社區改造爲新興的社區）。

社會需求源自於個人的需求，是一體兩面的需求，可以從個人的需求轉換為社會的需求，不過「需求的型態」（types）依照不同年代和學者的分析，各有所差異。Oliva提醒這些需求應該會對課程有啟示的作用，例如：(1)政治需求；(2)社會需求；(3)經濟需求；(4)教育需求；(5)環境需求；(6)庇護需求；(7)健康需求；(8)道德與精神需求等，課程發展人員應該給予相當的注意。

在Oliva的理論中，課程是作為教學方向的引導，而教學具體實踐課程之目的，兩者應該是有系統的連接在一起，他的模式提供給課程與教學實務工作者一個明確的理論基礎與方向。Oliva的整個系統共包含十二個階段（如圖4-5所示），其中虛線所包含的範圍即是教學發展的階段，其餘者為課程發展的階段，模式中出現的方形圖示係表示「計畫的階段」，而圓形圖示則表示其為「運作的階段」，以下分別說明之：（Oliva, 2009. p. 138）。

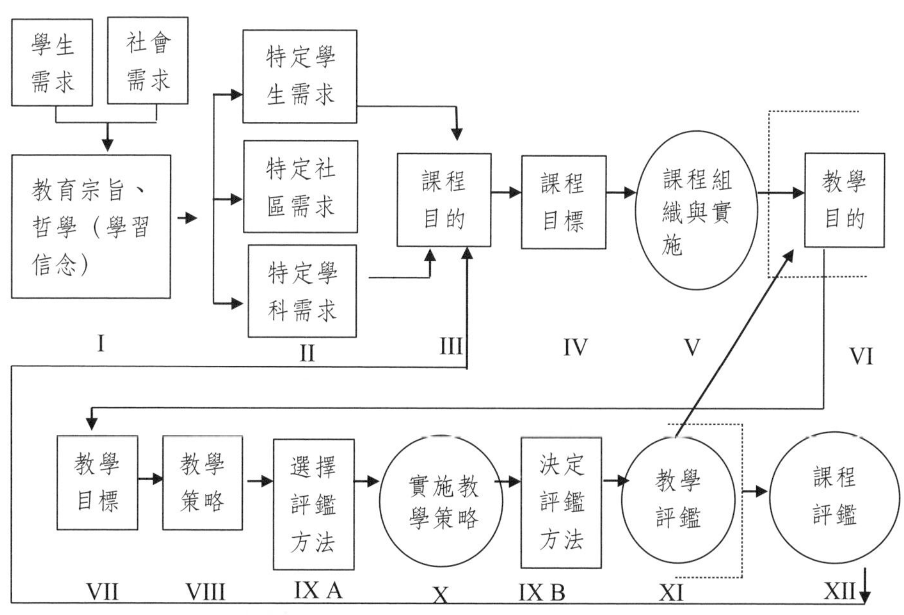

圖4-5　Oliva十二階段課程發展模式

（I）教育宗旨、哲學：課程人員要能夠以學生與社會的需求為基礎說明教育的宗旨，以及有關哲學、心理學的原則和學習的信念。

（II）分析學校所在的社區或是不同教育階段的學生，以及對學科知識的需求：此處分析主要考慮學生與社會需求，是指針對特別社區中的特別學生的需求。前述因素中對學生與社會需求分析則是指整體社會與學生的需求，兩者並不會完全相同。

（III）確認課程目的：根據教育宗旨、對學習的信念，以及需求分析的結果，具體說明課程的目的與目標。

（IV）確認課程的具體目標。

（V）組織、實施課程：組織和實施課程，規劃和建構課程的組織。

（VI）依據課程目標構思教學目的：依照教育階段和學科陳述教學的目的與目標。

（VII）依據教學目的，詳述教學目標。

（VIII）選擇教學策略：選擇教學的策略。

（IX A）選擇預設的評鑑策略：教學評鑑的階段（IX）分成兩部分：（IX A）與（IX B）。前者讓課程人員思考評鑑學生在接受教學策略後，並預估將會使用的評鑑方法，後者則是讓課程人員在學生接受學習之後，視情況可以改進或增加評鑑的策略。

（X）實施教學策略：將選擇的教學策略付諸實行。

（IX B）決定最終評鑑的方法：透過教學策略（X）學生獲得適當的學習之後，再回到最初預設使用的評鑑方法（IX A）的階段中，調修並確定最終要使用的評鑑方式，包含對學生的學習成就的評量技術，以及教師效能的評量方法。

（XI）進行教學評鑑：將前一階段（IX B）所作成的決定，實地進行教學與學習評鑑。

（XII）進行課程評鑑：對整個課程與教學系統的循環進行評鑑。

在Oliva的課程與教學模式中，從 I 到IV及VI到IX是屬於計畫的階段，而X到XII則是屬於操作的階段。X課程組織與實施階段既是計畫的階段，同時也是操作的階段。

Oliva宣稱透過模式就可以設計出教學實踐課程的方法，既可以用於發展學校的課程，也適用於發展特定學科領域的課程，更可以做跨領域課程的發展。另外，他也強調該模式可以讓行政人員與教師聚焦在 I 到V，以及XII階段中的課程組成因素，對於教學則可以將焦點放在VI到XI的階段中的教學組成因素。

綜觀Oliva的模式，可以說他企圖將教學視爲課程附屬的系統。換言之，從 I 到XII的階段都是屬於課程發展的模式，而VI到XI的階段則是教學發展的模式。將這兩種系統結合在一起，其主要的目的是讓設計課程的人員知道課程的工作要做到哪裡，才能讓設計教學的人員接續後面的工作。而設計教學的人員，因爲有前面課程階段的工作，才能知曉學校或是學科領域的課程目的與目標在哪裡，才能有所依據而作出許多切合學校的教學決定。

（六）Kerr課程發展模式

John Kerr的模式將課程發展從目標到選擇內容的整個編制過程提出詳細的說明，其基本因素仍然以課程目標、知識、學習經驗和評鑑四個爲主，和Oliva的模式不同的是這些因素彼此互相的影響，而不似Oliva模式中所主張的課程是居於優先的地位，教學則是繼課程的發展而延伸。Kerr的模式中約可看出在課程發展的過程中，將教學的設計納入選擇學習經驗的因素當中，並不特別去突顯教學的角色，他的基本模式如圖4-6。此四個因素的決定彼此互相影響，有別於其他模式單向的、直線式的關係（鍾啟泉，2005）。

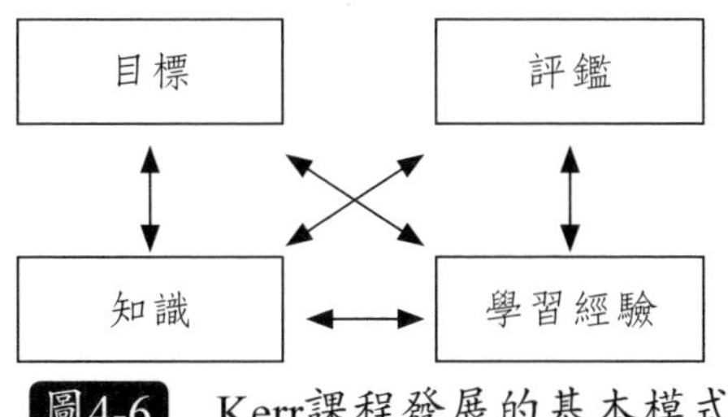

圖4-6　Kerr課程發展的基本模式

Kerr指出課程目標的提出應考慮三個因素：(1)學生發展的狀況，特別是有關他們的興趣、需求的資訊；(2)學生周圍的社會條件與問題；(3)教材和教材研究中的學習類型和特徵。將產出的課程目標歸類進Bloom目標體系中的認知、情意、動作技能等領域，以便將課程目標與知識體系和學習經驗作連結。根據Tyler的觀點，課程目標本身就預示了選擇教材與構成內容的標準，而Kerr亦承襲同樣的觀點。他主張知識體系應依照目標而選擇學科中可以達成目標的概念與原理原則，並且將這些學科知識加以組織與排列。學習經驗則是依照目標的領域和學科的知識提供給學生，其來源包含教師教學的方法、教學的內容、學生的成熟度、個別差異、參與社會學習的機會、參與學校的社群、師生關係等。評鑑的對象則包括知識與學習經驗，其評鑑的方法包含使用測驗、訪談、評量等，評鑑的結果與資訊則作爲課程的決策之用（如圖4-7所示）（引自鍾啟泉，2005，p. 279）。

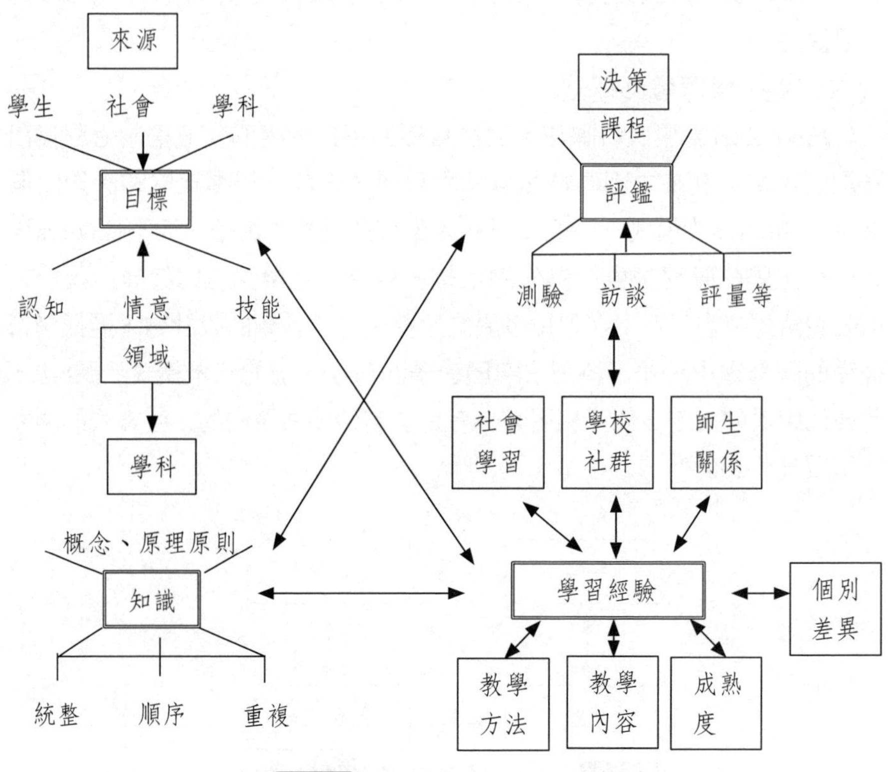

圖4-7 Kerr課程發展模式

Kerr的模式依舊承襲Tyler的基本原則，他以目標、知識、學習經驗和評鑑四個元素作為課程發展的基礎，這些元素直接或間接的彼此相互關聯。學生、社會、學科的需求是課程目標的來源，但是最後的決定還是以知識和學習經驗作為基礎而選擇，而且是認知、情意與技能兼而有之。依照課程目標所選擇的知識必須是各學科中重要的概念與原理原則，而且具有系統的組織、統整性、順序性，以及重複性。Kerr認為評鑑是蒐集資料的過程，其目的是對課程做出決策。

Kerr的模式打破前述的課程發展是以線性方式和優先順序的發展路徑，在他的模式中可以理解課程基本的發展因素是彼此相互影響的，而非線性的關係，知識和學習經驗相提並重是其他模式中少見的特點。

前述的Tyler、Taba、Saylor和Alexander、Hunkins，以及Oliva的課程發展模式雖然在發展的歷程上各有不同的元素考量，但是整體而言都是屬於目標模式的課程發展。這些模式中主要強調的是課程的內涵主體是將較寬廣的課程宗旨（aims）具體分析而來的目標（objectives）所組成，課程實際的內涵，包括教學內容、教材、方法等都是從課程目標產出（如圖4-8）（Gatawa, 1990, p. 28）。課程的成果（outcomes）是以達成目標為評量的基礎，課程的修正與調整則以達成目標的課程生產力（capacities）高低作為課程決策的依據。評量則是在課程發展的每一個階段成為其特色。

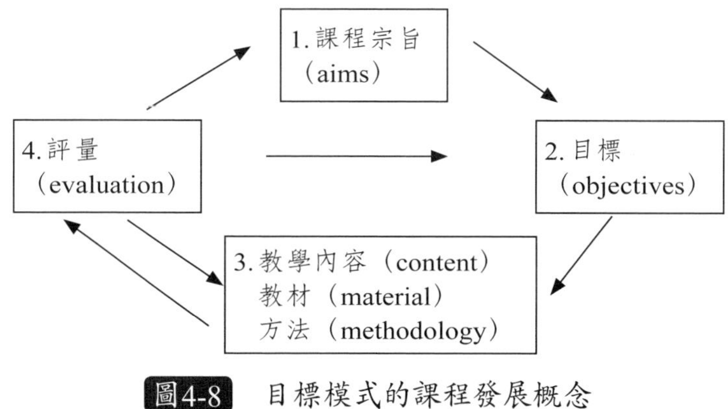

圖4-8 目標模式的課程發展概念

二、歷程模式

有別於目標模式的精準設計，歷程模式的課程設計顯然溫和許多。歷程模式的課程主張當學生參與學校或教師的教學活動時，其本身就自然有「教育的意義」，不必刻意去評鑑學生到底達到目標了沒有。歷程模式設計的課程以MACOS和DoDDS課程作爲範例，說明它們的重點。

（一）Stenhouse的模式

Laurence Stenhouse（史登豪斯）提出有些科目或學習領域並不適宜以目標模式爲發展，對於以「知識」或「了解」作爲學科重點時，其課程發展的方式應以歷程模式的方式設計。例如：藝術欣賞或哲學的課程，以歷程模式的方式發展較爲恰當。Stenhouse認爲只要在學科中詳述課程的「內容」和「程序原則」（principles of procedure），就可以用合理的方式設計課程。因爲根據「程序原則」所選出來的知識內容，必定是該知識領域中最重要的、最有價值的，至於學生的行爲或興趣反而不在重要的考量之中。歷程模式是假設，當課程按照相關的「程序原則」所選擇的活動或內容，其本身就極富有教育價值的意義，不必另外再用目標去評量學生的行爲表現。

所謂「程序原則」原是指當代英國著名道德及教育哲學家皮德思（R. S. Peters）所提出的，原用於評估社會道德的適切性。他認爲在探討道德論述（moral discourse）或道德判斷（moral judgment）之前，必須先探討社會大眾所能夠接受道德的「基本原則」，並用這些基本原則去證明（to justify）具體的行爲規律或道德條目之合理性才有意義。

自此，「程序原則」一詞便被應用在其他的領域，然而在不同的學術領域中，就各具不同的意義。因此在課程領域中所謂的「程序原則」，事實上就是指一般教育活動中所謂的「基本的過程目標」，例如：探究的精神、主動研究的態度、思考的技能、科學的方法與過程、演繹推理的態度與方法等。學者L. Stenhouse（史登豪斯）以「程序原則」一詞取代「過程目標」，如此一來才可以避免與目標模式中的目標概念混淆，進而提醒教師注意掌握課程活動的「程序原則」。

另有學者Hirst主張以「有價值的知識」，作爲歷程模式中設計的「程序原則」。Hirst認爲教育旨在傳授學生知識，而學校在選擇這些知識時，必須考慮其是否爲知識體系中最重要的或最具「價值」的，所謂有價值的知識包括：

1. 形式邏輯與數學。
2. 物質科學。
3. 自己與他人心靈的了解。
4. 道德判斷與意識。
5. 審美經驗。
6. 宗教主張。
7. 哲學。

以上即是Hirst認爲七種有價值的知識，亦可作爲歷程模式中設計知識課程內容的「程序原則」。

另外，Rath則提出選擇活動的「程序原則」，凡是活動符合下列的標準，就是「有價值的活動」：（黃光雄與楊龍立，2007，pp. 58-59）

1. 活動中可以允許學生做明智的選擇，並反省其選擇的後果。
2. 在活動中學生扮演的是主動的角色，而非被動的。
3. 活動中要求學生探究觀念、心智技能的應用，以及當前的問題。
4. 活動中鼓勵兒童專注於實物的教材。
5. 不同能力的兒童都可以成功完成的活動。
6. 活動中要求學生在新的情境中比較舊有的觀念、心智技能的應用，以及問題。
7. 活動要求學生探討社會公民忽視的議題。
8. 活動中鼓勵師生冒成功或失敗的危險。
9. 活動中要求學生重寫、複述或改善之前努力的結果。
10. 活動中鼓勵學生應用或熟練有意義的原則、標準或知識。
11. 活動中提供學生個人與他人分享計畫的擬定、實施或是活動結果的機會。

12. 活動適合學生表達的目的。

以上是Rath主張用以評量課程中活動的準則，用來幫助教師慎選課程的活動。

（二）歷程模式的課程發展：MACOS方案

以歷程模式所發展的課程特別著重教學過程和學生在此過程中的經驗，賦予學生擁有自由、創造的機會，進而產生各種的學習經驗。採用歷程模式發展的課程中，以Man: A Course of Study，簡稱「MACOS」（人的研究）爲此類課程發展的設計典範，設計的發想是把人類視爲動物界的一員時，透過不同層面的特性發現所謂「人」的「人性」，就如同發現每一種動物族群，像是猴子、老虎、大象等，都具有其獨一無二的「猴性」、「虎性」和「象性」等。在一般傳統課程中不難發現有許多動物族群的介紹，但就是沒有「人」這樣的族群介紹。「人」的族群與其他動物族群的相似與差異塑造了MACOS課程的主軸，而這樣的主題一直是在學校的科學課程中缺乏的。MACOS是美國在1960年代發展的人文學科課程，原始構想出自布魯納（J. Bruner）。課程內容包含書籍、影片、海報、唱片、遊戲及其他類型的資料，如：教師手冊、學習單等。整個課程分成六個部分，一共有60個單元（https://www.macosonline.org/course/）。歸納法、小組討論、教師扮演參與者而非權威的角色、多樣的教學媒體而非只是一本教科書等的新作法，使得MACOS課程與傳統的課程設計變得非常的不一樣。

MACOS課程首先提出三個問題：(1)就人類而言，何謂人性？(2)人性是如何發展出來的？(3)如何使人更人性化？課程內容是藉由精選的動物群組，以及偏僻的人類社會去探究人類的社會行爲。MACOS將課程分成六個部分（Education Development Center, 2009）。

1. 緒論：生命期。
2. 鮭魚：生命週期。
3. 銀鷗：動物的本能與習得的社會行爲與自然淘汰。
4. 狒狒：動物族群溝通與身體構造和功能。

5. 在內陸紮營的愛斯基摩人：Netsilik愛斯基摩人漁獵的生活方式。
6. 在冰海上的愛斯基摩人：Netsilik愛斯基摩人的故事。

MACOS教學的方式主要是由教師引導學生閱讀教材、聆聽語音教材、觀看影片和簡報檔案，進行小組與全班討論等活動，藉由對動物習性的認識和人類互相比較，進而思考課程中三個主要的問題。因此，MACOS課程的設計不像目標模式的課程發展那樣，重視學習成果的表現與目標的達成，反而是透過課程中所提供的許多教材與科學的報告，進行反思與討論。

MACOS課程開宗明義的先讓學生學習認識動物的物種特性，進而比較人類和動物的不同，以便讓學生可以反思人類的獨特性。課程中，讓學生研究鮭魚、海鷗，以及狒狒等動物的生命週期，並且將這些動物的生命週期與人類的互相比較。從動物的繁殖、撫育、成長、學習、族群生活、溝通與適應環境、使用工具等，檢視人類族群在各層面擁有的共同相似處及獨特性，反思人類以動物族群的身分探索其人性的一面。在研究動物之後，學生們轉而針對居住於北極Netsilik區的Eskimo族群進行探究，使他們了解縱使身爲同一種人類的族群，彼此之間的文化卻不盡相同。課程中對Netsilik族群的源起、生命觀、生活環境、工具、社會組織等進行研究，突顯人類的族群因居住環境、生活條件、不同世代的差異而各具獨特性。在Netsilik Eskimo的單元中，特別指出在該地區生存是一件十分嚴峻的挑戰，當地的Eskimo族群主要是依賴成年的男人以漁獵維持其生存，其家庭常常必須面對一個兩難的問題：一旦年老的家人，特別是女人，超過了一定的年齡，體衰力竭，無法生產或生育，就要面臨被家人驅逐或遺棄於族群之外的命運，以減輕家庭的負擔，就像許多動物的物種一樣。這樣的價值觀與都市中的現代人類提倡照顧老年人的做法和觀念大相逕庭，無法理解與接受，但是對於Eskimo人而言，它是嚴酷的環境下生存的法則，它是文化傳統中的價值觀與生命觀。如此的兩相對照，可以刺激學生在不同的社會環境下，理解這個世界，而且試著理解並尊重任何人所持有的世界觀。以下列出部分MACOS課程的內涵與討論的問題：（https://www.macosonline.org）

表4-1 MACOS課程設計

暖身活動：蒐集學生的生活活動照片，討論人類共同的活動建立生命期間重要的事件，以延伸學生對生命週期的認識。
討論的問題（一）：（自己的照片） 1.照片中的活動是不是全世界的人都會做的？ 2.照片中的活動是不是不同年齡的人也會做的？ 3.你是怎麼學會做照片中的事？ 4.你在做照片中的事時，你的感受是什麼？你覺得別人也會這麼覺得嗎？
討論的問題（二）：（瀏覽全班的照片） 1.有哪些活動是你喜歡的，卻是你鄰座同學不喜歡的？ 2.你是如何學到你對這個活動的感受？ 3.你的同學是如何學到這些感受的？ 4.有哪些活動是全世界的人都認為重要的？
討論的問題（三）： 1.你認為其中有哪一個事件是人生最重要的？為什麼？ 2.其他同學也認為是重要的嗎？ 3.國內其他地區的人也認為重要的嗎？甚至是所有的人類都認為重要的嗎？ 4.你認為人的一生有哪些發生的事，也是所有人類會發生的事？ 5.當人類的個體死亡後，人類的生命要如何持續？
單元一：緒論：生命期
課程活動： (1)在田野間：Irven DeVore拯救一隻名為Dolly黑猩猩的故事〈錄音檔〉 (2)仔細看動物：人與動物共同的行為〈簡報檔〉
討論問題： 1.動物結婚嗎？動物能彼此談話嗎？人類和鸚鵡的談話有什麼不一樣？ 2.人是唯一使用工具的動物嗎？狒狒用葉片從土堆中挖出昆蟲，這樣算不算也是使用工具？
單元二：鮭魚：生命週期
課程活動： 1.欣賞聖經〔舊約聖經的《傳道書》（*Ecclesiastes*）第三章3：1-8〕中的詩歌。 2.閱讀教材：(1)動物的適應環境：動物的構造、行為，以及環境；(2)鮭魚的生命週期：鮭魚的生命週期及洄游行為〈影片〉；(3)訊息與行為：動物的需求與環境中的訊息接收和行為反應；(4)非洲象的生命週期；(5)褐鼠的生命週期；(6)瓶鼻海豚的生命週期；(7)黑猩猩的生命週期：〈田野調查報告〉；(8)牛羚的生命週期；(9)灰棕熊的生命週期；(10)狼的生命週期。

討論問題： 1. 動物有哪些特別的結構？有哪些結構是外表看不到的？ 2. 你能想像這些結構可以有什麼樣的動作？這些結構和動作與動物生活的環境有什麼關係？ 3. 人類有哪些特別的構造？這些構造與行為有何關係？與環境有何關係？ 4. 鮭魚有哪些構造和行為有助於它們在環境中生存？ 5. 圖片中的動物是如何接收訊息的？ 6. 當你接收到訊息時，你會採取什麼舉動？ 7. 你從環境中接收到哪些訊息會干擾你的內心？ 8. 有哪些個別動物的行為，會影響它們族群的生存或死亡？
單元三：銀鷗
1. 閱讀教材：(1)習性與溝通行為：銀鷗（影片）；(2)天生與習得行為；(3)天擇；(4)結構與功能。
討論問題： 1. 銀鷗鬥毆是為了什麼？你會為哪些事鬥毆？所有的人類都和你一樣為這些事鬥毆嗎？ 2. 想一想，什麼時候你會感到憤怒想要打架，最後卻是做哪些事來取代？ 3. 人類的父母必須為他們子女做哪些事？有哪些事也是銀鷗會做的？ 4. 動物有哪些行為是本能的？有哪些行為是學習來的？ 5. 人類有哪些行為是不用學習就會的？有哪些是學習而來的？ 6. 想想看，今天早上起床的第一個小時內，你做了什麼事情？你是學了什麼才能幫助你能做這些事？有哪些事是你出生後就會做的？
單元四：狒狒
閱讀教材：(1)非洲大草原的動物：狒狒的生活環境；(2)狒狒：感情的連結與地位；(3)肯亞奈洛比公園：〈田野調查報告〉；(4)狒狒族群的組織；(5)狒狒的溝通。
討論問題： 1. 狒狒生活在族群中的好處是什麼？初生的狒狒是如何在群體中成長？ 2. 你認為人類獨自生活最困難的是什麼？人類生活在族群中的好處是什麼？ 3. 狒狒如何保持族群中的和平？狒狒是侵略性的動物，牠們要如何防止彼此鬥毆？什麼是決定牠們出發覓食和行走的方向？ 4. 你覺得Irven DeVore對非洲狒狒的田野調查，對於了解動物有什麼好處與壞處？在野外、國家公園、動物園和實驗室研究動物有什麼好處與壞處？

5. 你認為狒狒彼此之間會溝通什麼事？年長的狒狒會用什麼方法向年輕的狒狒溝通？狒狒如何向其他的狒狒表達牠的憤怒？牠如何表達關愛？人類的兒童會為哪些事爭吵？為什麼有些爭吵會演變成鬥毆？ 6. 人類在哪些活動中需要使用語言？
單元五：在內陸紮營的Netsilik愛斯基摩人
閱讀教材： (1) Netsilik愛斯基摩人的歌曲與故事；(2)我們所知的世界：Netsilik愛斯基摩人的信仰與傳統；(3)真實的戲劇〈劇本〉：Itimanghark找到可以當他妻子的女孩；(4)北極圈之旅；(5)北極圈；(6)鹿角與尖牙：馴鹿與狼；(7)在石滬捕魚：〈影片〉；(8)在馴鹿穿越的區域：狩獵馴鹿〈影片〉；(9)在秋天的河邊紮營：〈影片〉。
討論問題： 1. 這些影片告訴你什麼是Netsilik的生活？ 2. Netsilik愛斯基摩人跟你有什麼相似之處？ 3. 影片中有哪些事情讓你吃驚的？ 4. Netsilik愛斯基摩人的歌曲與故事告訴你什麼事？（族群的來源） 5. 為什麼Netsilik愛斯基摩人要告訴你這些故事？ 6. 人類如何去找到馴鹿？要如何接近牠們？要如何殺死牠們？人類要如何處理死掉的動物？（和狼比較）
單元六：在冰海上的Netsilik愛斯基摩人
閱讀教材： (1)在堅固的冰上：狩獵海豹；(2)九命Kiviak：Netsilik愛斯基摩人的傳統故事；(3)建造皮橇；(4)冬天冰海的紮營；(5)在春雪中追蹤海豹；(6)狩獵海豹：〈遊戲板〉。
討論問題： 1. 美國的家庭是如何照顧年老的家人？（愛斯基摩人遺棄家中的老人） 2. 對於照顧老人最好的方式有達成協議嗎？ 3. 讓陌生人照顧年老親人是我們社會可以接受的事情，你認為Netsilik愛斯基摩人會有什麼樣的感受？ 4. 為什麼海豹很難獵捕？在冬天可以用何種方法捕獲海豹？ 5. 除了工具以外，要成為一個好的獵海豹人需要有什麼條件？

MACOS的課程設計是依據歷程模式的概念發展，綜觀其課程的內容大都來自人類學家的田野調查的研究報告、科學的研究結果，編制成課程的講義與資料，可以說它並非來自傳統教科書的內容。形式上，課程的內

容包含影片、音訊、影像、圖片，以及手繪圖片等，跳脫一般以文字爲主要的教材。更重要的是，課程中的活動大都以討論的形式爲之，且討論的問題並非測試學生是否對內容有正確的研讀，乃是藉由閱讀有關動物的資料來反思，如果把人類視爲動物的一個類別，那麼所謂的「人性」是什麼？如果人類的族群與動物族群有別，那麼其間的差異是什麼？如何更有「人性」，就成爲重要的課題了。最後，MACOS課程挑戰的問題是：究竟社會科學是以增進社會科學知能爲目的？抑或以提升其社會探究能力爲目的？是以學科知識爲其組織的核心？抑或以議題中心爲其組織的重點？另一個更大的爭議是MACOS課程中很明確的以學生參與教育活動爲主軸，認爲只要兒童參與其中便是有意義的教育活動，但它後續卻引發了許多人質疑它的課程成效，主要是因爲課程中缺乏明確的評量方法與不確定答案的評量所致。

無論如何，MACOS課程被視爲歷程模式的經典之作，雖然依舊以失敗收場，其原因頗爲複雜。其中一個主要的原因是MACOS課程在70年代受到當時的政界人士強力的反對，如：J. B. Colan。他宣稱該課程是「試圖利用小學課堂，模塑下一代美國人的心靈，使其排斥傳統的價值、行爲規範和愛國的信念。」（引自單文經，2005，p. 12）而宗教界的保守主義者也趁勢抨擊課程的內容，違反猶太一基督教教義的價值；再加上70年代中期美國阿波羅號太空船於1969年順利登陸月球，洗雪了自1957年以來，美國航太科學始終落後於蘇聯的恥辱，激勵了社會大眾對於學校教育必須回到「基本能力」的想法，MACOS課程因而被美國科學基金會刪除全數的經費，最後導致MACOS課程宣告停擺。

雖然MACOS未能推廣於全美，但是此套課程臚列的活動設計係依照七項原則而爲，這些原則可視爲此一課程裡活動的「程序原則」。

1. 啟發並發展青年或兒童發問的過程（探究方法）。
2. 教導兒童研究的方法，俾使兒童能夠蒐集資料，答覆自己所提的問題；能夠使用課程裡發展的架構（如：生命週期的概念）；能夠應用這類架構於其他新的領域。
3. 協助青年或兒童發展使用第一手資料作爲證據的能力，並據此而發展出「假設」，並引出「結論」。

4. 建立「探索」（search）的正當性，即認可並支持開放式的「討論」，即使這類討論對於許多問題不能尋獲明確的答案。
5. 指導課堂的討論，青年或兒童從中學習「傾聽他人的意見」及「表達自己的意見」。
6. 鼓勵兒童「反省」自身的經驗。
7. 創新教師的角色，亦即教師成爲資料的來源者而非權威者。

歷程模式的課程本質是鼓勵學生探討有價值的知識或過程，MACOS課程是藉由「問題」引導進行各種學習活動。這些活動在設計時均考慮到活動的「程序原則」。因此任何教學活動的設計，都必須回答有關「程序原則」的問題，就如同課程的發展必須回答「教育的問題」一樣，對於此點，兩者的挑戰如出一轍。

（三）歷程模式的課程發展：DoDDS人文課程方案

Stenhouse主張人文課程是以探討人類的經驗（human experiences）與人類的行爲（human behavior）爲其主要的課程脈絡，其內容則沒有一定的範圍。以下呈現美國的DoDDS課程作爲對人文課程的初探，了解人文課程的特色及其實施的方法。

DoDDS的人文課程（humanities curriculum）是來自美國第十大學校系統中Department of Defense Dependents Schools（美國國防部軍眷學校）所發展設計的，它是由學校網絡組成的小學和中學系統，其適用地區包括歐洲、太平洋、美國東部和加勒比海等三個地區，適用對象則是九到十二年級的學生。該課程於1984年修訂後課程中的表演藝術部分（performing arts）與美國約翰甘迺迪中心（John F. Kennedy）教育部門的人員共同合作。DoDDS人文課程是將歷史、文學、語文、哲學、視覺藝術、戲劇、舞蹈和音樂等課程加以統整，並且以批判性思考、創造力，以及個人在社會中的權利和責任作爲整個課程的焦點。

DoDDS人文課程的三個主要目標爲：

1. 了解人類的本質（to understand human nature）：從身體的、心理的、

社會的、審美的和心靈的，探討構成人類本質的基礎。

2. 了解人類的角色與行爲（to understand human roles and behavior）：人類在其族群中扮演許多不同的角色並且表現出截然不同的行爲，檢視人類在探索、思考、領導、創造的方式，以了解人類本質上的差異。
3. 了解人類的理想（to understand human ideals）：人類要追尋完美，雖不可得，但是每個社會裡都存在著想要透過追求表露在他們的藝術和藝術品中眞理、愛情、正義和美，達到和諧（harmony）的理想。

DoDDS課程的四大特色是：(1)以跨學科爲主；(2)以藝術爲重點；(3)與異國文化差異的研究；以及(4)個人價值的洞察。它的活動不限於形式，但是比較受到歡迎的是那些可以讓學生在學習過程中能主動學習、調查問題、欣賞與參與藝術、面對倫理與道德議題的活動。對於學生的評量則是決定學生是否能夠：(1)運用廣博的知識；(2)運用有脈絡的知識和意見；(3)推論的思考和行爲；(4)察覺細微的差異；(5)察覺和欣賞跨學科；(6)發展和運用個人的標準進行詮釋和批評等。DoDDS課程檢視學生(1)掌握堅實的知識；(2)以知識引導行爲；(3)能向他人進行知識的溝通；(4)察覺人類持續的問題；(5)運用知識提升價值信念；(6)提升對異國文化的敏感度；(7)運用知識增進自己與他人的生活等的表現，作爲學習的成果（https://www.dodea.edu/Curriculum/FineArts/Humanities/standards.cfm, 2019）。

表4-2　DoDDS課程的目的與目標

課程總目的： 了解人類的本質與價值
目標：了解組成人類的元素
目的（一）：了解人類的本質 目標1：了解我們身體的本質 活動(1)：學生閱讀莎士比亞第二幕第七場中的獨白，並且分析其中所談到的人生的七個階段年齡的行為。

活動(2)：學生從不同的哲學和宗教觀點解釋生命週期的目的與意義。

目標2：了解我們心理的本質

活動(1)：從St. Augustine, Jesus Christ, William Shakespeare, Sigmund Freud等選集中，比較它們對於「愛」的相似與相異。

活動(2)：學生舉例說明藝術家、哲學家與神學家對情緒（感）的反應。

目標3：了解我們社會性的本質

活動(1)：學生以腦力激盪的方式寫出家長與子女衝突的情況。

活動(2)：演劇。學生分別扮演法官、家長和子女，其餘學生為觀察人或是證人。家長和子女在法官面前訴說衝突的原因及想法，由法官視其衝突是否可以調停而判決子女是否可以和家長「離婚」。

活動(3)：學生能展示各種民俗藝術形式（民俗藝術、說故事、民俗舞蹈、民俗音樂）及其來源與意義，並展示這些藝術作品溝通的方式。

目標4：了解我們審美的本質

活動(1)：學生從古代埃及、貝南王國、義大利文藝復興等時期或地區找出可以代表當時美的人像中所顯示的服裝、髮型、臉飾、特殊的飾品，說明其背景與意義。

活動(2)：學生找出異國的建築結構，閱讀有關它的歷史、結構和格局，並且和同地區的其他建築相比較。

目標5：了解我們心靈的本質

活動(1)：學生要比較三個不同社會對於人類存在的超自然解釋。

活動(2)：學生要展現對摩西、佛陀、基督耶穌、默罕默德、馬丁路德基本的教義對文化影響的觀點。

活動(3)：學生從異國的藝術品中探究它們呈現的主題、符號、基調、概念等代表心靈的想法做出結論。

目的（二）：了解人類的角色和行為

目標1：了解人類能探索

活動(1)：學生從地理、藝術、科學、政治、心理學、科技、哲學、宗教等領域選擇其中一位「探險者」，將他的探險動向和改變過程，繪製成「旅程地圖」和全班分享。

活動(2)：學生能從照片、圖說、信件、地圖、官方資料、歷史、新聞報導和傳記等資料中，推論人類探險的動機。

目標2：了解人類能思考

活動(1)：學生能從多神論、部落禁忌，或是迷信的資料中解釋其理由，分辨理性與非理性的行為，以及對照不同地區和時間而改變想法。

活動(2)：學生能討論並做成報告有關推論基督、馬克思、達爾文與佛洛伊德的思想，如果沒有被世人接受的話，會發生什麼事？

目標3：了解人類能領導

活動(1)：學生從民俗、軍事、宗教、政治、藝術領域中選出一位英雄加以探討其特質與資格，做成報告向全班說明。

活動(2)：學生從神話與當代的文學、電影、電視中的英雄對照，比較今昔對「英雄」觀念的改變。

目標4：了解人類能創造

活動(1)：學生蒐集有關不同時期與文化的陶器照片、複製品、素描等布置教室，並且選擇其中一種文化或時期的陶器進行探究，特別是古代的日本、古代的埃及、文藝復興等時期的陶器，欣賞並彰顯人類的創作能力。

活動(2)：學生從教師給予的物品清單中選出一件物品，繪製其真實的樣貌，然後再以想像的方式創造出另一種樣貌（例如：把棒球帽改畫成飛碟），然後以四格漫畫的形式將改造的過程呈現，分享並展示在學校教室內。

目的（三）：了解人類追求理想

目標1：了解人類能尋求真理

活動(1)：學生合作完成班級的「真理之書」，學生從哲學、文學、社論中找出格言、諺語，文章中找出適用於所有社會、文化、時代的「真理」的語句，證明其具有真正的「真理」，並且把它們蒐集在一起成為班級的作品集。

活動(2)：學生從教師蒐集的廣告中，辨別廣告所宣稱的有效性是真理還是謊言。

目標2：了解人類能尋找愛情

活動(1)：學生從詩集、戲劇名言、歌劇臺詞、複製的畫作或雕像中，尋找並呈現歷史上尋求愛情的證據。

活動(2)：學生從不同文化的愛情故事中製作其事件的卡片，並在校內販售。

目標3：了解人類能尋找正義

活動(1)：學生能製作旗幟、海報、徽章、舞蹈、歌曲和舉辦演講呈現正義的尋求方式是跨文化、跨地區與跨時間的。

活動(2)：學生調查並討論藝術家在其作品中，將社會的不公義或是解決不公義的方法之表現方式。

目標4：了解人類能追尋美
活動(1)：學生以合作方式創作繪本，説明其選定的文化中歷代對美的概念，其範圍可以從建築物、設計、體態之美、衣著與服飾，到地景與花園等。
活動(2)：學生要展示的主題是「藝術不一定展示美」，蒐集畫作中描述疾病、貧窮、戰爭、死亡、飢荒與毀滅，並從它們的背景資料了解其主題、藝術性與歷史的脈絡、作者的意圖等，將畫作與研究的資料説明呈列出來。

以上列出DoDDS課程設計的目標，以及相關活動的目的是說明人文課程的發展、學習活動的多樣化、評量方式、成果的展現，並且它能提供給學習者不同能力的學習機會。DoDDS課程以認識人類的本質和價值爲整個課程的主要核心，依此再以「人類的本質」、「人類的角色與行爲」、「人類的理想」爲三個課程的基本目的。從身體、心理、社會性、審美、精神心靈的層面，分別探討「人類的本質」；從探索、思考、領導與創作的行爲，認識「人類多樣的角色與行爲」；最後以追求眞理事實、愛情、公平正義和美感，了解「人類追求的理想」。DoDDS將各校所發展的人文課程加以整合，成爲一個有系統的課程。

上述的內容顯示DoDDS課程以學生或小組或個人進行資料的蒐集、分析、研究、歸納、比較等活動爲主，也可以看出許多活動是以藝術的創造和探究爲主，跳脫一般學科的學習方式，彌補學校過度重視理性學科的學習。小組合作、成果報告、藝術創作、展演等活動，都可以從表4-2中略窺一二。DoDDS課程設計不同於現行學校學科的組織方式，它採取跨學科、著重藝術領域與文化的差異，並以反思個人的價值方式組織課程的內容，教學的過程中特別注重培養學生在學習過程中的批判思考、創造力、個人權利與義務的責任等，這些特點是DoDDS課程中所強調的，也是一般學校學科所欠缺的另一種學習和教學的方式。

不論是MACOS課程或是DoDDS課程，都是以「人」爲設計的中心，前者以動物對照、比較，推論「人性」，著重「科學」的證據；後者則是以「人的本質」分析「人性」爲焦點，從「藝術」、「文化」出發，這兩者不約而同的都是主張透過課程讓「人」了解「人」。兩者也都以「活動課程」爲主要的設計，強調參與活動的教育意義更勝於以目標的達成作爲學習的評量。綜觀歷程模式的課程發展特色可以從：(1)學習者的主動參與活動的本身，就極具「生活」的特色與意義；(2)「活動課程」的設計則是跨越所有的主題；(3)教師的角色也由知識的傳遞轉變成活動的引導者；(4)學習的主體也由「知識」轉向「學習的技能」等層面一窺究竟。但是此種課程的設計也往往被批評欠缺明確的學習評量、內容組織鬆散，以及教材的取得困難等原因，在實施上更形艱難。

雖然歷程模式課程的設計不是以目標爲導向，但爲了詮釋課程的目的大都還是用「一般性目標」的方式加以敘述課程的涵義，並不刻意將它具體化或是轉化爲具體的行爲目標，例如：

1. 增進對鄉村及人與自然環境的關係，並發展對生命的尊重。
2. 藉著觀察第一手的研究與實驗，發展對科學及科學方法的了解。
3. 認識人類的本質。

從上面目標敘述的方式可以清楚的辨認這些目標是「非具體」的行爲目標，它們只是敘述課程的原則而已。它們與行爲目標爲主體的課程發展並不相同，應該是可以清楚而容易的分辨出來。

歷程模式的課程主要的特色是課程的內容與方法是由課程的目的（goals）而來，它們各自有其成果（outcomes），評量也是依據成果而爲，評量的結果則是以課程目的爲依歸，形成修正與調整課程的內容及方法的依據，如圖4-9所示（Gatawa, 1990, p. 31）。

此外，與Stenhouse持有相同主張的學者還有Barnes（巴恩）。他認爲課程發展不一定要從敘述目標預期的學習成果開始，相反的，可以從內容和活動的設計開始，因爲它們本身就富有教育的價值和意義。所以，歷程模式非常重視內容和活動，不似目標模式以追求達成目標爲主要的考量，只要其設計的過程中能清楚的闡明其所依據的「程序原則」，就可以避免浮濫，因此歷程模式和目標模式可以藉由不同的課程發展取向彼此互補。

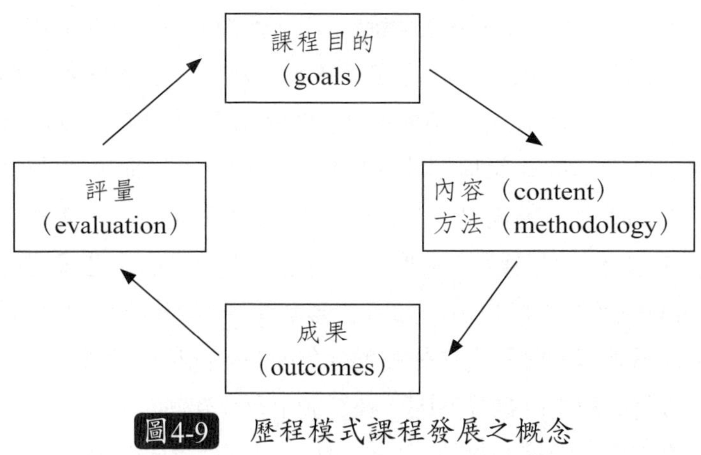

圖4-9 歷程模式課程發展之概念

三、文化情境分析模式

（一）Lawton文化分析課程發展模式（Lawton's cultural analysis model）

Denis Lawton（勞頓）認爲設計課程時，須從哲學和社會學的角度分析教育所處的社會情境中的文化材作爲課程發展的基礎，特別是文化和次文化體系中的共同要素。其歷程包含先要確定這些文化的教育價值，配合心理學所發展出的各種學習理論和教學理論，然後組織課程與實施課程。簡言之，課程發展與設計的核心任務是一種從事社會情境中的文化分析的工作（黃嘉雄，2000）。

文化泛指人類在社會中所造就的一切事務，例如：人類使用的工具和技術、語言與文學、音樂與美術、科學與數學、法律與道德、態度與價值等。教育負有傳承文化的使命是社會大眾對於學校教育的固有觀念，因此學校的課程勢必要選擇重要的文化項目或是有價值的部分作爲課程的內涵，才能回應社會的需求。Raymond（1976）認爲文化分析的課程，必須回答下列五個關於知識的技能與價值的問題：（p. 46）

1. 現存的社會是一個什麼樣的社會？

2. 它是用哪一種方式發展而成的？

3. 它的成員對社會發展期望的程度是如何？

4. 在選擇時，會包含什麼樣的價値和原則？

5. 會選擇什麼樣的成就可以合乎有教育的意義？

除了上述的問題外，Lawton認爲進行文化選擇時也必須能夠回答：學校系統能夠符應社會需要到何種程度。生活在特定社會中的個別學生需求和社會需求，這兩者的符應其唯一的方法便是要謹愼小心的設計課程，因此如何從文化中選擇便成爲課程中的重要任務。Lawton（1973）提出選擇的文化必須符合下列三個標準才能成爲課程中的內涵：（p. 53）

1. 是否具有價値？

2. 是否具有相關？

3. 什麼是最有效的組織方式可達成有效率的學習？

Lawton批評Herbert Spencer在他的文章中提問「什麼是教育中最有價値的知識？」時，他指的即是和「科學」有關聯的知識，在當時「科學」的知識指的是「自然科學」。但是，如果學校只選擇和生活有關的知識作爲學校教育的想法，則是扭曲了對經典學科研讀的重要性。Lawton認爲所謂的「價値」，應該要從哲學中「不變」的層面來看知識。這些層面是永恆不變的人性特質，是社會中年長者想要傳遞給下一代的永恆的「價値」。從「哲學」層面思考課程知識的價値性與永恆性，才能建構成爲課程選擇的「價値」標準（the criterion of value）（Lawton, 1973, p. 153）。

哲學家們大都傾向於關注永恆和不變的準則，然而爲了避免讓知識的選擇落入眞空的狀態，以及空泛的理論，選擇的知識應該與每天的生活世界有關，一些有關「汙染」和「暴力」等生活中的議題必須盡可能和學術的知識相連結，形成一般文化中選擇知識的「相關性標準」。換言之，選擇和永恆知識可以關聯的生活知識將是課程選擇「相關性」（the criterion of relevance）的標準。

選擇知識的「心理學標準」與其說是一種程序而不是原則，因為選擇文化知識的重點在於關心「學習是如何發生的？」而不是「為什麼學習會發生？」。它的標準不僅僅和「什麼時候教最有用？」有密切的關聯，更要和教育宗旨所揭示的「應該教什麼？」有關。這兩項問題建構了選擇知識「心理學標準」。

Lawton分別以哲學的價值標準（criterion of value）、相關性的標準（criterion of relevance），以及心理學的標準（psychological criterion）等三種標準，作為從文化中選擇成為課程的基本元素時應該考量的基礎。

Lawton（1983）指出從文化選擇的主要項目分別說明如下：（p. 37）

1. 從哲學的問題中決定文化的常項

此步驟應該從文化的常項中思考提出何種哲學的問題：教育的宗旨是什麼？有價值的知識是什麼？由於文化的範圍非常的廣，Lawton認為文化的常項包含下列：

(1)法律與政治制度（the law and politics system）：有關社會規範、法律、政治制度與其組織、結構、功能與運作。

(2)經濟制度（the economic system）：指對物資的生產、分配與交換。在某些社會中經濟的約定會以簡單的以物易物的方式完成物資的交換，其他的社會也可能是非常的複雜。

(3)溝通系統（communication system）：在人類的社會中，除了使用語言之外尚有其他的形式可以溝通。視覺符號（如：寫作）的重要雖然僅次於口語的溝通，但是仍具有相當的重要性。寫作的發展與出版特別具有意義，其中出版讓專業的知識可以方便使用與保留。

(4)社會組織（the social structure）：社會組織，其存在於社會內，是以探討「社會內部的關係」為主，是形成社會概念的關鍵。凡是有關親屬關係、身分地位、角色、責任與義務者等，都是屬於這些概念，它存在於每一個社會且是代代相傳的社會概念。

(5)理性系統（rational system）：社會中的成員對於事物的合理看法，以及對因果關係的「詮釋」具有一定的理性特質，這些理性會因爲不同的社會而產生差異。在某些社會中，男人對女人產生好感被視爲「愛情」，但是在其他社會裡則會視爲「戀母情結」。

(6)科技系統（technology system）：人類自古以來就是使用工具的族群，這些傳給下一代的工具科技不斷的進步發展。科技的複雜性因社會發展而異，有的社會仍然停留在農業發展期，有的已經進入前工業發展期或是後工業發展期。

(7)道德系統（morality system）：指社會道德的基本特徵，如：公平、敬人、誠實等，能夠對於「對」與「錯」的行爲加以區分。因此每一個社會需要傳遞某些行爲的原則給下一代。

(8)信仰系統（the value and attitude/believe system）：和社會族群的源起有關的宗教教條，以及神話的啟示等。

(9)審美系統（the aesthetics system）：因時代、階級、民族不同，對於美的思維、修養、氣質等的觀念。

(10)宗教系統（the religion system）：有關宗教的信仰、儀式、教條等。

(11)教育系統（the education sytem）：社會中對成長的儀式、婚姻、個人獨立與責任感的理解與教導，例如：兒童穿衣、吃飯等的自理能力，青少年自我領導能力，以及成年人對他人的責任感。

2. 從社會學問題中決定文化的變項

從現有的社會提出社會學的問題以決定文化的變項。文化變項是指文化常項在「特定社會」中所形成的次級文化項目，其內容因社會的不同而有差異。例如：對於我國而言，文化的變項即是臺灣的政治制度、臺灣的社會制度、臺灣的道德系統；對美國而言，文化的變項則是美國的社會制度、美國的道德系統等。

3. 從文化的變項中選擇

從社會文化的變項中選擇適合的知識與經驗，作爲課程的規劃與設計。Lawton認爲知識與經驗的選擇應符合下列三項原則：

(1)可以豐富兒童生活和有助於其生活愉快的經驗，如：美術、音樂、文學、體育等。

(2)有助於兒童了解、參與世界的知識，如：科學、技術等。

(3)有助於兒童發展爲社會良好成員的知識、態度、價值觀，如：公民素養、道德等。

4. 從心理學的問題與理論中決定學習、教學和學生的發展

運用心理學的學習理論或發展理論組織目標。

5. 組織課程

將課程按照學習的階段，以及順序組織排列課程。

根據Lawton的理論，在課程文化的內涵訂定之後，即參照心理學的發展和學習的理論，組織學校課程的內容。整個課程發展的步驟如圖4-10所示（司琦，1989，pp. 218-219）。

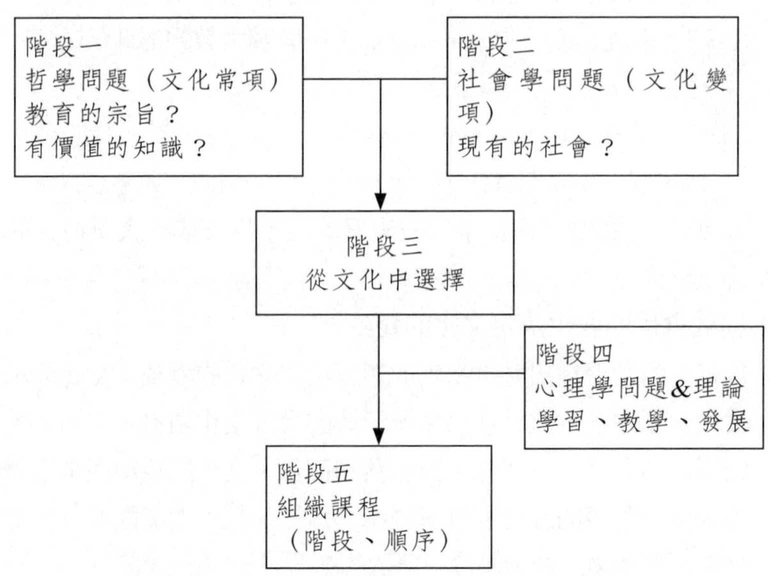

圖4-10 Lawton文化分析之課程發展模式

Lawton最主要的貢獻是他的文化分析的課程發展顯示了文化的議題，以及政治的意識型態對於課程思想的形塑有重要的影響。Lawton以文化分析作爲課程發展模式的中心，促使課程從有價值的社會文化層面中做選擇，避免以行爲目標作爲課程發展的危險。他認爲以文化分析的課程發展才能夠將社會的重要文化或是重要的教育傳承給下一代，並賦予教師專業傳播的責任。

Lawton對於文化分析課程的發展理論提供了許多以文化傳承爲主要教育任務的課程發展基礎，特別是其所主張的文化常項要素更是提供審視與發展文化特色課程的準則。以下表4-3就以我國原住民族「鄒族」的文化課程之發展爲例，利用Lawton的課程發展模式檢視目前其所設計的文化課程與活動。

表4-3　鄒族文化課程設計

文化常項	文化變項	活動名稱
政治與法律制度（law and political system）	鄒族統治制度 -長老會議 -Kuba會所：意義與功能 鄒族社會制度 - peogsi頭目 - eozomu征帥 - maotana勇士	2-9-1Kuba的意義及重要性
	鄒族土地宗族共有制 鄒族共同耕作制 鄒族婚姻制度	2-8鄒族四大hosa 2-1-5鄒族婚嫁禮俗
	鄒族繼承制度	2-1-3家庭的財產制度
經濟制度（economic system）	鄒族經濟制度（以物易物） 鄒族農業：休耕制 -主要作物：小米、陸稻、番薯 -次要作物：玉米、芋頭、薏苡、花生、樹豆、菸草、南瓜 鄒族狩獵：獵物分配原則 鄒族漁撈範圍	

文化常項	文化變項	活動名稱
	-漁撈區域（陳有蘭溪、後大埔溪、楠梓仙溪、荖濃溪） -漁撈技法 鄒族手工藝特色 -藤竹 -獵具 -織布 -裁縫	
溝通系統（communication system）	鄒族拼音系統：母音、子音 鄒族語詞結構：單純詞、複雜詞	
	詞類：冠詞、名詞、代名詞、形容詞、動詞、副詞、連接詞 語態：主動、被動 數詞構成與變化 度量制度 貨幣用語 時間用語（時刻、日、月、季節、年） 方位用語	
社會組織系統（social structure）	鄒族社會組織 -hosa大社 -aemana氏族 -ongo-no-emo聯合家族 -emo單一性氏家族	2-4-1樂野部落 2-4-2特富野社的部落（參訪） 2-4-3來吉部落 2-4-4魯富圖社的部落（久美部落） 2-6部落的形成及遷徙故事 2-8四大hosa 2-8-1鄒族的分布 2-8-2特富野社的由來 2-8-3達邦社的由來 2-5-5茶山部落

文化常項	文化變項	活動名稱
	鄒族家庭組織與分工	2-1-1家庭／族關係：親屬稱謂與往來 2-1-2家庭生活：教養的方式與分工 2-1-5鄒族婚嫁禮俗 2-1-6鄒族喪葬禮俗
道德系統（morality system）	鄒族相愛觀念	
	鄒族男女間道德	
	鄒族家族道德	
	鄒族同黨間道德	
宗教系統（religion system）	超自然的神祉信仰 -hamo（自然靈） -posonghifi（勝利戰神） -i'afafeoi（保護神） -ak'emameoi（地神） -ak'ec'oeha（河神） -ba'eton'u（小米女神） -ba'epai（稻子女神） -hicu no suveu（茄冬之靈）、惡神（hicu no koah'oh'o痘神、（taliiuliu凶煞之神、engohcu溪流惡靈）	2-10-5鄒族的神靈與禁忌
	亡靈：靈魂不滅之説 靈魂歸所：惡與善	2-1-6鄒族喪葬禮俗
審美系統（aesthetic system）	鄒族音樂（嘴琴、弓琴、鼻笛、橫笛）	
	舞蹈：意義與步伐	
	衣著： -男（皮衣、布衣、胸兜、兜襠不及腰帶、帽子與頭巾、護臂、護腿褲、鞋）	

文化常項	文化變項	活動名稱
	-女（上衣、胸兜、腰裙、譚金、綁腿） 飾品：（耳飾、頸飾、手環、臂飾）	
	毀飾：穿耳、鑿齒、拔毛、疏髮、涅齒、次經	
信仰系統（belief system）	鄒族傳統故事	
	-矮人sayuc'u的故事	
	-takopulan番祖tavakonga故事	
	-takopulan番頓足引地震故事	
	-大洪水故事	
	-占卜（鳥占、夢占） -動物禁忌 -植物禁忌 -人事禁忌	
教育系統（educational system）	成年禮	2-1-4成年禮
	狩獵祭	
	戰祭（mayasvi瑪雅斯比祭典）	2-1-4成年禮 2-10-1 mayasvi
	homeyaya小米收穫祭 miapo小米播種祭	2-10-2 homeyaya
	祭祀類別 -共同祭祀（黨祭、社祭）：首級祭、獵神祭、小米收割大祭（miokai）、稻米收割祭（meyosku） -家族祭祀：稻米開始播種祭（meokayo no pai）、小米播種祭（miapo）、小米開始收割祭（mokayo）	2-10-3其他祭儀

文化常項	文化變項	活動名稱
	祭典人員 -黨祭（社祭）：主祭（頭目、番帥、老番） -家族祭：主祭（家長）	
科技（technology system）		
理性系統（rationality system）		

*資料來源：1.美麗的hosa，嘉義縣立山山國民中小學國小部教案。
2.中央研究院民族學研究所（編譯）。番族慣習調查報告書〔第四卷〕鄒族，臺灣總督府臨時臺灣舊慣調查會。

上述的鄒族文化課程的設計若以Lawton的文化變項爲基礎檢視課程設計的結果，就可以發現文化課程在設計上有些遺漏，故而從分析當中找出可以調整、增強的課程活動。

每個社會都會面臨文化傳遞的困難和問題。在古老時代，傳統生活的智慧、科技、語言、審美、態度與價值等是透過家庭面對面的互動而傳遞，但是現代的社會卻無法再以傳統、非正式的手段完成文化傳遞的任務，委由教育的手段可以讓文化中最重要的層面得以實現傳遞的任務。但是學校的資源和時間都有限，因此，課程必須非常謹慎的選擇文化中最重要的元素加以計畫，選擇的原則和過程應該要設立，而且必須要採取開放的理性調查與辯論。

雖然Lawton的文化分析課程主要是針對Tyler的目標模式可能造成的教育危機所提出的反對立場下另類的課程發展，但是他還是主張課程必須基於整體社會生活的全貌及教育目的，而選擇欲傳遞給下一代子孫有關自身社會中最重要的層面，確保整個社會的永續生存。課程的文化選擇是賦權給教師作爲傳播社會文化的專家。

Lawton文化分析課程的發展模式雖是以西方國家對文化課程的變項提出完整的系統，作爲建立與發展文化課程之歷程，但仍然適用於以「傳遞傳統文化」爲宗旨的文化課程。透過Lawton的文化常項與變項，有助於檢視文化課程的完整性與缺漏，也可以提供文化課程設計人員思考的取向。

（二）Skilbeck的情境分析模式

文化分析模式的課程以Malcolm Skilbeck爲代表人物，他主張學校課程的發展焦點必須是個別的學校和教師，故稱爲「學校本位」（school-based curriculum）的課程發展模式。「情境模式」（situational model）的課程設計主要的特點在於強調教育與其所處社會的文化情境和環境背景間之關係，因其與文化的分析有著密不可分的關係，故又稱爲「情境文化分析模式」或「文化分析模式」。此模式特別強調課程設計或發展的核心要務，對學校所處社會情境和文化因素作深入的分析以獲得課程的焦點。唯有以學校爲本位的課程發展，才能具有促進學生最大改變的效果。圖4-11說明該模式的五個步驟：（黃嘉雄，2000，教育大辭書）

1. **分析學校情境：**觀察學校的情境，分析構成學校情境的外在和內在因素及其交互作用。影響學校外在的因素如下：

(1)文化和社會的變遷與期望：分析工業發展、政府政策、文化運動、意識型態等對學校的影響。

(2)家長期望和雇主、工會的要求：例如：家長對識字、外語學習、家庭作業的看法，以及雇主和工會對識字、手藝、商業課程的要求等。

(3)教育系統的需求與挑戰：教育政策、教師考試、地方教育局的期望或要求、壓力、課程方案、教育研究的結果。

(4)教師支持系統的貢獻：師培機構（如：師院、教育研究機構）可能的貢獻。

(5)流入學校資源和經費。

(6)教材性質改變。

影響學校的內部因素：

(1)學生的性向、能力與需求。

(2)教師的價值觀、態度、技能、知識、經驗、優缺點和角色。

(3)學校校風與政治結構：傳統、權力分配、權威關係。

(4)物質資源：建築物、設備、增加建築物與設備的潛力。

(5)目前課程感受的問題與缺點。

2. **根據情境分析診斷的結果，準備課程目標**：目標的敘述應包括教師的行為、學生的行為、預期的學習結果，以及教學與表現目標，並以清晰、明確和一般的方式敘寫。
3. **建立課程方案**：詳述執行目標所需的資源，仔細描述學校特定職務的工作、設計教與學的活動。
4. **解釋與實施課程方案**：對於執行中的課程所面臨的問題，須逐一解釋，並設法克服。
5. **觀察學生學習的狀況、評估新課程的效果、提供回饋與重建**：其任務包括學生在教室中的進步情形、評估各方面的成果、根據各參與者的反應作成合理記錄，並據以修正、重建課程。

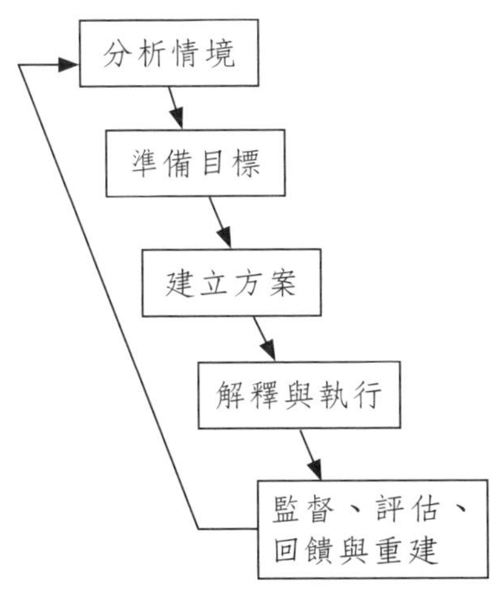

圖4-11　Skilbeck情境分析模式

根據學校情境的分析結果而發展的課程，即是「學校本位課程」。因此學校本位課程發展時，均必須進行學校情境分析，而其中一種分析的策略即是「SWOT分析」。這也是我國九年一貫的「學校本位課程」發展中經常使用的方法。「SWOT」是優勢（strengths）、劣勢

（weaknesses）、機會（opportunities）、威脅（threats）的縮寫，原本是企業管理理論中相當有名的策略性規劃，主要針對企業內部優勢與劣勢，以及外部環境的機會與威脅來進行分析，目的是快速掌握企業組織的環境、來自外界的影響因素、檢視內部的優勢與弱勢，進行策略（strategies）選擇。SWOT分析應用於學校組織中其目的是希望藉由分析學校的情境，能夠選擇適當的課程形成學校政策與策略，提高學校的競爭力與生存。SWOT的意義如下：（見表4-4）

表4-4 SWOT分析學校情境

	優勢	劣勢	機會	威脅
（外部因素）				
文化與社會變遷和趨勢				
家長、社區期望				
教育系統需求				
教師支持系統				
流入學校資源和經費				
教材性質改變				
（內部因素）				
學生特質				
教師特質				
學校校風與政治結構				
物質資源				
課程問題				

1. **優勢**：讓學校比他校更具競爭力的因素，是學校在執行或資源上具備優於他校的獨特優點。例如：教師的專長有何趨勢？原有課程有何特色？有何教學的新技術？爲何能吸引學生或家長？
2. **劣勢**：學校相較於他校而言，不擅長或欠缺的能力或資源。例如：

學校組織中的缺失爲何？教師的教學技能、專業領域、設備是否不足？

3. **機會**：學校組織中有利於現況或未來展望的因素。有何新的課程發展？如何強化課程的意象？可提供哪些新課程？教育單位的政策有何有利的政策或計畫、經費？未來十年的發展如何？

4. **威脅**：學校組織中不利於現況或未來趨勢，可能會傷害或威脅學校競爭能力的因素。教育處的政策有何改變？其他學校的動向爲何？是否無法跟上社區、家長、學生的需求改變？政經情勢有何不利學校的改變？何種因素將威脅學校的生存？

透過學校集體教師、行政人員、家長、社區人士等蒐集與分析有關學校課程發展的優勢（S）、劣勢（W）、可能的機會（O），以及面臨的威脅（T）之後，總結出最終的策略（S），才能獲得課程相關人士或利益相關團體（stakeholders）的支持與贊同，共同爲課程的發展而努力與推廣。

SWOT分析策略中，優勢與劣勢分析是屬於學校內部因素的分析，而機會與威脅則是屬於學校外部環境因素的分析，透過內外部因素的分析後產出最後的策略（strategies），並且加以執行。透過SWOT的分析可以獲得有用的資訊，作爲學校選擇、決定學校本位的課程策略（strategies），亦是九年一貫課程中計畫彈性課程或特色課程經常使用的策略。

但綜觀我國各校的SWOT分析可以發現，大多數的學校並未針對Skilbeck所提的學校內、外在因素進行課程發展的情境分析，反而是將其他與課程發展無關的項目納入分析，以致於喪失焦點，無法掌握學校本位課程的發展重點，更遑論課程的策略，殊爲可惜。

四、自然模式（naturalistic model）

（一）Walker模式

Decker F. Walker（1971）認爲課程的問題是情境本位的、是眞實的，必須以實務性的判斷，再經過仔細的思考後做出決定。他延續Schwab的理念認為課程實際發展的過程遠比課程應該如何發展來得重要，如果參與的人員對於最後的課程成品達成共識的話，那麼課程的發展與設計就會獲得比較好的成果。

Walker認為Tyler的模式以「制式」（prescriptive）的方式進行，意即，課程的發展是直接從編制目標開始，然後以此作為起點發展後續的一切歷程，這樣的課程發展過程太過簡單化。Walker認為課程是一種動態的計畫，也是一種科學的現象，因此，他運用觀察、記錄等社會科學的方法釐清課程發展的過程。他發現課程的發展其實是從課程人員、教師等小組成員之間的互動開始，並不是從目標的編制開始。換言之，Walker發現在課程發展的歷程中，課程發展小組的成員會先就自己持有的信念與價值在課程的「公開論壇」（platform）上展開討論與溝通。參與課程發展歷程的每一位人員，如：設計人員、課程對象、利益關係人等，將自我主觀的觀念和看法在小組中，公開論述他所持有的信念、理論、構想、目的與目標，並且尋求形成課程小組的共同價值與信仰，彼此密切合作。

課程的發展應該是從小組的溝通開始，參與課程發展小組的成員大都擁有自身的價值與信仰立場，唯有成員之間能找出可以認同的原則，課程的發展才能成功。當小組成員將課程的方案或是單元與他人開始比較彼此的觀點或替代方案時，即進入「協商」（deliberation）的階段。這個階段是一個既混淆又費時的過程，雖然有時候不一定能獲得一些小組成員的共識（consensus），但如果能獲得共識的話，就能作出課程的決定（decision）。

至於課程設計的階段（curriculum design）則是將「協商」階段的決定，具體化為課程教材的形式（王文科，1994，pp. 205-207）。Walker認為從「開始階段」、經過「協商階段」、到達「課程設計階段」的整個歷程，才是眞實的描述課程發展過程中所發生的一切，故稱為「自然模式」或「眞實模式」，如圖4-12。

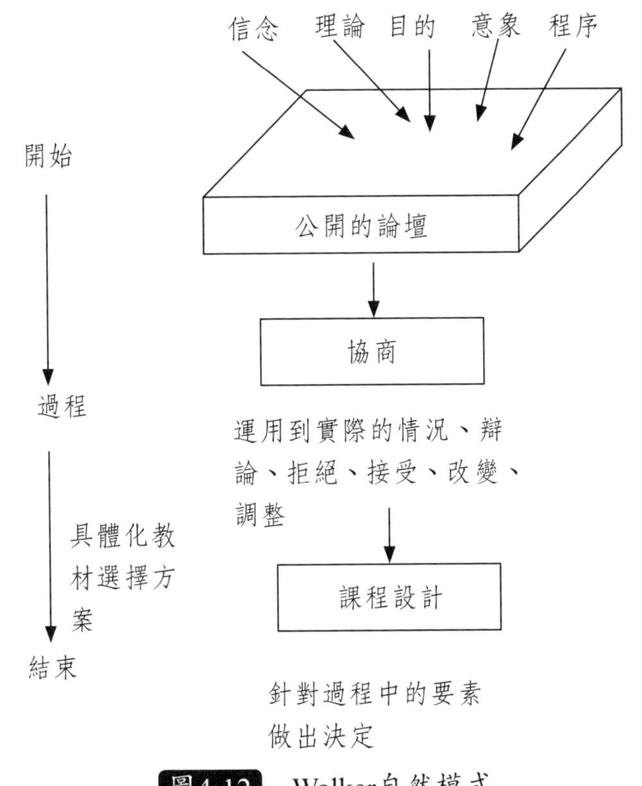

圖4-12 Walker自然模式

Walker的模式在於眞實的呈現學校在課程發展歷程中的樣貌，盡可能的包含許多課程的相關人士（例如：課程設計人員、課程的對象，以及課程的利益團體）的參與，提供課程的論壇讓參與的人員溝通，尋求共識，做成決定。Walker認爲課程的設計在其發展的過程中，是屬於一種「小組團體」的活動，小組必須形成課程的共識後才能做出課程發展與設計的最佳決定。授權給課程發展者、課程的對象、其他的團體（包含利益團體）在課程發展與設計的歷程中參與是承認他們對課程的貢獻，如此一來也是肯定教師是課程最有價値的貢獻者。

以技術／科學的模式發展課程是反映傳統對教育及學校教育的思維，也是學校對課程發展熟悉的傳統方式，它的特徵是以科學的方式、理性的思維，以及循序漸進的歷程和步驟。這些循序漸進的歷程包含了解決問題的邏輯步驟和歷程。由於學校基本上是一個高度科層化的機構，它的運作是基於理性的，其所追求的是目標導向也是績效導向的，所以學校以技術—科學的模式發展課程的方式將會持續下去。

第二節　非技術／非科學的課程發展模式

相較於「技術／科學」的課程發展訴諸於科學方法、理性思維，「非技術／非科學」的課程發展則是挑戰傳統的教育理論和實務，突顯進步主義對教育的觀點。意即，以「非技術／非科學」發展的課程是比較具有彈性，沒有既定的目標，以個人與社會的興趣為優先考量，課程應該是逐步的進化而發展設計，而非用精準計畫的方式設計。

一、開放教室的課程發展（open classroom）

非技術／非科學的課程發展最具代表性的就是在美國70年代風行的「開放教室」的課程模式（open-classroom model），或者稱爲「開放學校運動」（open-school movement）。「開放教室」的理念淵源於英國「非正式教育」（informal education）或統整課程（integrated curriculum），以及自由日（free day）等的教育觀點，並與1930年代之兒童中心教育運動合流而形成。這是一種植基於實用需要，由點而面的草根運動。開放教室中強調運用各種不同的彈性教育方式，來滿足學童的個別差異。「開放教室」的課程理念，基本上是對美國60年代太過注重「學科課程」的一種反動。

「開放教室」的課程主要以「活動課程」的方式設計，而活動本身就是課程的目的。常見的情景是教室與教室之間的牆壁被拆除，鼓勵教師嘗試創新的教學方式，例如：彈性分組、個別化教學、不分級教學等，而學生的分組以能力等級（如：閱讀等級）取代年齡的分級（Oliva, 2008, p. 249）。它的課表具有彈性，原則上是依學生的興趣及能力分組，捨棄固定年級的安排，大量的使用單元教學法、問題解決、專題法，導致學校摒除分數、成績單，以及每個年級必須精熟的學習內容等這些傳統的教育觀念。

由於支持「非技術／非科學」課程的人反對「預設」好的活動，因爲它可能扼殺兒童的發展和學習。教室應該是讓兒童自行作許多決定的舞臺，是追求自己興趣的地方。教師不去控制課程，而去安排教室成爲兒童興趣的活動環境。教師在自然的情境中、兒童的興趣中，逐步地發展出課程。對於兒童生活的干擾愈多，愈沒時間讓兒童發現和發展自己的方法來滿足眞正的需求。

「開放教室」的特色是「自由」，將學生從教師主導、高度結構式、他人強加的課程中解放出來，留給兒童的是他們對課程的適切選擇及適當的教育經驗。開放教室的運動在1980年代早期達到鼎盛，強調活動式學習及情意領域的學習。

開放教室具有以下特色：(1)教室中沒有固定的課表，沒有傳統分科，課程具有彈性且並無固定結構，兒童的學習可依其個人發展的特質及興趣而有所不同。(2)開放教室中課程是統整的，不僅是各學科間的統整，且意含兒童生活各部分統整及均衡發展。(3)興趣中心、興趣角、角落或學習中心（區）取代整齊課桌椅的排列，環境布置十分生動、豐富且具多樣性。(4)極少採用大班教學，教室中鼓勵個別及小組的主動學習，並允許學生有不同的學習速度。(5)開放教室強調「學」重於「教」，教學多以活動方式進行，引導兒童主動發現與學習。(6)開放教室中不採年齡等級分組，多採混齡編組方式，旨在尊重不同年齡兒童的相似性及相異性，促進彼此的學習與成長。(7)多種學習活動齊頭並進，允許兒童有較多活動自由，並鼓勵兒童間的互動與相互學習。(8)注重創造性的表達方式，設立娃娃角、戲劇角，並重韻律活動的指導。(9)教室中充滿著相互信任與尊重的氣氛。(10)取消或減少以學科成就與競爭比較爲中心的評量方法，重視多元化及形成性的評量方式，並鼓勵個人作自我評鑑及比較，其學習評量的主要目的是用以作爲診斷及輔導的工具。

在「開放教室」中，教師安排豐富的學習環境使兒童能自行探索，隨時適時地給予兒童引導與協助，並不斷的自我充實與自我成長。此外在開放教室中，教師允許兒童選擇自己有興趣的活動，並爲自己所作的決定負責。但是由於「開放教室」的成效大都無法以客觀或是具體的呈現，對於學生自己的選擇也無從評量其表現，遂使得「開放教室」日漸受到質疑而式微。甚至，許多批評開放教室理念的學者認爲只要是學校以學業成就爲理由，就幾乎沒有任何證據可以支持開放教室的教育理念。

根據Ornstein與Hunkins（2009）的觀點，課程發展是探討課程如何設計、實踐與評鑑，同時也包含人、程序與過程，它是提供給設計的人員有系統的、透明的原理依據去安排特定的教學、學習和評量。雖然「技術／科學」課程發展的模式在使用上具有它的價値，但是不可否認它忽略編制課程時「人」的層面，特別是個人的態度、感受和價値。「非技術／非科學」的課程發展模式則是傾向於主觀的、個人化的、美學的層面，以學習者爲焦點。「技術／科學」和「非技術／非科學」兩者並無優劣之分。

「技術／科學的課程發展」就某種程度上而言，是比較依賴專家的觀點，並且從學科和社會的要求來決定學生的需求。從這些觀點來看，Taba的課程就被批評太傾向於學科，而Tyler又太趨向以社會的價值來決定課程的方向。這些課程的觀點都讓支持「非技術／非科學」的課程發展人員備感壓力，主要是他們認爲課程的優先性應該是讓學生成長爲一個獨立的個體和成爲社會結構中的成員。換言之，兩者的差異只在於技術／科學的課程是把學科需求放在第一位，其次才是學生和社會的需求；而非技術／非科學的課程是把學生的興趣和需求放在第一位，其次才是學科和社會的需求。

一般而言，凡是學科課程的設計通常會使用技術／科學的模式發展課程；而主張以學生爲中心的課程設計則會採用非技術／非科學的模式發展課程。這兩者可以是彼此互補的課程發展方式，各有其適應的情況與選擇。

參考書目

王文科（1994）。**課程與教學論**。臺北市：五南。

中央研究院民族學研究所（編譯）。**番族慣習調查報告書〔第四卷〕鄒族**。臺灣總督府臨時臺灣舊貫調查會。臺北市：編譯者。

方德隆（譯）（2004）。**課程發展與設計**。（原作者：A. C. Ornstein & F. P. Hunkins）。臺北市：高等教育。

司琦（1989）。**課程導論**。臺北市：五南。

林玉体（1984）。**西洋教育史**。臺北市：文景。

黃政傑（1992）。**課程設計**。臺北市：東華。

黃嘉雄（2000）。情境模式。教育大辭書。取自http://terms.naer.edu.tw/detail/ 1309686/?index=5

單文經（2005）。Rugg及Bruner社會領域課程改革經驗的啟示。**教育研究集刊**，v.**51**(1)，pp. 1-30。

劉玉玲（2005）。**課程發展與設計**。新北市：新文京。

鍾啟泉（2005）。**現代課程論**。臺北市：高等教育。

AI-Noori, B. S. The cultural content of the curriculum. *Ahlebait Journals*, No. 15, pp. 7-16.

Bobbitt, F. (1918). *The Curriculum: A summary of the development concerning the theory of the curriculum*. Retrieved from http://bpjt642.weebly.com/franklin-bobbitt.html.

Department of Defense Dependents Schools (2019). *Humanities curriculum*. Retrieved from https://www.dodea.edu/Curriculum/FineArts/ Humanities/standards.cfm.

Education Development Center. (2009). (Hu)man as a course of study: MACOS. Retrieved from http://www.macosonline.org/.

Gatawa, B. S. M. (1990). *The politics of the school curriculum: An introduction.* Harare: Jongwe.

Hunkins, F. P. (1980). *Curriculum development: Program improvement.* Columbus, OH: Charles E. Merrill.

Lawton, D. (1973). *Social change: Educational theory and curriculum planning.* London: Hodder and Stoughton.

Lawton, D. (1983). *Curriculum studies and educational planning*. London: Hodder and Stoughton.

Lawton, Denis (ed.) (1986). *School curriculum planning*. London: Hodder and Stoughton.

Lunenburg, F. C. (2011). Curriculum development: Deductive models. *Schooling, 2*(1).

Mishra, M. (2014). *Models of curriculum.* Retrieved from http://www.slideshare.net/CarlRichardDagalea/curriculum-models-and-types? next_slideshow=1.

Oliva, P. F. (2009). *Developing the curriculum* (7th ed.). New York: Pearson.

Ornstein, A. C. & Hunkins, F. P. (1988). *Curriculum: Foundations, principles, and issues*. Englewood Cliffs, N.J.: Prentice Hall.

Raymond, W. (1976). Developments in the sociology of culture. *Sociology, V.10*(3), pp. 497-506.

Reynolds, John, & Skilbeck, Malcolm (1976). *Culture and the classroom*. London: Open Books.

Tyler, R. W. (1949). *Basic principles of curriculum and instruction*. Chicago: The University of Chicago Press.

Central European University. Retrieved from http://Education Encyclopedia-StateUniversity.com. Education Encyclopedia: AACSB International-Program to Septima Poinsette Clark (1898-1987).

Wamaungo, J. A. (2013). *Models of curriculum development*. Retrieved from http://www.slideshare.net/abdulrahmanaluganda/models-of-curriculum.

第五章　課程設計

第一節　課程設計理念的來源

第二節　課程設計的類型

第三節　學習經驗的設計原則

第四節　學習經驗的組織原則

第五節　學習經驗的評量

第一節　課程設計理念的來源

課程設計（curriculum design）是指將課程的元素（components）加以組織、編制，並且成爲一種實體的過程。早期在文獻中常使用「課程組織」一詞，不過隨著課程的領域逐漸發展成熟，現今大都使用「課程設計」一詞。所謂課程元素是指：(1)宗旨、目的、目標；(2)學科；(3)學習經驗；(4)評鑑取向。這些都是課程設計時應納入考量的元素。大部分的課程設計基本上均具有這四種元素，但不同的課程設計依其特性，各個元素的比重會有所不同。有些課程設計對於內容或主題特別注重，有些課程設計卻強調目標或評鑑的取向；而有的則是著重學習經驗或是活動，因此造就不同的課程設計取向。

一、課程設計的元素

對於課程元素的安排，雖然會因爲設計者對哲學與學習理論所持的傾向而影響設計的取向，但是將目標、學科、學習經驗和評鑑四種元素納入課程設計的本質與安排，源起於H. Giles從進步主義教育學會（the Progressive Education Association）在1933年到1941年進行的「八年研究」（the Eight-Year Study）的研究中所得到的結論。他將這四種元素的關係用下列的圖示（圖5-1）作爲課程設計的基本模式，其中「方法與組織」的元素即包含了學習經驗（learning experience）。

Giles認爲所有的課程設計必須能夠回應下列四個問題：

1. 什麼是必須完成的？
2. 要包含哪種學科？
3. 要採用什麼教學策略、資源、活動？
4. 用什麼方法和工具來評量課程的結果？

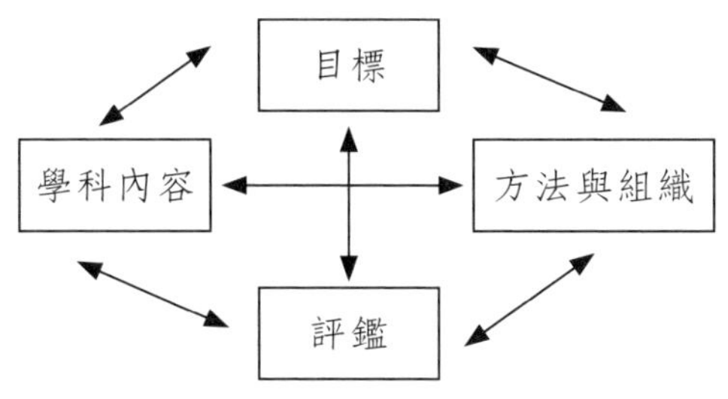

圖5-1　Giles之課程設計基本模式

Giles認為課程設計牽涉許多哲學的、理論的及實務的議題，而個人的哲學立場則會影響課程設計時對於：(1)目標的選擇和詮釋；(2)內容及組織內容的方式；(3)教導或傳遞課程內容的方法；(4)課程發展的評鑑等決策。雖然所有的課程設計不必然包含Giles所提的四個課程元素，但課程設計通常必須說明課程設計的決策基礎。

二、課程設計理念的來源

進行課程設計時，必須澄清課程設計者對課程的來源（curriculum sources）——哲學、社會和學習者——的觀點。如果忽視這些哲學、社會學、學習者對課程的影響，會使得課程在設計時因為缺乏基礎的依據而造成混淆，使得課程設計淪為一種流行的、浮誇的趨勢。

Ronald Doll則指出課程設計的理念或想法是來自：(1)科學；(2)社會；(3)永恆；(4)神授意志等四種基礎的影響。這四項來源和Dewey與Bode所主張的課程來源：知識、社會及學習者，非常的相似。以下說明一般課程設計的來源：

（一）科學

凡是將「科學」視為課程來源的人會受到科學方法的影響，他們主張設計課程時應針對課程中可以被觀察到的事實、概念、原理原則加以選擇和安排，對於課程的評鑑也應以量化的方式為之。因此以學科為主的課程設計，大都秉持此種課程設計的觀點。

（二）社會

課程設計者將「社會」視爲課程設計的來源，是因爲他們相信學校是一種社會機構，而學校應該要有能力分析社會的情境，以便形成對課程的理念，其中以進步主義的Dewey最支持此種課程設計的觀點。他認爲教育是使人具有能力去適應社會，因此把社會作爲課程的來源是課程設計的一種必要性。不過重建主義雖然也主張以社會爲課程設計的基礎，但卻比進步主義的作法要極端許多。他們認爲課程設計最終應該要改變或改善現有社會中不公平的情況，課程必須成爲社會改變的手段，且以社會改革爲其目的，而非僅僅適應社會。

（三）永恆和神授意志

從過去的教育歷史中尋找永恆的課程內容，是課程設計人員重要的責任，這是課程傳統的觀點，也反映出永恆主義的哲學。永恆主義者因爲堅持課程應該保留過去偉人所提出的永恆的事實，所以要讓課程內容的元素成爲課程設計所關注的焦點。

「神授意志」是許多私人和教會學校在課程設計時最重要的來源。他們認爲聖經或是其他宗教的文件中已經啟示了課程內容的設計方向，此種不可妄加改變的結果則是限縮了課程的範圍。但是隨著教會學校的沒落，這樣的課程觀點已不復見於現今的學校當中。

（四）知識

「知識」是課程設計時不能忽略的元素。課程中所謂嚴謹的學科是指學科具有特殊的知識，以及有特定的組織與結構，並且用特殊方法進行研讀以擴展課程中知識的範圍。但是有些課程，例如：「家政」、「藝術」、「勞作」等就不具有「知識」的嚴謹形式，但是內容仍然具有其課程的焦點。相反的，「物理學」就是具有獨特的概念結構，以及特殊的研讀過程是屬於嚴謹的學科。

（五）學習者

有些人認爲課程的設計應該來自對學習者的了解：學習者是如何學習的？如何形成態度的？如何產生興趣的？如何形成價值的？進步主義的課程設計者與學者偏愛「學習者中心」和「經驗中心」的課程設計，學習者成爲課程主要的來源。

這些強調「學習者」元素的課程設計通常會忽視學科及知識，或是將學科與知識作爲課程中次要的焦點。在強調學術卓越的今天，學習者中心的課程處於弱勢的地位。但小學教師們仍然認爲兒童的需求與興趣是重要的，也是課程設計的主要來源。在中學以上的階段，學習者中心的課程設計則顯然是非常式微。

第二節　課程設計的類型

課程的元素雖然可以用許多不同的方式組織，形成不同的課程設計類型（有時稱爲課程組織的類型）。綜觀課程的設計大概可分爲三種類型：學科中心（subject-centered）、學習者中心（learner-centered），以及問題中心（problem-centered），以下分別說明之。

一、以學科為中心的課程設計

（一）學科課程設計（subject design）

學科課程的設計方式是最傳統但卻最能被接受的課程設計方式。這種課程設計主要是以學科的內容爲重點，以追求知識爲目的。學科課程的取向反映了永恆主義對教育的觀點，也有學者指出現今的「回到基本能力」與「教育卓越」等課程運動，都反映了對學科課程的設計取向。

（二）學習領域課程設計（discipline design）

學習領域課程設計出現於二次大戰之後，主要是爲解決學科太過分割與獨立的問題所設計出來的課程類型。1950年代開始流行至1960年代中期達到高峰，後因1970年代學生的抗爭運動而式微。到目前爲止，學習領域課程設計仍然可以在中、小學課程與大學課程的組織方式中見到。我國的九年一貫課程中「自然與生活科技學習領域」綜合物理、生命科學、地球科學、生態保育與資訊科技等學科；「藝術與人文學習領域」則是綜合音樂、視覺藝術、表演藝術等學科，均是採取此種課程的型態。然而，在十二年一貫課程中仍然維持以「領域」爲主的課程設計。

（三）廣域課程設計（broad fields design）

指將不同知識系統的學科加以統整成爲綜合性的學科或比較寬廣的學科，此種課程曾風行於美國30、40年代，我國則於80、90年代中流行。此種課程設計主要是因應社會對於知識統整的要求，以及讓學生可以打破學科的界線看到不同學科之間的關係。常見的廣域課程設計範例有：「普通科學」和「人文科學」。「普通科學」是將生物學、化學、天文學、物理學、地質學等學科，以「非常寬廣」的性質綜合在一起。

將語言學、文藝學、史學、倫理學、宗教學、民俗學與哲學等學科的知識，以「非常寬廣」的性質綜合在一起，因爲它們都是研究社會現象和文化藝術，故以「人文科學」作爲統稱。此種將屬於非常廣闊的系統內的學科合併，可以減少學校內許多獨立學科的設置，提供各學科基本的全貌式統合概念，具有「大學科」的概念。此種課程設計可從教科書，如：國內學者劉文全（1990）所著的《人文科學概論》（如圖5-2），就可以一窺其貌。

圖5-2中，顯示人文學科的廣域課程設計是將一般人們視爲人文領域的課程以概論的方式統合，彼此獨立研讀，但是於其較高廣的層級上統合，試圖提供博雅的知識範疇。

以廣域課程的方式統整人文科學的課程是爲了要避免學科過分的劃分而將相關的內容給予統整，這些學科大體上仍不出人文科學的分類系統中的範圍。其優點是可以提供學習者較爲寬廣的學術背景並且以博雅的方式看待學習的範疇。但是也因爲廣博就無法專精與深入，只能有大學科的概念。

人文科學概論

目　次

圖5-2　人文學科之廣域課程設計

（四）融合課程設計（fused curriculum）

此種課程設計是依照課程中的「主題」將不同的學科統整在一起，形成「新的學科」，生態學即是融合課程的範例。此類的課程則可從國內學者郝道猛（1982）所著的《生態學概論》中一窺其貌。

他以生物科學爲主要主題，將生物與環境、媒質與生物、基底與生物、水與生物、溫度與生物、光與生物、氣候與生物等各層面的知識結合，並環繞在生物的「主題」中探究，成爲新的學科——生態學，其中牽涉環境學、水質學、氣候學、光學、生物營養學等層面之學科知識，均以融入「生物」的層面加以探討，不再分科教學，如圖5-3。

目 錄

Ⅶ

第十二章 生物群聚

第十三章 生態的消長

X

圖5-3　融合課程設計：生態學

另一個範例是現今國小的「社會學習領域」的教科書亦可視爲融合課程的設計，它以臺灣爲「主題」，將臺灣的地理、臺灣的歷史、臺灣的公民、臺灣的文化、臺灣的政治等融合成一體，形成一種「主題式」的統整課程。換言之，社會領域不再以地理、歷史、公民、經濟等學科作爲分科教學，而是以融合課程的方式設計，避免學科分立的情況，有助於學習的統整。圖5-4顯示目前我國國小的社會領域教科書的內容，可代表此種課程設計的範例之一。

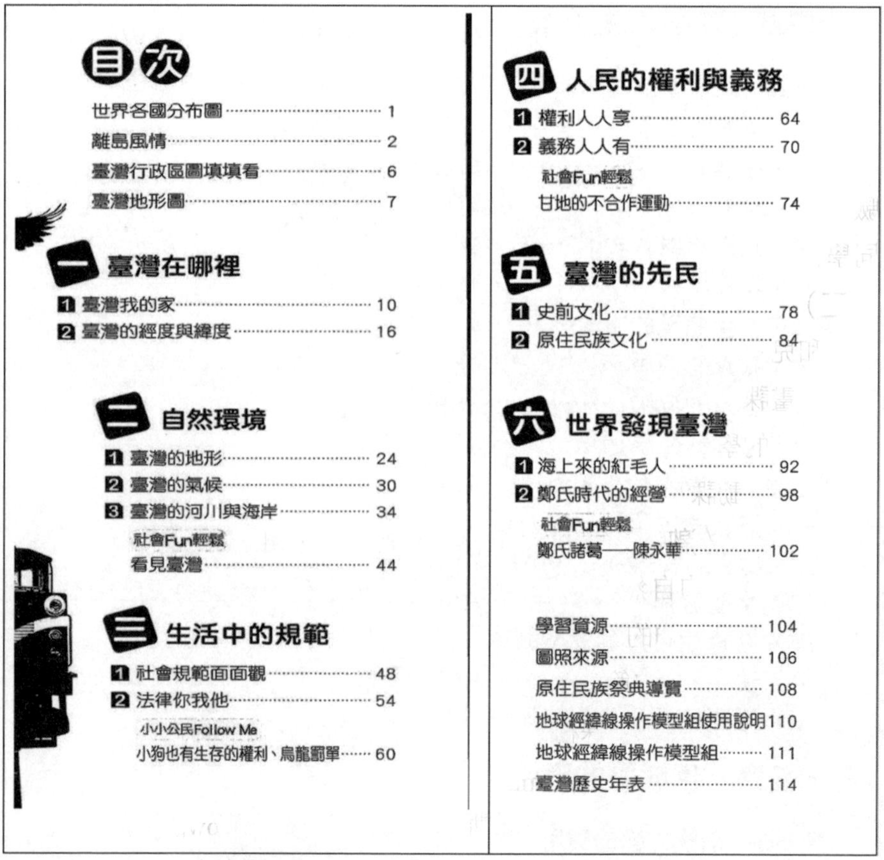
目次

世界各國分布圖 …… 1
離島風情 …… 2
臺灣行政區圖填填看 …… 6
臺灣地形圖 …… 7

一 臺灣在哪裡
1 臺灣我的家 …… 10
2 臺灣的經度與緯度 …… 16

二 自然環境
1 臺灣的地形 …… 24
2 臺灣的氣候 …… 30
3 臺灣的河川與海岸 …… 34
社會Fun輕鬆
看見臺灣 …… 44

三 生活中的規範
1 社會規範面面觀 …… 48
2 法律你我他 …… 54
小小公民Follow Me
小狗也有生存的權利、烏龍罰單 …… 60

四 人民的權利與義務
1 權利人人享 …… 64
2 義務人人有 …… 70
社會Fun輕鬆
甘地的不合作運動 …… 74

五 臺灣的先民
1 史前文化 …… 78
2 原住民族文化 …… 84

六 世界發現臺灣
1 海上來的紅毛人 …… 92
2 鄭氏時代的經營 …… 98
社會Fun輕鬆
鄭氏諸葛──陳永華 …… 102

學習資源 …… 104
圖照來源 …… 106
原住民族祭典導覽 …… 108
地球經緯線操作模型組使用說明 110
地球經緯線操作模型組 …… 111
臺灣歷史年表 …… 114

圖5-4 融合課程：國小社會領域

（五）相關課程設計（correlation design）

此種課程設計是為了避免學科太過破碎，但又不想將學科融合或統整所採取的另一種統整方式。最常見的方式是找出兩個單獨學科的「主題」關聯之處，建立共同的關係。例如：在社會科讀到清朝的歷史時，教師即可要求學生回顧國語科單元有關清朝詩人紀曉嵐的詩，將兩者建立關聯。或是在社會科學習使用地圖時，教師也可讓學生將數學科學到的比例尺的計算，讓學生應用於估算地圖路線的長度。

二、以學習者為中心的課程設計

（一）兒童為中心的課程設計（child-centered design）

設計課程時以學生／兒童的學習為主軸，學科的呈現則是以兒童的經驗或社會問題的單元來統整。通常以「生活需求」、「生活適應」、「共同學習」，以及「核心」的方法組織知識內容與教材。

（二）經驗課程設計（experience design）

和兒童中心的課程類似，強調兒童的興趣和需求無法預知，因此無法預先計畫課程，同一種課程無法適用於所有的兒童。此類的課程特別強調學生感官的學習（觸覺、視覺、味覺、感覺），其形式有生活經驗課程、生涯本位活動課程等。

（三）浪漫／激進課程設計（romantic/radical designs）

基於盧梭的自然主義，盛行於60、70年代晚期，稱作「新進步主義」。以A. S. Neil的Summerhill School（夏山學校）和我國的森林小學、華德福學校等為其典範。課程的活動完全是以統整的方式進行，並且以學生興趣為主，學生對於課程的選擇是基於自己的決定。

（四）人本課程設計（humanistic design）

對60、70年代學科課程的反動，基於Abraham Maslow的「自我實現」與Carl Rogers的「自我導向學習」、「自我概念」等人本心理學的理論，以及Charles Silberman在《教室中的危機》一書中提出美國的學校應該要更人性化，犧牲認知的學習與減少對學生管教的呼籲。針對60年代以來學科結構課程的興起，學校將「認知」、「學科知識」視爲教育的焦點，人本課程在1970年代提出所謂的「合流教育」（confluence education），指出學校應重視情意的教育，呼籲將情意領域（感情、態度、價值）與認知領域兩者融合，形成新的教育型態。此派課程的設計強調：獨立研究、同儕學習、社區與工作經驗、自我導向學習、自我了解、自我接受的課程設計方式。

（五）關聯課程設計（relevant design）

源自於1960年代的學生社會運動，主要是學界與學生都一起反對學科中心的課程，認爲學校所教授的知識與社會的現實無關，也與學生的生活無關，此舉也被視爲進步主義留給後人的精神財產。其主要的訴求爲：(1)以獨立研究或特定方案的教學方式進行個別化學習；(2)修改現行學科，加入學生想要關注的環保議題、藥物沉迷議題、都市問題等新學科；(3)提供更多選擇與自由的另類教育，如：選修學科、迷你課程、開放教室等；(4)將課程延伸到校外，並且創新課程，如：工作—學習的學程、生活經驗學分、校外課程；(5)放鬆學業標準，降低入學標準等。

三、以問題為中心的課程設計

（一）生活情境課程設計（life situations design）

植基於Spencer與Dewey的理念，Stratemeyer於二次世界大戰時以「成人的需求」爲訴求的課程設計。此種爲適應生活情境的課程設計專注於：

1. 訴求個人能力的成長情境：強調健康、智識力量、責任、美感的表現與欣賞的課程設計。
2. 訴求社會參與的情境：強調人際關係、團體與成員關係、團際關係的課程設計。
3. 訴求處理環境因素與勢力：注重對自然現象、科技現象、經濟—社會—政治結構與勢力等的課程設計。

（二）核心課程設計（core design）

基於學校教育應具有社會的角色與功能，有以下三種形式：

1. 以學科爲主的核心課程：如：共同課程。

2. 以學科、知識統合的設計。

3. 以社會需要、社會問題爲組織中心（如：如何規劃安全的校園？）。

（三）社會問題／重建課程（problem/reconstructionist design）

其設計理論基礎爲烏托邦主義，大約於30年代美國社會經歷的「經濟大蕭條」之後，提出重建社會的呼籲。此類的課程設計又稱爲「激進的進步主義」，主張課程應該爲全民階級（非中產階級）服務，同時要以兒童爲主進行改革，並且是以社會爲中心的課程。30年代課程重視的議題包含：種族與社會階級歧視、貧窮、失業等問題；90年代課程則涉及有關種族、人種、性別的不平等、貧窮、失業、福利、電腦科技、政治壓迫與戰爭、核武、環境汙染、疾病、飢餓、能源耗竭等問題。此類課程主張唯有加入多元文化課程、國際主義課程、未來主義課程，才能消弭社會的差異與不平，解決社會的問題。

課程設計基於不同的哲學思潮與個人的信念，形塑出各種的型態與樣貌。不同的課程設計反映出設計者對於課程的理想與願景，也突顯學校教育的特色。然而在課程設計的實務上，對於課程的範圍、統整、順序、持續、平衡與銜接等課程其他元素的安排，必須小心謹愼的處理。

第三節　學習經驗的設計原則

Tyler（1949）認爲「學習」是透過學習者所經歷的經驗而產生；亦即，經由學習者與其所能反應的環境之外在情境之間的交互作用稱爲「學習經驗」（learning experiences）（p. 63）。換句話說，學習會發生是因爲學習者透過主動的行爲而學習，並非全然是教師做了什麼而學習。在同一個班級中，兩位學習者可能產生截然不同的學習經驗。面對教師的講解，其中一位學生對講解的內容產生非常大的興趣，並且在腦海中不斷的將教師的講解連結到過去相關的知識和經驗；而另一位學生則是不斷的想著即將到來的球賽，把注意力專注於球賽的計畫。這兩位學生顯然是在同一個講解的活動中，但是卻有不同的學習經驗。因此，這樣的情境意味著在教育領域中所謂的經驗並不是學生接觸到的一切，而是學生在情境中做了什麼。一方面，學習是經由學習者的自動行爲而發生，也意味著學習者必須是主動的參與者；另一方面，教師則可透過環境的安排和情境的組織，以便引發所期望的反應類型。而，教師控制學習經驗的方法是設計足以引發所期望的行爲情境，以操縱環境與學習者的互動，讓學生獲得學習經驗中預期的、必要的行爲反應。

學習經驗隨著課程目標的要求而有所不同，但是仍然有一些可供選擇學習經驗的原則可以應用。Tyler（1949）列出選擇學習經驗的五個原則（pp. 65-68）：

原則一：學生必須獲得足夠的學習經驗，以便實踐課程目標所涵示的行爲。換言之，課程的目標是要求學生能夠解決問題，那麼教師必須安排情境讓學生可以獲得練習解決問題的機會。例如：課程的目標是「學生能發展欣賞中國古典小說的興趣」，那麼學習經驗不但要爲學生提供閱讀的機會，也要替他們提供閱讀各類中國古典小說的機會。

原則二：學習經驗必須讓學生實踐課程目標所涵示的行爲而獲得滿足。教師所提供的學習經驗不但要提供學生練習實踐目標行爲的機會，更要讓他從中獲得滿足感。從上述閱讀之例，教師不僅要提供學生閱讀各種中國古典小說的機會，並且要讓學生因爲閱讀許多小說而感到滿足。換句話說，教師對於學生的興趣和需求必須有足夠的認識，才能判斷哪些學習經驗是可以爲學生帶來滿足感。

原則三：學習經驗所期望的行爲反應必須是學生能力所及的範圍內。換言之，學習經驗必須適合學生現行能力與素質。因此，教師須能對學習者目前的能力、背景，以及他們的性向有足夠的了解，才能知道預期的行爲是否是學習者可以表現的出來。

原則四：有許多個別的學習經驗可以用來達成同樣的教育目標。只要學習經驗能符合有效學習的各種標準，它們就是具有達成目標的效力。這樣的原則也意味著教師在計畫時可以有無限可能的創意，那麼學校可以利用學生和教職員工的興趣，發展出具有相同目標但範圍極廣的教育經驗。

原則五：同樣的學習經驗通常會帶來多個成果。舉例而言，當學生正在解決有關健康的問題時，他同時也會獲得一些健康領域的資訊。他也極可能發展出對公共健康政策喜愛或不喜愛的態度，或是發展出對從事公共健康相關職業的興趣或是厭惡感。換句話說，每一種學習經驗都會產生一個以上的學習目標，它的好處是可以讓學習節省時間，但是壞處是教師必須隨時小心非預期成果的產生。

「學習經驗」一詞不同於學科中所謂的「內容」，也不同於所謂教師提供的「活動」，而是學生與他所處的環境互動之中有學到了什麼。那麼，能夠達成目標的「學習經驗」必須具備的特徵有下列四點：

一、學習經驗要能有助於思考技巧的發展

要發展思考的學習經驗必須利用各種不同的問題，這些問題必須是眞實的，才能引起學習者的反應。提問的問題不應該是學生查一查教科書或其他參考的資料就可以回答的類型，而是需要結合多樣事實與概念，並且是用來解決現實生活中的難題。

二、學習經驗要能有助於資訊的獲取

學習經驗當中不乏以發展學生對事物的理解為目標，事實、概念、原理原則等，但是切忌把這些資訊當作目的，而是要把它們看作「功能性」的東西，用來解決問題時需要的工具，獲取資訊這件事才是有意義的。死背資訊，不求眞正的理解、無法應用資訊、大量的遺忘資訊、資訊缺乏組織、回憶的資訊模糊、資訊管道的陌生，都是獲取資訊時最大的缺失，應該在學習經驗中儘量避免。

三、學習經驗必須能有助於社會態度的發展

所謂「態度」是指「一種反應的傾向，即使這種反應並未實際發生。」而且通常會產生在外顯行為反應之前。態度對於個人的行為有強烈的影響，對於個人所選擇的「價值」或是「滿意事物」的種類也有重大的影響。安排學習經驗提供學生以「領悟」和「獲得滿足感」的機會，是發展社會態度最重要的關鍵。

四、學習經驗要能有助於興趣的發展

興趣，不論對於教育手段或目的，都是非常的重要。因為目標的達成必須靠它與經驗的結合，所以興趣既是目標也是引起動機的力量。興趣一直被視為教育中很重要的目標，因為一旦學習者有興趣就能夠將注意力聚焦在學習上，並且能夠決定學習者採取的行動。要發展興趣的學習經驗，必須讓學習者能夠從興趣的經驗領域中獲得滿足感。這些滿足感可以是因為得到社會性的贊同，或是個人因為成功而得到的喜悅，故而學習活動的安排如果能關注滿足這些需求，便可以使學習者從中發展出興趣的學習經驗。

學習經驗的設計影響目標的達成，藉由檢核學習經驗是否能提供學習者有實踐目標的機會、學習經驗是否提供學習者滿足感的效果，以及學習經驗所要求的準備度是否符合學習者的能力範圍等標準，使得學習經驗的計畫可以有修正和調整的依據。

第四節　學習經驗的組織原則

改變人類的行為並不是一夜之間就可達到的，要改變學習者的思考方式、基本的習慣、主要的概念操作、態度的形成、長遠不變的興趣，都需要長時間的等待。以學習經驗改變學習者的行為有如「滴水穿石」般的漫

長，通常要經過數年之後，才能看到效果。學習者的行爲也必然要經過無數學習經驗之後，才能產生深邃的變化。爲了使學習經驗能有累積的效果就需要將學習經驗加以組織，彼此增強。如果經驗彼此之間具有橫向與縱向的關係，那麼對於經驗的累積就有重大的影響。舉例而言，如果六年級的課程探討地理的經驗是建立在五年級的地理經驗上，那麼這兩種經驗便是具有「縱向」的關係。在這縱向的關係之下，有關地理的種種概念、技能等方面的發展，就會具有更大的深度與廣度。如果五年級的地理經驗和五年級的歷史經驗若有適當的「橫向」關聯，它們就會彼此互相增強。在這橫向的關係就會提供更重大的意義和更統一的觀點，從而變成一個更有效的教育方案。

Tyler（1949）在其著作《課程與教學的基本原則》（*Basic Principles of Curriculum and Instruction*）中指出，任何一個清晰、明瞭的課程目標設計都要包含「行爲」和「內容」這兩個層面（p. 47）。學習經驗則是包含課程目標中的「行爲」和「內容」，選擇和組織學習經驗是課程發展時最重要的課題，因爲它們會影響教學的效率，以及改變學習者行爲的程度。學習經驗的組織因此必須遵守下列的原則而爲之。課程設計所關注的是課程的設計元素間彼此的關係，因此在設計時必須從水平與垂直的兩個向度去組織課程的內容與學習經驗，以下分別說明五種設計課程時應考慮的因素：範圍（scope）、統整（integration）、順序（sequence）、持續（continuity）、銜接（articulation）與平衡（balance）。

一、水平向度的課程組織（horizontal organization）

水平向度的課程組織係指在設計時從平行的向度安排課程的經驗，範圍與統整是課程設計的主要考量項目。

（一）範圍（scope）

設計課程時，課程的範圍是指課程學習經驗的廣度、種類和形式，這些也是構成選擇課程的緯度線。J. Galen Saylor將課程範圍定義爲：「學校計畫中提供給學生課程的廣度、種類，以及教育經驗的類型。」課程範圍代表著選擇課程經驗緯度線。課程中應該要包含哪些內容？哪些活動？這些課程因素的廣度，以及安排是什麼？例如：將歷史、人類學、社會學等不同的學科的學習經驗安排到另一門學科──「當代研究」，就是課程水平組織的例子。

（二）統整（integration）

統整是指課程經驗「橫」的聯繫。學習經驗的組織必須做到能協助學習者獲得統整的觀點。目標所揭示的「行爲」，教師應盡力使學生能將其能力廣泛的應用在日常生活中的情境，因此，在教學時應該提供學習者不同的學習經驗，促使學習者的行爲能有效的轉移到不同的學科當中，以獲得統整的觀點。

對於課程範圍最大的挑戰是統整課程中大量的學習。設計課程時，來自不同領域的課程內容如果能彼此連結，將是最有效的學習。統整強調不同主題之間水平式的關係。將課程的內容、學習經驗與活動統整在一起，並且應用於不同的學科當中以滿足學習者的需求，將是課程設計中對於統整的效標（Tyler, 1949, pp. 85-86）。

二、垂直向度的課程組織（vertical organization）

垂直向度的課程組織方式是從垂直的向度安排課程內容的順序和持續性。

（一）順序（sequence）

課程的順序是指提供給學習者的，在設計時必須考慮課程經驗的順序，也就是學習經驗的垂直關係。Taba曾經警告課程專家太重視課程內容，卻不重視課程順序或是過程時，就會使得各級學校教育中的課程產生問題。她強調課程是發展智識能力及情意的過程，順序與過程是處理經驗和內容的先備條件。在社會科的課程內容中，大都以家庭、社區、社會等順序安排相關的內容，就是一個例子。

把內容組織成有效的順序，必須依據個人的發展與學習階層，也要注重課程內容的實質性結構，最後還是要考量學習者的興趣和需求。針對課程內容的順序，Smith, Stanley, Shores提出四原則：1.從簡單到複雜的學習；2.先備的學習；3.整體到部分的學習；4.時間順序的學習。這四項原則為：

1. **從簡單到複雜的學習**：指的是內容以簡單附屬的元素到元素之間交互關係的複雜元素。它的理論依據是，將容易、具體的內容先呈現給個人，之後再呈現困難的或是抽象的內容就可獲得理想的學習。
2. **先備的學習**：它和部分到整體的學習類似。它的假設是任何一點資訊或是學習，必須在了解其他學習之前掌握。
3. **從整體到部分學習**：此種順序獲得教育心理學普遍的支持。課程應該將內容和經驗先以「概要」的方式提供給學生，然後再針對部分做特定的、深入的學習。
4. **時間順序的學習**：通常歷史、政治科學、世界事件都是以這種方式組織的。課程專家指出這種組織的方式是屬於「世界關聯」的方式，它的內容排列好像是它們眞的出現在眞實世界的時序當中。

（二）持續性（continuity）

持續性是處理課程內容與學習經驗的垂直或是重複的順序。Tyler（1949）指出如果閱讀能力是課程重要的目標，那麼就有必要看見它有讓學生可以持續的練習和發展的機會（pp. 84-85）。意即，相同的能力能夠在一段時間內藉由學習經驗持續的操作。

持續性在Bruner的「螺旋課程」中更能顯見出來，他認為課程應該根據每一種學科基本的觀念彼此間交互關係的方式組織。為了學生能掌握這些基本的觀念和結構，他們應該以螺旋的方式發展，隨著年級的升高，增加其廣度與深度。當課程在發展時，應該再一次檢視這些基本的觀念，確定學生的學習可以掌握全面的機制。螺旋課程的設計可以從目前國中、小「自然科學」的課程安排中，明顯的發現。在自然學科的課程當中，往往從「植物的構造：根、莖、葉、花朵、果實」開始基本的植物觀念，其課程內容的安排即是從植物簡單的、整體的構造開始，進而安排植物的各種構造的複雜細節（葉的細胞構造）、作用（藥用成分）、化學反應（光合作用）等內容，舉凡這些有關植物的內容基本上仍然環繞在植物的基本構造的概念中，只是隨著年級和階段的不同，不斷的持續深化與複雜，但是最後仍然回歸到最原始的「植物的構造」。

三、水平與垂直向度的課程組織

課程設計時同時考慮水平與垂直向度的組織方式，就屬銜接與平衡兩種。

（一）銜接（articulation）

銜接指的是課程各種層面的交互關聯。這種關聯可以是垂直的或是水平的。「垂直銜接」是指課程中的單元、主題，或是科目在整個學程（program）中出現的順序。例如：一位教師設計九年級的幾何課程，其中幾何的概念可以和八年級代數課程的關鍵概念產生關聯。「水平銜接」指的是同時出現的元素間的關聯。當課程設計人員嘗試去發展八年級社會科與八年級國語科的交互關聯時，此即水平的銜接關聯。

不論是水平的或是垂直的銜接，在課程設計時都是很難達成的。學科之間的關聯很難訂定出來，其主要原因爲當課程以個別學科作爲安排時，這些學科並不會考慮它和其他學科之間的關聯性。

（二）平衡（balance）

設計課程時，課程設計者對於課程設計的每一種元素的比重都賦予相當的關注，避免造成課程的扭曲。課程的「平衡」是指學習者在課程中能精熟知識，並且能依據個人的、社會的、智識的目標，將知識內化並且加以運用，意即課程的設計中，課程所提供的「知識」與學習者運用知識的「能力」兩者必須平衡。

課程的平衡設計，學者John Goodlad則另有解釋。所謂課程的平衡是指課程必須在「學習者」與「學科」之間平衡，以及「課程」和「社會」的需求之間的平衡。

第五節　學習經驗的評量

雖然在第三節中曾經探討學習經驗的設計原則，以及可以達成目標的學習經驗是必須具備的特徵，這些原則都是作爲評量學習經驗的效標，就這個意義而言，這些效標也都算是對學習經驗做了一些初步的評量。然而這樣的評量原則只能算是以一般性的效標，對一般性的學習經驗的特徵檢核，無法精確的評量它們對特定的、預期的學習產生何種效果。任何一組的學習經驗都包含著許多的變數，其中包含有學習者的個別差異、學習環境中的情境、教師安排情境的技巧等，這些變數無法保證在學習的單元中所計畫的學習經驗會完全精準的提供給學習者。因此，學習經驗是否能如期的產出如教師所希望的成果，需要更進一步全面的檢核。檢核的目的是找出學習經驗所產出的結果有多少，以及學習經驗計畫的缺點和優點。這樣的檢核有助於檢視整個課程的組織和發展是否具有效度（validity），以及檢核師資和其他條件的效能（effectiveness），如此一來，評量的結果就能顯示課程在哪一個層面是有效的，在哪一個層面是必須改進的。

教育的目標是改變人類的行爲，課程的目標則是以改變學生的行爲爲主要的目的，學習經驗是評量學生預期行爲改變程度的一種歷程。既然學習經驗是評量學生行爲的改變，那麼就必須有兩次以上的評量才能知道學生行爲是否有改變。在課程的早期階段先做一次評量，然後在課程的後期階段再做一次評量就可以了解行爲的變化是什麼。然而，兩次的評量仍然不足，因爲在課程中獲得的目標可能在不久之後很快的被遺忘，爲了要對學習的永久性做某種評量，就必須在課程結束之後的一段時間再做一次評量。這種追蹤式的評量在今天的中小學或大學，都有做畢業生的追蹤調查是一樣的。所以，一次的評量無法顯示行爲的改變，它必須有至少兩次以上的評量，才能看出是否因爲學習經驗的提供而有所改變。長期的行爲改變則是隔開一段時間後再進行評量，才能知道行爲是否已經內化爲學習者的習慣。

Tyler（1949）指出由於評量是要獲得有關行爲改變的證據，唯有適當的評量方法才能提供有效的證據證明行爲的改變。許多人認爲紙筆測驗就足夠提供有關學生的行爲改變，但是有許多目標所涵示的行爲很難用紙筆測驗進行（pp. 107-108）。例如：對於社會科「學生能發展良好的人際關係」的評量，如果使用觀察方式的評量可能更容易、也更有效。訪談、問卷調查可能對學習者的態度、興趣、欣賞等的評量更有效。蒐集學習者的作品也能提供相當有效的證據，證明其行爲的改變。學習經驗的評量方式固然可以用紙筆測驗，但是其他如：觀察、晤談、問卷調查、蒐集作品，也都是評量可以使用的工具。要獲得有關行爲改變的證據的方法有許多種，任何一種可以獲得行爲改變的有效證據的方法都是一種適當的評量。

評量的歷程源自於課程的目標，評量的目的是檢查課程的目標被實現的程度。評量的結果必須能提供目標所涵示的行爲改變的證據，如此一來，才能測知學習者的行爲改變是否有如預期的一樣。如果目標所涵示的「行爲」已經很清楚的被界定，那麼就可以對學習經驗的選擇與計畫提供具體的指引，學習經驗的評量就能說明目標被實現到何種程度，而學習者的哪些行爲應該被關注。如果目標所涵示的「行爲」不清楚，那麼就要找出目標所暗示的「行爲」，否則無法判斷應該關注學習者的哪些行爲，以及它們實現目標的程度。所以，評量歷程的第一個步驟是要先「界定目標」，唯有清楚的目標才能顯示達成目標的行爲，繼而評量提供給學習者的經驗是否能有效的表現出這些預期的目標行爲。

評量歷程的第二個步驟就是找出可以給學習者表現目標行爲機會的情境。爲了要確認學習者已經具有目標所揭示的行爲，唯一能夠證明的辦法就是給學習者有機會去表現。不但要找出能夠表現行爲的情境，還要找出能夠鼓勵和引起這些行爲的情境。此時，評量人員才能有立場去觀察目標究竟實現了多少。有些時候，很容易看到學習者表現預期目標行爲的情境，但是很多時候情境是不屬於這種類型。例如：教師經常習慣性地透過「問題」去刺激學習者表達某些概念，在此種「問題的情境」下就可以引發學習者的反應，其中包含運用相關的知識和能力去處理口語的資料。但是，如果要尋找「學習者能發展個人適應與社會適應」的證據，就應該在學習者與同儕一起遊戲和工作的時候進行觀察。要找尋「興趣」的證據，只有在有自由選擇活動機會之下的情境中獲得。換言之，評量的情境就是可以給學生表現評量行爲的機會的情境。

只有在目標被界定清楚，以及找出給學習者表現期望行爲機會的情境之後，才能檢查現成的評量工具能夠適合評量的目的到什麼程度，這是評量歷程的第三個步驟。抽樣的程度、利用直接引發行爲的情境的程度，以及引發行爲的相關情境的程度，都是檢查現有評量工具的適用性。如果沒有現成的評量工具可以適用的話，就必須自行編制或設計。這些編制或設計的評量工具在使用前須經過試驗，實際的試用在表現行爲的情境中，觀察它能否獲得學習者的反應以證明它可以作爲評量的工具。此外，自製的評量工具也必須注意工具的客觀性與效度的問題。

選擇與決定評量工具之後，蒐集學習者在評量情境中的行爲記錄以便提供事後的評量，其記錄學習者的反應可包含使用觀察者對學習者反應的描述記錄、使用影像或聲音的媒體記錄、觀察者使用檢核表的記錄等。下一個步驟是決定用來概述或評量行爲記錄的「名稱」與「單位」。這些評量行爲的方法必須符應目標的要求，還要關注評量行爲的特質。使用何種概述或測量的方法以便達成評量的主旨，則是使用評量工具或發展工具時重要的問題。

評量在課程發展上的主要功能，是利用評量發現課程的優缺點。評量對教育目標具有澄清的作用，學習者的學習深受評量種類的影響，也影響教師教學的重點。由於評量與課程緊密的統整在一起，俾使課程設計不被忽視，而各種各類的課程目標也因爲評量而受到最大的注意。評量提供給家長有關學校辦學的成就，唯有提供更精確的課程結果才能獲得家長的支持。

參 考 書 目

施良方（2005）。**課程理論**。高雄市：麗文。

郝道猛（1982）。**生態學概論**。臺北市：徐氏基金會。

黃光雄（2007）。**課程發展與設計：理念與實作**。臺北市：師大書苑。

黃政傑（1992）。**課程設計**。臺北市：東華。

劉文全（1990）。**人文科學概論**。高雄市：復文。

劉玉玲（2005）。**課程發展與設計**。臺北市：文京。

Tyler, R. W. (1949). *Basic principles of curriculum and instruction.* Chicago: The University of Chicago Press.

Rogers, C. R. (1983). *Freedom to learn for the 80's*. Columbus, OH: Charles E. Merrill.

Silberman, E. C. (1971). *Crisis in the classroom: The remaking of American education*. New York: Random House.

第六章　課程目標

第一節　目標的層次

第二節　課程目標的形式

第三節　我國的教育目標

教育是使人類有別於其他動物最重要的一項學習歷程與手段，因此教育通常被期望能夠達成預期中的成果，這樣的追求讓教育充滿了目的性。然而，這些目的性在不同的層級當中以不同的方式被表達出來，其中以「宗旨」的表達最是概括性，而最具體的表達形式則是出現在「目標」的層級。Noddings（2007）指出教育目標依照它的概括性，可分成教育宗旨（aims）、目的（goals）與目標（objectives）等三個由上而下的階層。教育宗旨具備最大的概括性，反映了人們、社會、國家對教育的理想，而更重要的是它是用來引導教育目的與目標的建構（p. 9）。Noddings（2007）認爲在建構教育目的與目標時應該檢視教育宗旨，才能做出符應宗旨的各種教育決定，其中也包含對課程選擇的引導。

同樣的，Zais（1976）指出教育目標可分成教育宗旨（aims）、目的（goals）與目標（objectives）等三個階層。Zais認爲教育宗旨與教育目的和目標有關，不但影響課程設計的過程也影響它的傳授。教育宗旨、目的和目標這三者都必須以課程爲中介才能實踐，唯有三者之間具有銜接的關係，課程的編制才可受其引導至明確的方向，讓課程成爲達成教育目的的手段。因此，以下分別以教育目的和目標的概括性爲準則，依序說明教育宗旨、教育目的和教育目標的關係。

第一節　目標的層次

一般而言，教育最高的目標稱爲「教育宗旨」，是用以引導整體教育的方向，因此必須能概括所有的學校教育的目的，也正因爲如此，它通常不具有可觀察性與可評量的性質。換言之，教育宗旨是一種教育的理想、方向，以及哲學的思想，它無法提供特定階段教育的具體成果，也無法決定教育的具體策略。一般而言，「教育宗旨」通常是用來表示國家／社會對其公民的總體要求，是經過對政治、經濟、文化、科學和技術發展的要求，以及依受教育者身心發展的狀況來訂定的。教育目的則是根據國家的教育宗旨，對培養的對象提出的特定要求。教育宗旨和教育目的沒有實質性的差別，只有概括性的程度不同。

一、教育宗旨（aims）

教育宗旨對學校教育提供的是概括性的方向，而教育目的則是與學校的教育成果有關。教育宗旨所針對的是長期的成果，它引導學校也引導社會。換言之，教育宗旨是社會反映人們對受教者的要求，是所有教育工作的起點和最終極的目的，是人們期望教育能產出的生命成果。

教育宗旨除了具有最高的概括性以外，它也具有堅定的穩固性與永久性，由於它牽涉複雜的哲學立場與信仰，所以很少會被輕易的修改。從國家或整個社會的層面來看，教育宗旨是總體性的，並具有高度的概括性，使得它能夠包容各種教育目的、目標、政策，乃至於各級學校與各種學科對教育做出的詮釋。

各國除了自己的教育宗旨外，聯合國教科文組織（the United Nations Educational, Scientific, and Cultural Organization, UNESCO）也揭示全球的教育宗旨，企圖引領各國的教育能夠重視他們的呼籲。例如：UNESCO極力推動的人權教育改革，因此提出下列三個教育宗旨：（Oliva, 2009, p. 147）

1. 增進世人的國際理解。
2. 改善不同國家人民的生活水準。
3. 持續解決因戰爭、疾病、飢餓、失業，而導致人權受迫害的問題。

2020年10月UNESCO再度呼籲推動「生活、工作、終身學習的素養與民主教育」（literacy for life, work, lifelong learning and education for democracy）口號，作爲人權教育的宗旨。

相較於各國的教育宗旨，UNESCO的教育宗旨則是更高廣於各國的教育宗旨，它是以全世界的教育作爲其概括的範圍。從它概括的範疇就可見UNESCO對世界教育的影響有多麼的深遠了。

教育宗旨是從整個社會或國家的視角來審視國家與世界、人與世界的關係，因此它的敘述都是呈現總體性的、高度概括性的，無法具體、行爲性的。然而，爲了能確保教育宗旨能得到實踐，就需要更具體化的教育目的來詮釋教育宗旨。

二、教育目的（goals）

相較於教育宗旨，教育目的所論及的範疇是比較封閉的。教育目的負有對教育的學程，以及提供教師與課程決策者原則性指導的責任，特別是對學習者的學習提及最終結果與期望。

教育目的是根據教育宗旨對於培養的對象提出特定的要求，實質上兩者並無不同，只有概括性的程度不同。

教育目的和教育宗旨，因為都不涉及實質的學校或者學科，所以兩者並無實質的區別，但是前者是後者的具體化結果。教育目的實現主要還是依賴各種學校所設計的課程而達成，但是，如同教育宗旨一樣，教育目的仍然是不涉及具體的學校課程，所以依然無法作為課程設計的依據。

三、教育目標（objectives）

「教育目標」是對各級各類學校的具體培育要求，也是根據「教育目的」和特定學校系統中的學習者提出的特定要求。針對各種不同學校或教育類型之敘述則可視為教育之目標，其概括性則限於特定階段或是學校類型。

各國從哲學作為形塑教育宗旨的基礎開始，透過一系列的轉化歷程，將教育宗旨具體化為教育目的，再到課程目標，彼此之間的關係有如階層般的由上往下發展，如下圖所示：

哲學 ➪ 教育宗旨 ➪ 教育目的 ➪ 教育目標 ➪ 課程目標

目標的論述從最高的概括性逐漸縮小它的範疇，由最抽象的到具體，逐漸明確化課程和教學實現的方向。課程設計者在設計的過程中，應該不斷的向上來回檢視每一個階層具體化的過程中是否有所偏頗或是遺漏了最佳的抉擇。

教育宗旨、目的、目標之間的差異性主要是在它們的概括性範圍的大小，但是學者大多避談前兩者，因爲這兩者在表意上比較含糊，但是後者「目標」這個語詞似乎就可以影射到「評量」的實質方向。由於「宗旨」、「目的」具有語意上的模糊性，它的好處是大家就可依這樣的模糊性來作一番「宗旨」的「論述」，對於教育而言，這種溝通是必要的。因爲教育是一種「背負價值」的行業，所以教育不僅僅是要評量學習成果，更要評量它的所做所爲、它的貢獻，還有原由。就此一觀點，「教育宗旨」就可以反映在「教育目的」上，也可以作爲評量「教育目的」之用。「教育目的」是不是和「教育宗旨」相容？還是各自發展？同樣的，「教育目的」也可以用來評量「教育目標」，如果學習者的學習符合「教育目標」是否也意味著符合「教育目的」呢？這些都是從教育宗旨、目的和目標層層的關係中，可以省察到它們之間的關聯。

四、課程目標（objectives）

課程目標是引導整個課程編制的關鍵準則，然而要確定課程目標就必須確定課程與教育目的的銜接關係，務必讓教育目的之要求能夠體現於課程中。換言之，教育目的之達成，主要是透過學校所設置的課程而實現。因此課程目標的訂定必須先確認教育目的之後才能進行。就其概括性而言，課程目標比教育目的在廣度方面要來得狹小些，其地位僅次於教育目的。

課程目標的訂定有助於課程設計時的具體方向，使各領域的課程不僅能關注學科的內容也能關注到社會的需求，更能提供教師教學的掌握與安排。透過課程目標，讓課程設計有了具體的內容和評量的標準。由於課程目標來自於教育目標的具體化，它牽涉學科、領域的知識、能力和態度的內涵，在具體化的過程中，課程目標得以再回溯到教育目標進行檢視兩者的符應程度。

第二節　課程目標的形式

在教育宗旨、目的與目標的脈絡中孕育出課程的目標，將教育的模糊性（vagueness）帶往更精準與具體的世界裡。「課程目標」將課程的預期成果以特定的語言加以描述，使得課程的對象，如：學生、教師，甚至是外行人，得以溝通有關教育種種行動的意圖。

Hilda Taba認爲「課程目標」有兩個層次：（一）是綜述跨校的課程目標；（二）是單元、學科，或是年級學程特定的課程目標。Robert Zais則把跨校的課程目標視爲課程目的，把特定的更具體的目標歸類爲課程目標。針對前述兩位學者的說法，Baker和Popham認爲這些更具體的課程目標，實際上應該歸到教學目標（instructional objectives）。Mager發現這些更具體的課程目標因爲包含對課程精熟的程度，應該稱爲「表現目標」（performance objectives）。Mager認爲如果課程目標可以陳述得精準，也會增進教學和學習的品質。不論以上各學者對課程目標的稱呼是什麼，課程目標遠比教育目的來得具體，而且在發展過程中從一般的課程目標、單元目標、到教案目標，它的具體性逐漸的增加。因此，它更容易能向課程人員、教師，甚至是學生，或是一般的民眾說明教育行動的意圖、教學的期望和成果。

因爲課程目標的具體化，足以指出課程的成果及學習成果，所以在形成目標之時，應考慮下列六項原則：

（一）適配性（matching）

課程目標是出自教育宗旨與目的，應該要與這兩者有關聯，例如：課程目標是「學生能了解植物的構造」，就與教育目標「學生能利用資訊科技了解人與自然的關係」，顯然就不是非常的相配。

（二）價值性（worth）

許多課程目標太過狹義，其價值也會降低。有些目標，例如：「學生知道臺灣最長的河流是濁水溪」，顯然就不是具有價值性。固然知道這樣的訊息很重要，但是卻無法看出這樣的目標對於學生現階段和未來有著什麼樣的價值。換言之，記住知識的本身其實是沒有太大的價值，它只是需要記憶而已，而且知識也經常改變，並不會永恆的存在著。

（三）措辭用語（wording）

對於把目標作爲引導課程設計的人而言，課程目標是讓他們可以了解最初在創造目標的人的想法，這是目標最有價值的地方。適當的目標用語應該簡要，不要累贅，目標的範圍要清楚與適當。課程目標的範圍應該以全年級或是一般學科的層次與範圍作爲對象來敘寫，而不宜只針對一課或一個活動的方式來敘寫課程目標。

（四）適合性（appropriateness）

並不是所有學習者都可以達成全部的課程目標，有些目標是不適當的，因爲學習者無法表現出他們的能力和技巧；有些目標不適合是因爲它們無法迎合學習者的興趣，或是學習者已經學會列出來的目標。所以，了解學習者的需求和決定學習成果的類型，將有助於訂出適合的課程目標。

（五）合理的歸類（logical grouping）

課程目標常常缺乏一致性的組織，應該要以合理的方式將目標歸類才有意義。這是指要將特定的課程目標和比較一般性的課程目標歸在一起，例如：將特定的課程目標「學生能說出葉的特徵」歸在比較一般性的課程目標「學生認識植物的特徵」之下才是合理的組織，而不是把它歸類在「學生認識植物的資料庫」之下。

（六）定期的修正（periodic revision）

課程目標需要定期的修正，主要的原因是學習者會改變、社會會改變、知識的領域會改變，教學的策略也會改變。教育人員時時要分析課程的目標，看看它們是否還是具有同樣的價值，也許目標所包含的內容讓課程的價值沒有改變，但是只要發現活動或是行爲指導方針不再適合，課程的目標也應該隨之修正。

對於課程目標的探討，可以說是源自於1918年F. Bobbitt（巴比特）所出版的著作《課程》（*The Curriculum*）一書。Bobbitt提出科學化課程的觀點，他認爲在科學的時代要求精確性和具體性，因此課程目標也必須具體化與標準化。Tyler在1949年出版的《課程與教學基本原理》（*Basic*

Principles of Curriculum and Instruction）一書當中，曾呼籲「課程目標的表現形式必須能夠有助於學習經驗的選擇，以及引導教師的教學」（p. 43）。他所謂的課程目標必須以特殊的形式表現：

1. 目標敘述的對象是學習者，而非教師。教育眞正的目的是改變學習者的行爲模式，所以目標需要說明在學習者身上要改變的是什麼，而非教學者。例如：「介紹植物的身體」，像這樣的敘述其實是說明教師要做的事，而不是說明學生學完以後要改變的行爲是什麼。
2. 目標是以一連串的主題、概念、通則，以及學科中的內容作爲敘述的方式是無法令人滿意的。課程目標用這種形式來敘述只是顯示學習者要學習的內容，卻無法指出學生要如何運用這些內容知識在日常生活領域當中。例如：「記敘文、應用文、說明文」，像這樣的敘述只是說明學生要學的文體，可是卻無法說明學生學這些文體要應用在哪裡？
3. 目標以一般性、通則性的方式敘述，就無法指出目標的行爲如何在生活中應用。例如：「學生能夠發展獨立思考的能力」，就是典型的例子。雖然這樣的目標也能夠表示課程對學習者的期望，但是無法明確的指出學習者的行爲要應用在哪一個領域進行思考或是解決哪一種問題。

最理想的目標敘述方式是涵蓋要發展學習者的行爲，以及這樣的行爲應該在哪一些內容或是生活的領域中表現出來。所以目標的敘述必須包含目標的行爲，以及目標的內容層面才能清楚的提供教學的發展方向。最好的目標敘述是清楚到可以提供讓人可以作爲選擇學習經驗的指引，以及設計教學的活動。所以發展目標應該要考慮目標的兩個層面：目標的行爲和內容。

在課程選擇的過程中，所有的人都希望學習是全面性的，意即，學習必須是認知（cognitive）、情意（affective）和技能（psychomotor）均能面面俱到。然而，對於學習的分類最有名的莫過於Benjamin Bloom、David Krathwohl、Anita Harrow等人共同發展的教育的目標分類

（taxonomy of educational objectives）。Bloom等人所創造的目標分類是將所有的教育學習以認知、情意和技能這三個領域，作爲分類的類別：

（一）認知領域（cognitive domain）

Krathwohl（2002）指出Bloom對認知領域的分類，分爲認知的過程（cognitive process）與知識的類型（knowledge categories）兩個面向，其中將認知過程的學習分成六個主要的層次爲：

1. **回憶**（remember）：是指能從長期記憶中檢索知識，包含回想與認出。
2. **了解**（understand）：是指能夠確知以口頭的、書寫的、圖表溝通的教學訊息，包含說明、舉例、分類、摘要、推論、比較、解釋。
3. **應用**（apply）：是指在特定的情況下能實踐或使用某一種程序，包含執行、實踐。
4. **分析**（analyze）：是指將資訊或物質分解成結構的基本元素，並且察覺每一個部分彼此的關係，以及部分與整體的關係，包含區分、組合、歸因。
5. **評鑑**（evaluate）：是指能根據標準或是準則做出判斷，包含檢核、批判。
6. **創造**（create）：是指能將許多元素組合成新穎的、協調的整體或是製作原型的成品，包含產出、計畫、創作。

Bloom的認知領域將知識的類型分爲四大類：

1. **事實的知識**（factual knowledge）：指學生必須知道學科或是解決問題必須了解的知識，包含專門術語、特殊的細節與元素的知識。
2. **概念知識**（conceptual knowledge）：指整體運作的基本元素之間的相互關係，包含分類與類別的知識、原則與通則的知識，以及理論、模式、架構的知識。
3. **程序知識**（procedural knowledge）：指如何做某件事、探究的方法、使用技巧、規則、技術、方法的準則，包含學科專用的技巧與規則的知識、學科專用的技術和方法的知識、決定使用程序標準的知識。

4. **後設認知知識**（metacognitive knowledge）：一般的認知知識，以及覺察自己認知的知識，分爲認知策略的知識、認知任務的知識，含適切的脈絡和情境知識、自我的知識。

在決定課程目標時，許多人持有「知識很重要」的觀念，認爲要求學習者表現高階的能力前，學習者必須擁有許多知識，所以回憶知識變得很重要，因此課程目標大多設定在低層次的認知。但是，Bloom等人將原有的認知層次於2001年以後修正爲以「認知過程」和「知識類別」爲二維的向度，建立任何認知的層次都需要包含知識類型的新觀念（Krathwohl, 2002, p. 212）。Bloom等人所建立的認知目標分類是提供給課程設計的人員在建立課程目標時，能夠將課程目標置於認知的某一個層次上，並且選擇知識的類型，就能有效的展開目標的學習。由於認知的層次與知識的類別在Bloom的知識領域中是二維的向度，因此決定認知的層次也不會忽略對知識的重視，也不再忽略知識的重要性。無論如何，課程目標的選擇原則仍然是高階的思考能力要比低階的回憶重要。

（二）情意領域（affective domain）

情意目標的達成顯然比認知目標要緩慢許多，原因在於認知的技巧可以很快的學習，並且能夠產生立即的效果，例如：透過測驗或評量就可以得知學習者是否達成目標。但是，學習者的興趣、態度、人格等的改變則是需要經過長時間的，而且是要透過特殊的技術，才能看得到。認知目標、學習經驗和評量的發展遠比情意目標來得好，但是在學習上無法避免情意領域的學習成果。例如：「學生能發展對古典音樂的欣賞能力」，或是「學生能對文學產生興趣」等目標，都是學習經驗中重要的成就。因此，情意目標如果能夠定義得清楚就有助於選擇有效的學習經驗，讓學習者朝向預定的方向發展。有系統的評量方法就必須發展，才能提供對學習者的成長程度的了解。Krathwohl等人將情意領域的目標分爲五個層次（Krathwohl, Bloom, & Masia, 1964）。

1. **接受**（receiving）：是指學習者的參與（attending），分爲察覺、

願意接受、控制或選擇注意力。例如：「學生能察覺文化中美的元素，大都是存在服裝、家具與建築中。」

2. **回應**（responding）：是指學習者對於刺激的主動注意，分爲對回應默許、願意回應、回應的滿足。例如：「學生很熱烈的討論有關健身的議題。」

3. **評價**（valuing）：是指學習者對價值的信念與態度，分爲接受價值、偏愛某一種價值、信奉某一種價值（信念）。例如：「學生能評估核能的好處與壞處。」

4. **組織**（organization）：是指學習者內化的價值與信念，分爲概念化價值、組成價值系統。例如：「學習者能批判自己節約能源的行爲。」

5. **價值的性格化**（characterization）：是價值內化的最高層級，指學習者能夠將價值反應在其行爲上，並且成爲生活的哲學與信仰，分爲樹立概念、性格化。例如：「學習者能將道德的原則作爲發展他的個人和公民的生活規律。」

情意目標的評量因爲缺少可以使用的評量工具，而無法確實的衡量學習者態度的成就，但是藉著上述的分類，可以改正它與認知目標之間的不平衡。前述情意目標的分類和舉例多少可以說明在課程目標中如何形成評量的原則，讓情意的評量可以具體化。

（三）技能領域（psychomotor domain）

技能領域比認知領域甚至是情意領域得到更少的關注，很少學者，除了Anita J. Harrow以外，對這個領域投入更多的努力和研究。Harrow將技能領域的目標分成六個層次：

1. **反射動作**（reflex movements）：是指學習者能做出與生俱來的反射動作，分爲脊髓神經反射動作、脊髓區域反射動作的目標。例如：「學習者能收縮腹肌。」

2. **基本動作**（fundamental movements）：是指學習者能夠做出基本，如：走路、跑步、跳躍、伸展、推拉、熟練操作的動作。例如：

「學生能跳過2英尺的跨欄。」

3. **知覺能力**（perceptual abilities）：是指學生能具有肌肉運動知覺、視覺、聽覺、觸覺，以及協調的能力引導其動作。例如：「學生能接住拋來的球。」
4. **身體的能力**（physical abilities）：是指有關身體耐力、體力、韌性、敏捷、動作反應速度、靈巧度等目標。例如：「學生能至少做出20個伏地挺身。」
5. **技巧的動作**（skilled movements）：有關遊戲、運動、舞蹈、藝術等目標。例如：「學生能表演一連串的翻筋斗。」
6. **表達的溝通**（nondiscursive communication）：指有效的使用身體語言，如：手勢、表情，做自我的表達。例如：「學生能用自創的動作配合音樂表演舞蹈。」

從認知、情意到技能三個領域，都是按照階層的難易度逐漸增加，由簡單到複雜，每一個高層目標都必須包含前一階層目標的學習。簡單的說，如果要學生分析某一個議題，那麼他就要具備能應用相關的資訊或知識的能力，更要先了解基本的資訊或知識。如果學習者要能夠表達偏愛某一種價值，更要在注意相關的訊息之後，察覺情況下有所反應。對於學習者要具有技巧性的知覺能力，就必先能夠精熟基本的動作和反射動作。

目標的分類讓課程人員可以容易的將目標做叢集的組織，因此目標的分類是一個非常重要的工具，最理想的狀況是把學習從底層的目標往上提升，而且是三個領域的目標都是必要的學習。在建立課程目標時必須先定位目標的領域及階層，而Bloom等人的目標分類法則是提供了最清楚的目標定義，讓課程人員可以將選擇的目標歸類，然後找出目標所應該包含的較低層次的目標，安排與選擇內容和學習的經驗，也符合Tyler對「行爲」與「內容」是課程目標的兩個最重要的基本元素的觀點。因此，熟悉Bloom等人所創造的目標分類應該是課程人員在建立課程目標時的最佳工具。

第三節　我國的教育目標

我國現行之教育宗旨見於民國18年當時的教育部所頒布的「中華民國教育宗旨及其實施方針」中，這是我國的教育宗旨，用來指導各級學校的教育，因而具有最高的概括性。

> 「中華民國之教育，根據三民主義，以充實人民生活，扶植社會生存，發展國民生計，延續民族生命為目的，務期民族獨立，民權普遍，民生發展，以促進世界大同。」
>
> （民國18年公布）

下列之敘述可視為教育的目的：

> 《中華民國憲法》第一百五十八條，亦明白規定：「教育文化，應發展國民之民族精神、自治精神、國民道德、健全體格、科學及生活智能。」
>
> （民國36年公布）

由於上述的表述將教育之目的訴諸於我國憲法當中，也具有相當廣闊的概括性，但是又不及前述教育宗旨的寬廣，因此將之視為教育目的。

及至民國92年，教育部於九年一貫課程綱要之總綱中，將課程的改革溯源於教育目的，以便能有所據，其述及有關國家之教育目的如下：

> 「教育之目的以培養人民健全人格、民主素養、法治觀念、人文涵養、強健體魄及思考、判斷與創造能力，使其成為具有國家意識與國際視野之現代國民。」
>
> （九年一貫總綱，92年公布，101年修正）

教育目的的敘述一般皆不牽涉特定階段的教育，而教育目標的概括性限縮於特定的階段教育時，便具有教育目標的特性，例如：幼稚教育目標、國民教育目標、大學教育目標等。以「國民教育」爲例，有關國民教育之目標則依照《國民教育法》第一條規定，可視爲教育目標的一種。

> 「國民教育依中華民國憲法第一百五十八條之規定，以養成德、智、體、群、美五育均衡發展之健全國民爲宗旨。」
>
> （民國68年公布，105年修正，《國民教育法》）

以上的敘述是來自《國民教育法》，雖然是使用「宗旨」這樣的語彙，但是它概括的範圍僅止於「國民教育」的階段，因此仍視其爲教育目標的一種。此外，依照《大學法》第一章總則第一條之規定如下：

> 「大學以研究學術，培育人才，提升文化，服務社會，促進國家發展爲宗旨。大學應受學術自由之保障，並在法律規定範圍內，享有自治權。」
>
> （民國104年修正）

以上《大學法》對於大學教育目標的敘述也使用了「宗旨」的語詞，但是依照其概括的範圍限於大學教育，因此仍然將其視爲「教育目標」之類型。

至於我國的課程目標一律由我國教育部訂定，將各領域的課程目標總覽成爲「總體課程目標」，是以該目標爲各領域課程目標發展之前端。我國十二年國民基本教育總體課程目標分爲四大項目：（一）啟發生命潛能；（二）陶養生活知能；（三）促進生涯發展；（四）涵育公民責任。其說明如下（教育部，2014）：

一、啟發生命潛能

啟迪學習的動機，培養好奇心、探索力、思考力、判斷力與行動力，願意以積極的態度、持續的動力進行探索與學習；從而體驗學習的喜悅，增益自我價值感。進而激發更多生命的潛能，達到健康且均衡的全人開展。

二、陶養生活知能

培養基本知能，在生活中能融會各領域所學，統整運用、手腦並用地解決問題；並能適切溝通與表達，重視人際包容、團隊合作、社會互動，以適應社會生活。進而勇於創新，展現科技應用與生活美學的涵養。

三、促進生涯發展

導引適性發展、盡展所長，且學會如何學習，陶冶終身學習的意願與能力，激發持續學習、創新進取的活力，奠定學術研究或專業技術的基礎；並建立「尊嚴勞動」的觀念，淬鍊出面對生涯挑戰與國際競合的勇氣與知能，以適應社會變遷與世界潮流，且願意嘗試引導變遷潮流。

四、涵育公民責任

厚植民主素養、法治觀念、人權理念、道德勇氣、社區／部落意識、國家認同與國際理解，並學會自我負責。進而尊重多元文化與族群差異，追求社會正義；並深化地球公民愛護自然、珍愛生命、惜取資源的關懷心與行動力，積極致力於生態永續、文化發展等生生不息的共好理想。

課程總體目標是跨課程的目標，在我國的課程設計方式尚有各學習領域的課程目標，例如：

國語課程目標：
一、學習國語文知識，運用恰當文字語彙，抒發情感，表達意見。
二、結合國語文與科技資訊，進行跨領域探索，發展自學能力，奠定終身學習的基礎。
三、運用國語文分享經驗、溝通意見，建立良好人際關係，有效處理人生課題。
四、閱讀各類文本，提升理解和思辨的能力，激發創作潛能。
五、欣賞與評析文本，加強審美與感知的素養。
六、經由閱讀，印證現實生活，學習觀察社會，理解並尊重多元文化，增進族群互動。
七、透過國語文學習，認識個人與社群的關係，體會文化傳承與生命意義的開展。
八、藉由國語文學習，關切本土與全球議題，拓展國際視野，培養參與公共事務的熱情與能力。

然而在各領域的目標之下，尚有「學習重點」中的「學習表現」亦是所謂的課程目標：

4-I-1　認識常用國字至少1,000字，使用700字。
4-I-2　利用部件、部首或簡單造字原理，輔助識字。
4-I-3　學習查字典的方法。
4-I-4　養成良好的書寫姿勢，並保持整潔的書寫習慣。
4-I-5　認識基本筆畫、筆順，掌握運筆原則，寫出正確及工整的國字。
4-I-6　能因應需求，感受寫字的溝通功能與樂趣。

（國語　第一階段／識字與寫字／學習表現）

這些國家級的課程目標都需要再進一步轉化爲學校層級的課程目標，就如同Tyler所言，它們都是一般性的目標（general objectives），教師們必須要再分析出更精準的課程目標後才能進行教學。

不論課程目標是所謂的「課程標準」中的教材綱要、「課程綱要」中的能力指標或是「學習重點」中的「學習表現」，這些國家層級的課程目標仍然需要經由教師們合作解讀後，解析成學校層級的課程目標，爾後再行分析爲教學目標，才能爲教室的教學所用。

綜觀我國對教育的目標敘述，頗多時候使用宗旨、目的、目標等語詞，並未考慮它們在整個教育體系中的位階，使得這些用語不夠嚴謹，在文獻中亦是交互使用，所以，Noddings（2007）呼籲應該重視這些用語，並且要擴大討論所謂的教育宗旨、目的、目標，而且要無止境的計畫、分析和反思（p. 15）。

參考書目

任慶儀（2013）。教學設計：理論與實務。臺北市：五南。

教育部（2001）。教學創新：九年一貫課程問題與解答。臺北市：作者。

教育部（2014）。課程綱要：總綱。Retrieved from http://teach.eje.edu.tw/nologin index /index.php。

教育部（2014）。十二年國民基本教育課程綱要：總綱。臺北市：作者。

國家教育院（2014）。核心素養發展手冊。國家教育研究院課程及教學研究中心：核心素養工作圈。臺北市：作者。

Bloom, B. S. (Ed.). (1984). *Taxonomy of educational objectives: The classification of educational goals. Handbook I: Cognitive domain*. New York: Longman.

Dick, W., Carey, L., & Carey, J. O. (2009). *The systematic design of instruction*, 7th ed. London: Pearson.

Gagné, R. M., Briggs, L. J., & Wager, W. W. (1988). *Principles of instructional design*, 3rd. ed. New York: Holt, Rinehart, and Winston.

Krathwohl, D. R. (2002). A revision of Bloom's taxonomy: An overview. *Theory into Practice,* v.*41*(40), pp. 212-248.

Krathwohl, D. R., Bloom, B. S., Masia, B. B. (1964). *Taxonomy of educational objectives: The classification of educational goals. Handbook II: affective domain.* New York: Longman.

Noddings, N. (2007). *Aims, goals, and objectives.* Encounters on Education, v.8, Fall.

Oliva, P. F. (2009). *Developing the curriculum* (7th ed.). Boston: Pearson.

Tyler, R. W. (1949). *Basic principles of curriculum and instruction.* Chicago: The University of Chicago.

UNESCO (2020). https://uil.unesco.org/literacy/literacy-and-education-democracy- essential-milestones-advance-sdgs-during-and-beyond-covid.

Zais, R. S. (1976). *Curriculum principles and foundations.* New York: Thomas Y. Cromwell.

第七章　課程實施

第一節　課程實施的原則

第二節　課程實施的模式

第三節　課程實施的取向

課程實施（curriculum implementation）是指把新課程計畫付諸實踐的過程，或是縮小課程設計與理想之間的差距，是達成課程目標的基本途徑。課程實施的焦點是研究課程計畫在實際運作上發生的情況，以及影響課程實施的各種因素。新課程實施對於舊課程而言其實就是一種改變（changes），這改變讓學校與教師必須做出許多調整，其中包括學校組織的調整、人力需求的變動、教師的信念與價值系統的重構、教學行動策略的改變、課程的內涵本質與學習空間的重新安排與設計等。學界開始注重課程實施的理論與實務，主要是來自過去對課程改革失敗的省思。美國在50年代和60年代產出許多新課程後，研究學者發現大部分的新課程並未能如期的在各地眞正的實施，有的被束之高閣，有的雖然有實施但卻被扭曲了原本的課程本質。直到70年代以後，課程實施的問題才逐漸浮上檯面，引起學者的關注，進而引發許多的觀點與爭論。如何實施課程存在各種不同的想法與實務，以下就課程實施的原則與模式分別說明之。

第一節　課程實施的原則

課程設計完成後，就要按照計畫將課程付諸實踐，讓教育的目的與目標透過課程傳達給學習者，這是課程實施最重要的使命。課程實施在以往許多課程設計過程中往往被忽略，甚至不被認爲是課程設計後的重要階段。Bishop指出新課程的實施需要重新組織與取代原有的課程，爲了實施新課程，必須重新認知與調整既有的課程。是故，原有的個人教學習慣、課程重點、學習空間、課表等都要因應新課程的實施而改變。這樣的改變如果沒有小心謹愼的規劃，課程的實施可能就會面臨來自教師極大的抗拒。由於過去課程改革的失敗經驗，使得課程實施日益受到重視，課程實施不再被認爲只是課程設計完成後的一個步驟，或是一個理所當然的過程；相反的，它是關乎課程成功與失敗的關鍵。Fullan和Pomfret指出課程實施的重要因素包括：時間、設計人員與教師的互動、在職訓練，以及各種人力資源的支持。唯有當教師能夠體認課程改革的目的、本質，以及其所帶來的好處時，課程的改革才能成功。課程實施的原則如下：

一、採用漸進的模式

許多人都不喜歡一成不變的生活，但是卻渴望能有所改變；但是當改變來得太快或太猛讓人無法控制時，人又因爲害怕改變而導致拒絕改變。人雖然期望改革，但是基於人的本性是習慣於現況的，所以會希望用漸進的、小步驟的方式朝向改變，教師亦是如此。相較於其他業界的人員，教師是屬於比較保守的群體，對於改革本身沒有太高的接受力，也無法面對劇烈的改革。究其原因，主要是因爲學校的組織方式是讓教師處在各自獨立的教室中，加上課表分配等因素，使得教師在日常工作中沒有機會與同儕互動，必須自己解決所有發生在教室內的問題，而學校的心態亦是期待教師能自行負責。因此，當教師面對新課程實施時，會把它當作是教室內個人的事，而非全體教師要共同解決的事，心理上會覺得極度的孤單與無力，從而對行政人員或是提倡課程改革者產生敵意，進而抗拒課程的改變。

教師需要「時間」去實施新課程。他們需要時間思考新課程的目的和目標，也需要時間去考慮新的內容和學習經驗，更需要有時間去嘗試新的教學任務。他們需要時間安排符合新課程的教學策略，也需要時間和他們的「同儕」討論或溝通。但是，新課程的實施如果只是要求教師在認知、態度和行爲上做一些漸進式的改變，他們就不會太抗拒改革。

課程的實施通常不是一蹴可幾，教師需要有足夠的時間去試用新課程，而且是一小部分、一小範圍的試用。Loucks和Lieberman發現教師個人在使用新課程的時候，會經歷下列幾個層次：

1. **熟悉的層次**（orientation）：教師對於新課程的資訊進行了解，並採取準備教授新課程的行動。
2. **機械式使用的層次**（mechanical use）：開始使用新課程是機械式的，意即教師會分毫不差的遵守課程指引，而且會以每天爲單位去計畫課程。
3. **例行性使用的層次**（routine use）：習慣性的使用新課程，對於新課程不做任何修正。

4. **修正的層次**（modification）：當教師對於新課程感到相當熟悉時，便開始依照自己的教育哲學對新課程做調整，或者為了更符合學生的需求對新課程開始作修正。

課程要成功實施必須採用漸進的方式，其中的關鍵就是「時間」。換言之，教師必須有足夠的時間對新課程產生信心，而且也要讓教師有時間試用、精熟新的課程。

二、保持溝通的管道

新課程的實施有賴與所有課程相關人員之間，包括教師、校長，以及課程人員，保持開放的溝通管道，讓彼此能夠對話，才不至於讓實施新課程成為突如其來的意外或驚嚇。雖然溝通是非常複雜，但是其最主要目的不外乎是傳達事實、想法、價值、感受或是態度。所以作為一位課程領導者（通常是校長）就必須將有關新課程的資訊，藉由信件、備忘錄、文章、書籍、公告、研究報告或是演講等方式傳達給教師。若新課程與現行課程有重大的差異，就要利用工作坊、會議、示範等方式對教師進行溝通。一方面，課程領導者必須塑造利於溝通的氣氛，讓教師知道溝通的途徑，以及他們的意見是受到重視的。另一方面，也要讓他們知道自己有責任提供任何有關新課程的訊息。

三、密切的合作

所有與課程實施相關的人員必須合作。許多研究發現教師如果主動參與課程的發展與實施，就能夠提高課程實施的成功率。為了成功實施新課程，教師必須全心全意地投入，並且意識到唯有這樣才能夠突顯他們的專業價值。課程人員與教師的合作必須視教師的需求、投入的程度，以及能力，決定教師參與課程發展和實施的時間及方式。

此外，在課程發展的過程中，還有一些人必須參與合作。例如：以學習者爲中心的課程設計，必須納入學生對於測驗或修訂的想法。而有些人則希望將社區的成員尤其是弱勢族群也納入其中，以避免遭受歧視。因此社區人士也是密切合作的對象之一。我國九年一貫的課程實施將社區代表與家長納入課程委員會中，即是一例。

四、提供支援

課程的實施必須花費大量的成本，特別是時間和教材。一般而言，實施新課程通常需要提供教師相關的在職訓練和時間，以便熟悉新課程，願意投入其中。有效的在職訓練能夠提供教師協同學習的機會，以及滿足他們的需求。在職訓練課程中能夠彈性的回應教師或行政人員因課程改變而產生的需求，因爲課程實施前，是無法將面對新課程時所有可能的細節、問題和疑慮，全部於在職訓練中做完整的規劃。然而不可否認的，成功的在職訓練課程是要能夠提供教師和行政人員對於實施新課程所需要的支援。

此外，在課程實施的期間內，應當規劃課程人員與教師公開討論的時間。不論是反對或有疑慮的想法，教師皆可透過與課程人員或專家的討論來對實施的新課程發表意見。如此一來，才能逐漸降低他們對新課程的抗拒心態。

經費是實施新課程另一項非常重要的支援。實施新課程之初，政府通常會提供經費給學校，隨著時間過去，當經費停撥之後，新課程也就戛然而止。因此學校有必要將實施新課程所需的相關經費納入正式的支出，用以支持新課程的持續推行。

雖然經費的支援很重要，但是給予教師足夠的人性支持（human support）也是實施新課程所需要的另一種重要而不可或缺的支援。傾聽、讚美、協助、溝通、認可教師的教學策略，強化他們的優點等都是必要的支持行動。行政人員和教師之間必須相互信任，而校長則是課程改革與實施的關鍵人物。校長要如何提供所謂的人性支持尚無定論，但一位成功的校長必須對新課程具有豐富的知識並能親身投入課程的實施。一方面扮演鼓勵新課程的角色，另一方面則是扮演「課程領導者」的角色。

教師與同儕之間的「協同學習」則是另類的人性支持。太多教師將所有時間都花費在教室或他們的學生身上，以至於鮮少有機會與其他教師溝通。實施新課程時，教師也很難從其他同事或督導人員獲得協助而必須單打獨鬥。課程的實施需要教師們的協同與情感的努力，同儕的支持在這一方面更顯得重要。讓教師有機會和同儕合作，分享想法、共同解決問題、相互創造新的教材，皆有助於課程的實施。

第二節　課程實施的模式

課程實施的過程中存在各種不同的做法，使得參與課程實施的人員在不同的情境中面臨內心的衝突與焦慮。除了教師個人在實施新課程時可能會歷經前述的四個階段以外，其實學校整體的組織在面臨新課程時，也會遇到各種不同的障礙與抗拒。那麼，身爲一位校長也是一位課程領導者，如何引導全校的教師與行政人員共同克服困境，則是一項非常艱難的任務。實施課程的改革是無法避免遭受教師的抗拒，如何克服各種阻力、有效的實施新課程，則有賴各種實施模式的理論與假設。以下即是對於六種課程實施的模式：關注本位的採用模式（CBAM模式）、克服抗拒改革模式（ORC模式）、超越障礙的領導模式（LOC模式）、連結模式（linkage模式）、組織發展模式（OD模式）、蘭德改革代表模式（Rand模式），以下分別加以說明：

一、關注本位的採用模式（concerns-based adoption model，簡稱CBAM模式）

CBAM模式由Hall和Loucks所發展的課程實施模式。CBAM模式對於教師投入新課程實施的歷程是基於這些假設：(1)教師實施新課程時所產生的改革，應是一種過程而不是一個事件；(2)改革的過程是教師個人的經驗，每一個人都以自己獨特的方式體驗改革；(3)成功的改革需要每位教師在教室內做實質的改變；(4)學校尚未改革前，教師必須先行改革；(5)教師的改革是一個發展的過程，個人的知識和能力，以及對改革的感受，在不同階段中都有不一樣的成長與發展。CBAM模式中包含三個元素：憂慮的階段（stages of concern）、使用的層次（levels of use），以及創新的形貌（innovation configuration）。說明如下：

（一）憂慮的階段

是指教師對於新課程改革的知覺、感受和態度。教師對新課程「憂慮」會經歷七個層次，如圖7-1。

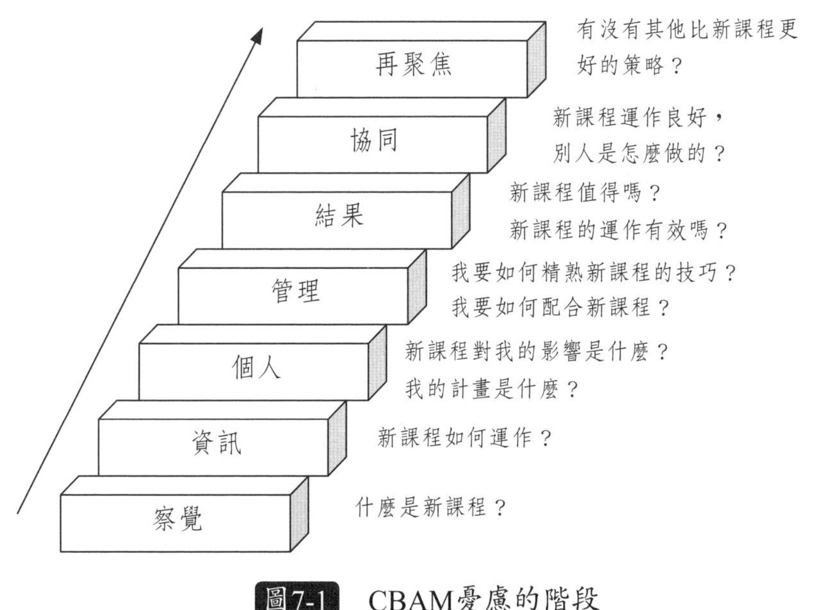

圖7-1　CBAM憂慮的階段

1. **開始察覺**（awareness）：對新課程所產生的憂慮是很低的，很少憂慮新課程或參與新課程。
2. **對資訊的憂慮**（informational）：對新課程只有一般性的認識，但是開始有興趣想多做一些了解。個人似乎不擔心新課程與自己的關係，只憂慮新課程本身的特徵、產生的影響，以及使用新課程的要求等。

3. **對個人本身的憂慮**（personal）：個人尚未確定新課程對自己的要求，也無法確定自己能否應付這些要求，更無法確定自己在實施新課程時所扮演的角色，其中的問題尚包括：新課程的回報、需要作出的決策、新課程與現存學校結構的衝突、新課程與自己現在需要承擔的責任之間的矛盾、新課程對自己及同事之意涵等。
4. **對管理的憂慮**（management）：憂慮落實新課程的歷程和工作，以及使用資訊和資源之最佳方法。特別憂慮實施新課程的效率、組織、管理、時間表和所需要的時間。
5. **對結果的憂慮**（consequence）：憂慮實施新課程對學生的影響。焦點放在如何改進新課程的適切性、學生成績的評鑑，以及提升學生學習的成果，以便讓新課程更具有影響力。
6. **對協同的憂慮**（collaboration）：憂慮在實施新課程時，自己如何與其他人士協調和合作。
7. **再聚焦**（refocusing）：探討個人對新課程產出新的想法可以讓新課程有更多的優點，其中包括個人探討大幅度改變新課程的可能性或由另一新課程取代的可行性，個人對其他新方案具有明確的想法。

簡言之，教師在實施改革的時候，起初只會低度的憂慮新課程，隨著實施的進程就會接著開始憂慮自己個人與新課程之間的關係，然後把憂慮聚焦在工作任務方面，最後則憂慮新課程對學生的影響。

（二）使用的層次

指實施課程的層次，每個層次各有不同的行爲特徵，而教師的使用層次最低限度要達到「例行化」，才可以算已實施新課程。使用的程度分爲八個層次，以下加以說明之：

1. **未使用**（nonuse）：使用者對於課程改革缺乏了解，或了解的程度很少，並未參與課程改革的工作，也未準備開始參與。
2. **熟悉**（orientation）：使用者已獲取或正在獲取課程改革的資料，並且開始探討或正在探討課程改革的價值，以及其對使用者的要求。

3. **準備**（preparation）：使用者心中已經存有計畫要開始使用新課程。

4. **機械地使用**（mechanical use）：使用者致力於課程革新的短期使用或日常使用，但是缺乏反省的時間。使用新課程旨在符合作爲一位課程革新者的需求，而非學生的需求。使用新課程的人基本上所試圖熟練新課程的工作，是應改革的課程所要求的，因此新課程的使用通常是膚淺且不連貫的。

5. **例行化**（routine）：在使用過程中，使用新課程已經成爲一種習慣，如有改變則僅是少數。很少考慮及改變課程革新方案的修訂及革新的效果。

6. **精緻化**（refinement）：使用者依據短期或長期的結果，進行修訂課程革新的方案，以增進革新的即時效果。

7. **統整**（integration）：使用者結合自己和同事在課程革新上的努力，在共同影響的範圍內，給予學生整體的影響。

8. **更新**（renewal）：使用者再評鑑課程革新方案的品質，尋找目前革新的變通方案或大幅修正方案，以增進其對學生的影響，檢視領域內的新發展，探索自己及整個學校系統的新目標。

（三）創新的樣貌

是指教師實施課程時眞實運作的形式。課程實施的目的是期望新課程能取代舊課程，透過教師對於使用新課程的情形，例如：使用新課程教材的情況（完全使用、部分使用、完全不使用）、課程目標教授的情況（依照新課程的目標，還是教授其他的目標）、使用測驗的情況（使用新課程建議的測驗，或是教師自行編製的測驗……）等，評估教師實施新課程的實際狀況。

CBAM模式關注教師在課程實施歷程中的態度、行爲上的改變，透過教室中教師對新課程實質的運作形式，了解並評鑑教師實施課程的程度。換言之，教師實施新課程會從情意到行動，最後總結新課程在教室層級中眞正的運作和調適。

二、克服抗拒改革模式（overcoming resistance to change model，簡稱ORC模式）

N. Gross指出ORC模式是假設任何組織機構要實施改革，其成功或失敗的關鍵在於引進改革之前或當下，組織機構的領導人是否發揮足夠的能力去克服工作人員對改革的抗拒。如果將ORC模式應用到學校的課程實施時，其首要的工作就是要克服教師對課程改革的抗拒，而其中最重要的策略之一就是平衡學校行政人員和教師之間的權力。所有的課程領導者都要能夠接受其下屬對於課程改革抱持負面的傾向，以及產生抗拒的情況。要避免教師對課程改革的抗拒，則需在新課程開始起草及發展時，讓教師參與其中，並允許他們參與有關課程改革的決策。如此一來，教師會將課程的實施認爲是自己自願的，對新課程會抱持著擁護的心態，因而投入新課程的實施。使用ORC模式，課程領導人必須強化教師對新課程的認同，並且處理教師對新課程的疑慮。

Hall和Loucks指出教師對課程改革的關注，或者是疑慮，可分成四個發展階段：

（一）無憂慮期（unrelated concerns）

教師沒有察覺他們自己和課程改革之間有任何關係。雖然教師知道學校在發展新的課程，但並未察覺新課程會對自己有任何影響，因而不會抗拒課程的改革，也沒有疑慮。

（二）個人憂慮期（personal concerns）

教師開始關心新課程，會比較新課程和現行課程及新課程和自己目前的教學有何不同。教師開始察覺必須參與新課程的改革，或開始分析自己能把新課程教到何種程度？

（三）任務相關的憂慮期（task-related concerns）

教師開始憂慮如何在教室內實施新課程？需要多少時間？有無足夠的教材？最好的教學策略是什麼？

（四）影響相關的憂慮期（impact-related concerns）

此時期教師關心的是課程的創新或改革如何影響學校？新課程如何影響學生、其他教師或是社區？對自己的教學有什麼影響？

然而面對教師對課程改革的疑慮與關注，ORC模式建議課程領導人可以解決這些疑慮的方式包括下列的作為：

（一）告知全校人員有關新課程的訊息，鼓勵教師在課程改革初期就參與課程決策。

（二）集合學校人員來分享他們的疑慮，或利用問卷調查教師們的疑慮。

（三）針對教師各種的疑慮採取適當的策略給予回應，唯有消除教師對新課程的疑慮，課程才能真正按照原始的目的開始實施。

三、超越障礙的領導模式（leadership-obstacle course model，簡稱LOC模式）

LOC模式是從前述ORC模式所延伸出來的另一種模式。LOC模式認為教師對於課程的抗拒是有問題的，必須蒐集資料來檢視抗拒的程度和本質，其目的是讓課程領導者可以有效的消除課程改革的障礙，以便提出適當的策略因應之。課程實施的期間，課程領導人必須完成下列五個階段的任務，就足以消弭教師對改革的抗拒。

（一）學校機構的成員必須非常了解課程的改革。

（二）學校內的個人必須具備執行課程改革所需的技巧與能力。

（三）提供課程改革所必須的教材與設備。

（四）學校必須調整空間、課表，以便與課程改革相容。

（五）鼓勵參與課程改革的人員花費時間與努力讓改革成功。

LOC模式認為課程領導者不僅要負責克服改革的抗拒，且也要擔任唯一有權力改變學校現有組織的角色，更是唯一能夠提供獎賞的人。毫無疑問的，LOC模式認為學校的管理階層不是僅負責克服教師對改革的抗拒，而是進一步建立執行課程實施或者課程維持任務所必須的情境。

四、連結模式（linkage model，linkage模式）

Linkage模式是由R. Havelock所創，Linkage模式中包含兩大系統：（一）改革人員系統；（二）資源系統。Linkage模式企圖將課程改革人員系統與課程改革所需的資源系統（甚至超過一個以上的資源系統），以和諧的方式結合在一起。Linkage模式認為教育改革的起始點，往往來自學校內部因為產生問題而需要去解決。因此，當學校或教師要尋求解決的辦法時，就會需要透過資源系統，獲得解決問題的資訊，這些資訊往往包括改革的知識或是辦法。Linkage模式強調若學校教師能夠與有效的資源系統結合的話，將有助於解決課程改革的問題與新課程的實施。

依據Linkage模式，課程改革人員的系統指出學校內部人員在解決問題時，會經歷以下六個階段：

1. 感受到改革的需求（need felt）。
2. 診斷問題（diagnosis）。
3. 搜尋可能的解決辦法（search）。
4. 檢索資料（retrieval）。
5. 建構解決的辦法（fabrication of solution）。
6. 應用解決的辦法（application）。

如圖7-2（右）所示，此六個階段不斷的重複與循環，形成學校內部解決問題的人員系統。

Linkage模式的另一個重要的系統是「資源系統」，這個系統主要的目的是提供改革人員搜尋可能的解決辦法或知識等訊息。意即資源系統是提供學校與教師所需的課程知識、套裝的教材或解決的辦法；而改革人員則針對資源系統所提供的解決辦法，進行相關資料的檢索，以決定最佳的解決辦法，解決課程實施的問題。最後學校與教師對資源系統所提供的解決辦法再反饋給資源系統，以證實資源系統所提供的資源，不論是知

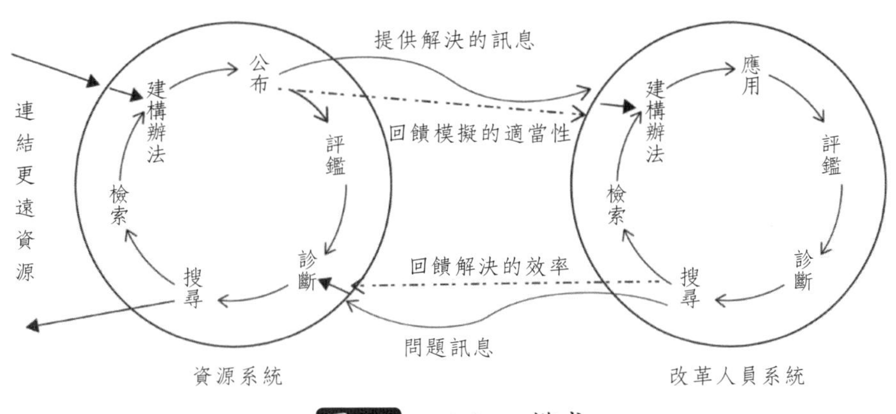

圖7-2　Linkage模式

識、教材或是解決辦法，是適當且有效的。

爲達此目的，資源系統必須對教師個人的問題有清晰的描繪，並且推廣可能的解決辦法。因此，資源系統對於解決學校或教師課程實施的問題，必須經過六個階段，才能證實它所提供的解決辦法是有效的，此六個階段包括：診斷（diagnosis）、搜尋（search）、檢索（retrieval）、建構解決辦法（formulation of solution）、公布測試（dissemination test）和評鑑（evaluation）。此六個階段形成一個不斷循環的資源系統，如圖7-2（左）所示。

換句話說，資源系統本身接收到學校與教師的問題訊息，必須經過診斷（diagnosis）、搜尋可能的解決辦法（search）、檢索相關資料（retrieval）、形成辦法（formulation of solution）、公布測試（dissemination test）的階段，將知識或解決辦法提供給學校與教師之後，再由學校與教師將解決辦法的效益反饋給資源系統，作爲資源系統評估（evaluation）解決辦法效益的證據。

Linkage模式是以知識的轉移作爲主要基礎，亦即教師面對課程改革的問題，透過資源系統尋求並掌握相關的知識，能有助於實施新課程。因此如何提供學校與教師在實施課程改革時所需要的知識、教材或是解決辦法，成爲學校內部向外界尋求資源時最重要的一環。

學校使用這個模式，主要是透過問題的診斷、搜尋、檢索資料等階段，能將知識移轉到全校的教職員，讓他們察覺自己和改革之間的關聯性，因為獲得資源系統的協助，使他們能夠有自信、有能力的進行改革與實施新課程。由於新課程知識的移轉必須依賴資源系統的提供，是故改革人員系統和資源系統兩相結合，將使課程的改革能有效解決學校的問題。站在Linkage模式的立場，充分而有效的資源系統能夠提供學校與教師有效的知識和解決辦法，是新課程實施重要的條件。

五、組織發展模式（organizational development model，簡稱OD模式）

OD模式是Schmuck和Miles建議實施課程改革時所採取的方式，是一種處理改革訊息的策略，它強調若教育的改革要成功，學校組織內的成員必須負起發展自己的責任。Schmuck和Miles將60年代和70年代美國許多的教育改革失敗歸咎於大多數的人把改革視為理性的過程；意即只要設計好新課程，推廣給學校實施，教育改革就會成功。Schmuck和Miles認為這種太過注重改革與推廣技術層面（technical aspects）的作法，是導致許多教育改革失敗的主因，他們認為唯有將教育改革視為學校生存與維持所必需的自我更新（self-renewal）與適應環境，才能對改革有正確的認知。

由於學校是結構很鬆散的組織，學校主管對於教師在教室中如何實施新課程根本無法控管，也很難要求教師真正落實新課程的實施，導致屢次教育的改革都以失敗收場。Schmuck和Miles認為學校應該強調實施新課程對於學校是一種自我更新和適應環境的必要行動。

學校需要自我更新，就必須改變學校成員的認知、態度與價值。是故，學校必須注重內部成員的學習。雖然就官僚主義的觀點而言，學校是許多個體或數個不同的功能小群體，為了達成某些目的或目標而組成的；但如果從另一種觀點看學校，它則是學校成員的「關係系統」（system of relations）。如果學校能塑造某些影響學校成員的情境，讓他們透過校內的「關係系統」，改變整體成員對改革的看法及參與課程實施的方式，對於課程的實施將會有莫大的助益。OD模式特別強調學校要鼓勵教師形成群組，信任彼此的關係，進行協同學習（collaborate learning），並自行解決群組中的問題。

另有哈佛大學的組織發展（organization development）專家Argyris提出學校學習的概念，主張學校的學習必須以「群組」的方式進行溝通與訓練解決問題的能力，才能增進成員之間相互的影響及增強學校運作的功能。Argyris將組織學習的方式分成「單迴路」（single-loop）與「雙迴路」（double-loop）兩種方式，如圖7-3。「單迴路」的學習是指組織中的個體將行動策略與結果連結在一起，如果行動的結果不如預期，個體就會觀察這些結果，自動的接受回饋，採取不同的方法再試。一般而言，學校情境的學習大都屬於「單迴路」的學習。例如：當教師注意到學生的學習能力有所不足時，便採取行動的策略，企圖透過改革的方案去改正學生在能力上的缺失，以達成新課程的目標。在此過程中，教師會依照學生的學習成果，檢視自己所採取的教學策略，如果策略的行動沒有效，就不斷地採用不同的教學策略直到它們符合課程的目標或沒有策略可用爲止。此種學習方式是教師從自己的經驗中學到的，亦即教師觀察學生學習的結果，採用不同的教學策略，直到滿意的結果出現，這就是一種「單迴路」的學習。大多數的情況下，此種「單迴路」的經驗學習對教師是足夠的。換句話說，教師通常不會去深究「爲什麼」學生的能力不足，更不會懷疑新課程的目標是否適合於現在的時機。

但是，當所有的教學策略用完而新課程目標仍無法達成時，會促使教師重新衡量或重新架構更深層影響行爲表現的「控制變數」（governing variables）。這些行爲表現的「控制變數」包含重新評估和重新建構目標、價值與信念。換言之，教師開始探究這些行動結果的意義是什麼？爲什麼要採取這樣的策略？新課程對自己和學生、社區具有什麼意義？此種探究的學習包含教師推理的過程及了解跨文化（學生、社區、家長的文化背景）的部分，屬於「雙迴路」的學習。而爲獲得期望的結果，教師必須修改、調適一部分的「控制變數」，以便能形塑新的態度與價值觀去開創新的策略與方法。

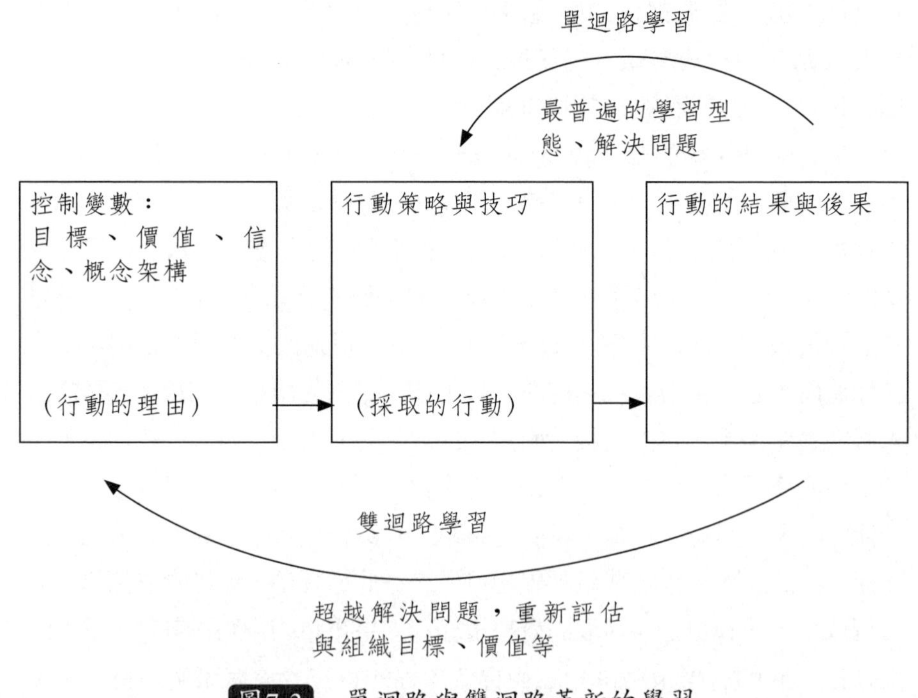

圖7-3 單迴路與雙迴路革新的學習

Blake和Mouton（1979）提出應用OD模式到教育領域時，學校與教師必須具備的原則如下：（pp. 55-64）

1. 改革必須以組織作為單位，而這個組織本身必須是自治的，而且是為自己負責的；實施OD的單位中，必須有能夠設定改革新方向的權威人士。
2. 最高層的領導人必須主動參與改革的決策。
3. 整個組織的人性系統必須包含在內。
4. 負責掌管改革的人，必須有機會學習紮實的領導行為與概念。

以OD模式作為課程實施的方法時，必須確認學校主要的部門或單位，連結的學程、角色、標準、程序必須清楚。學校必須視為改革實施的整體系統，任何的行動都會影響到整個學校。綜觀OD系統，真正的改革必須能從改革者的態度與信念開始改變，或者說重新定義或架構其價值與概念，改革才能落實。課程的改革不僅僅是教師改變教學策略而已，更深層的意義是能改變教師的信念與價值。

六、蘭德改革代表模式（Rand change agent model，簡稱Rand模式）

Rand模式是由美國智庫「蘭德公司」（the Rand Corporation）所創。他們認爲改革的主要障礙是學校決定採取新的課程之後學校內部的互動（dynamics）。研究人員根據他們的調查結果得出結論：在學校決定採納新課程計畫之後，課程改革的主要障礙存在於學校的組織動員之中，其主要原因是學校的教師已經習慣原來的課程作法，很難再接受新的課程。Rand模式認爲改革有三個階段：(1)開始的階段；(2)實施的階段；(3)合併的階段。在改革開始的階段，改革的領導人必須保證會充分的支持改革。他們不僅要了解改革也要應允改革是合法的，同時對所有參與的個人都給予支持。因此，課程的領導人或是代表必須告知所有的教師有關改革的必要性及這些改革可能發生的方式。如果課程改革在第一階段就獲得學校人員的支持，那麼就能進入第二個實施的階段。在實施的階段中，學校的組織架構、教師與行政人員的能力、社群的本質於是開始進行修改以適應新的課程。到了第三個合併的階段，新課程的改革變成既定課程的一部分，提供新課程所需的人員、經費，而讓新課程能持續的進行。在此階段，在職訓練、後續的活動對於新課程的持續實施是必須的。

Rand模式認爲新課程能成功的實施，尚包含課程改革的特性、教學和行政人員的能力、社區環境、學校組織結構等因素。Rand模式主要是強調成功的課程改革實施需要專業人員與非專業人員共同參與，並且對學校內部的互動給予高度的重視。

新課程的實施是對於舊課程的一種改革。改革的過程難免遇到一些阻力，如何克服阻力，有效的實施新課程的計畫，上述幾種模式可提供給學校、校長與教師作爲消弭課程抗拒的參考。唯有將課程計畫付諸行動，基層教師願意投入改革計畫，認可改革，課程的革新才可能有成功的機會。

第三節　課程實施的取向

過去的課程改革都將焦點置於宣傳課程改革的計畫，以及它帶來的好處與如何評定新課程。對於課程實施的過程和實際發生的狀況，卻沒有受到應有的重視。然而，課程專家認爲新課程設計好，交給學校和教師去執行，他們就會按照課程的計畫去執行，然後獲得預期中的效果。但事實上綜觀美國在60、70年代發展許多新的課程最終以失敗收場，就是新課程實施的過程中發生問題或困難。有些課程改革失敗並非因爲課程計畫本身有問題或教學過程有缺失，而是學校組織或制度的問題。因此，對於課程實施過程中作法進行探究，能讓課程設計人員了解新課程何以失敗，引起問題的主要癥結爲何。

課程實施的本質是使舊有的課程轉向新的課程，但是如何實施課程卻有不同的做法。黃政傑（1991）歸納課程實施的兩種觀點，分別爲：(1)忠實觀；(2)相互調適觀。而Fullan、Pomfret和Leithwood（1977）根據對美國課程改革的實際狀況的觀察，將課程實施的取向分爲三種類型：(1)漸進決策的取向（muddling through）；(2)適應或改編的取向（adaption）；(3)忠實或精確的取向（fidelity）（pp. 335-397）。以下分別說明之：

一、漸進決策的取向（muddling through）

Charles E. Lindblom（林德布魯姆）以漸進主義理論（incrementalism）爲基礎，提出一種決策過程的方式，稱爲「漸進決策」，60年代後被廣泛地應用在企業的策略，至今仍是企業戰略上的主要理論之一。他主張企業在經營策略的決策過程中，應該採用緩慢而慎重的步伐前進，避免企業過度的躁進而造成倒閉。因此在課程實施中採用漸進策略，無疑是對課程的實施採取最保守的做法。意即實施新課程時先對新課程所有選項予以評估，然後在舊課程的基礎上逐步、小幅度的增加和補充，是一種務實的做法。大部分的情況下，採取漸進決策方式者會視課程的改革是一種演進的變化，而非大幅度的革命。

（二）適應或改編的取向（adaption）

適應取向的課程實施是指課程實施過程中任何對新課程的調整，都是由課程人員和教師雙方共同爲之。換言之，課程人員和教師之間存在著協商與彈性的部分，所以Fullan直指：「改革是一個過程，而不是一個事件」。

課程實施的程序應該讓教師自己決定，因爲他們是對實際狀況最了解的人，也最能夠找出最適當的方法實施。課程計畫與具體實施之間，具有三種的做法：(1)教師基本上依照課程計畫實施，只進行局部更動，稱爲局部適應；(2)相互適應是指課程人員和教師各自做一些改變，讓雙方都能彈性的適應新課程的狀況；(3)如果教師按自己的想法修改課程計畫並不考慮課程設計人員的意圖，則稱爲全面修正。總而言之，此種取向強調課程的實施不是單向的傳播、接受，而是雙向相互影響改變的過程，是一種相互調適的過程。

（三）忠實或精確的取向（fidelity）

根據Fullan和Pomfret在1977年所做的研究顯示，忠實取向是課程實施最普遍的觀點，雖是最複雜但卻是最清楚明瞭的課程實施概念。Snyder、Bolin、Zumwalt（1992）綜合忠實取向的課程實施研究後，總結出忠實取向的課程實施的假設爲：(1)課程是由教室以外的專家所發展的；(2)教師以線性的過程實施專家所發展的課程；(3)課程的評鑑主要視課程預定的目標是否達成。

所謂忠實或精確的取向是指教師所實施的課程計畫，其符合課程設計人員意圖的情形。實施的課程改革愈接近原來的課程計畫則愈忠實，課程實施的程度也就愈高。忠實取向的課程實施其主要的做法是要求教師能「忠實的」執行課程計畫人員所建立的程序、要求，甚至是學生的反應。雖然教師可依自己的情況做些微的變動，但基本上仍以原來的計畫為實施的重點。教師以此種取向實施新課程時，通常需要改變自己的行為以符合改革所要求的行為模式，學校也必須改變或調整組織，以符合新課程的目的。

教師在教室中的課程實施行為攸關課程改革的成功與失敗。過去對於課程改革的實際行動未能受到重視，因此無法了解課程改革失敗是因為改革本身的問題，例如：課程發展的程序、課程的目標等或是實施的問題。愈來愈多的研究顯示，執行課程的方式可能是影響課程改革成功與否最關鍵的因素。教師採取漸進策略的方式實施課程，在舊課程中逐步進行修改，然後根據評估再修正。此種做法往往被批評為是一種得過且過、且戰且走的心態；而使用忠實取向的方式實施課程，教師必須依照新課程的教材進行教學，對於新課程的規定，如何講授內容或者學生需要做出何種反應等，幾乎沒有任何更改的餘地。教師的專業技能因此喪失，也失去對工作的主導權，易引起教師的倦怠感，產生負面的影響（施良方，2005）。然而事實上專家們也發現，教師的行為表現符合課程設計的精神者非常的低，因為根據Gross的研究顯示大約只有16%的教師行為符合改革的要求。因此美國智庫（德蘭計畫）建議大部分的改革是需要實施者（教師）建立自己的運用方式，將實施看作是相互調適的過程，才是改革課程的本質（黃政傑，1991）。

參考書目

方德隆（譯）（2004）。課程基礎理論。（原作者：Orstein, A. C. & Hunkins, F. P., *Curriculum: Foundations, principles, and issues*）。臺北市：臺灣培生教育。

施良方（2005）。課程理論。高雄市：麗文文化。

張善培（1998）。課程實施程度的測量。教育學報，**26**(1)。取自http://www.fed.cuhk.edu.hk/～hkier/jecc/jecc9905/jecc990504.htm

黃政傑（1991）。課程設計。臺北市：東華。

Argyris C. (2013). Theories of action, double-loop learning and organizational learning. Retrieved from http://infed.org/mobi/chris-argyris-theories-of-action-double-loop-learning-and-organizational-learning/.

Blake, R. R., & Mouton, J. S. (1979). OD technology for the future. *Training and Development Journal*, November, 1979.

Emesini, N. O., Ogah, M. E. U., & Eze, S. O. (2013). Curriculum change models and their suitability in the Nigerian educational system. *International Researcher, 2*(3), 41-48.

Fullan, M., & Pomfret, A. (1977). Research on curriculum and instruction implementation. *Review of Educational Research, 47*(1), 335-397.

Gundy, M. S., & Berger, M. J. (2016). Towards a model supporting educational change. *International Journal of Information and Education Technology, 6*(3), 232-236.

Hall, G. E., & Hord, S. M. (1987). *Change in schools: Facilitating the process*. Albany, NY: State University of New York Press.

Havelock, R. G. (1973). *The change agent's guide to innomvation in education.* Englewood Cliffs, NJ: Educational Technology.

Lindblom, C. E. (1984). *The policy-making process* (2nd edition). Englewood Cliffs, NJ: Prentice-Hall.

Loucks-Horsley, S. (1996). *Professional development for science education: A critical and immediate challenge.* In R. Bybee (Ed.), National standards & the science curriculum. Dubuque, Iowa: Kendall/Hunt.

Ornstein, A. C., & Hunkins, F. P. (1988). *Curriculum: Foundations, principles, and issues.* Englewood Cliffs, NJ: Prentice Hall.

Pinar, W. F., Reynolds, W. M., Slattery, P., and Taubman, P. M. (2008). *Understanding curriculum: An introduction to the study of historical and contemporary curriculum discourses.* New York: Peter Lang.

Schmuck, R. S., & Miles, M. (Ed.). (1971). *Organizational development in schools.* Palo Alto, CA: Mayfield.

Snyder, J., Bolin, F., & Zumwalt, K. (1992). Curriculum implementation. In W. P. Jakson (Ed.), *Handbook of research on curriculum*, New York: Macmillan.

Thomas, D. (2014). *Implementation model: Overcoming-resistance-to-change.* Retrieved from https://educationalresearchtechniques.wordpress.com.

第八章　課程評鑑

第一節　評鑑的類型

第二節　評鑑的模式

第三節　我國之課程評鑑實務

課程評鑑是對課程或是課程方案持續的蒐集資料，以便確認課程的價值，並作爲維持、調整或捨棄課程的決定。課程評鑑是讓公眾了解課程的實施是否達到其應有的目的與目標；讓教師知道他們在教室內的作爲是否有效；讓課程發展和設計人員明瞭如何改進課程。課程評鑑的領域裡對評鑑的目的或是評鑑的方法，存在著許多不同的觀點。就人本主義而言，量化的成果評鑑對於學習機會的品質而言是不夠充分的。他們認爲應該要評鑑更高的心靈作用、自我的知識等；然而，科技主義者則認爲評鑑可作爲教育的指導方針，讓課程人員對於課程設計中「教什麼」和「如何教」提出更明確的理由。

對於課程評鑑，Stufflebeam、Oliva、Ornstein和Hunkins等人不約而同地將課程評鑑定義爲「描述、獲得、提供有用的資訊，藉以判斷課程決定的選擇。」而課程決定的選擇有三種：(1)維持課程；(2)修訂課程；(3)刪除課程。

第一節　評鑑的類型

課程評鑑可依照評鑑的作用、評鑑與目標的關係、人員、標準，以及資料性質等分成不同的類型。以下分別說明之。

一、依照評鑑作用的分類

課程評鑑依照評鑑的作用可分成：形成性評鑑（formative evaluation）與總結性評鑑（summative evaluation）。形成性評鑑實施的時機是在課程設計的過程中，透過試用的方式蒐集有關課程的難易度、正確性等資料，藉以對課程進行改進或修正。評鑑的對象主要是使用課程教材的學生、內容專家。形成性評鑑的實施則分爲三階段：

（一）一對一評鑑（one-to-one evaluation）

試教新課程之後，以個別學生爲評鑑對象進行評鑑。評鑑課程的內容或教材是否清晰、正確？達成課程目標對於學生的態度與成就有何影響？教授課程內容的時間是否足夠？

（二）小組評鑑（small-group evaluation）

依據前述「一對一評鑑」的結果修正新課程後，再進行試教。然後，針對8-20個學生進行評鑑，目的是確認於一對一評鑑中所修正的課程內容，是否還有其他問題？

（三）實地評鑑（field trial）

依據前述「小組評鑑」的結果修正新課程後，再進行試教。再針對大約30位學生進行評鑑，目的是確認「小組評鑑」中所修訂的內容是否有效？課程內容的教學方式在原先設定的情境中是否有效？

課程「形成性評鑑」的目的是正式使用新課程時，因爲透過形成性評鑑，使得課程較爲有效與滿意。「一對一評鑑」使用學生的後測成績及態度問卷的方式進行，並對評鑑的結果修正課程，然後準備進行「小組評鑑」。「小組評鑑」則施以態度問卷，並從態度問卷中對其中一些學生另外進行深度的訪談，以了解他們對課程實施眞正的看法、弱點、長處；依據「小組評鑑」的結果進行課程修正，並準備進行實地評鑑。「實地評鑑」蒐集的資料包括學生的前、後測，以及對學生和教師進行的問卷。問卷的內容主要是針對實施課程時環境中會妨礙課程實施的因素進行了解。完成實地評鑑後課程即可開始正式推廣。

課程「總結性評鑑」實施的時機爲課程設計完成後，並且根據形成性評鑑修訂，於正式推廣之後進行。通常在第一次推廣實施新課程後或是經過一段時間後才進行。它的目的是評鑑課程整體的效率，透過蒐集資料決定新課程是否保留、放棄或者再修訂。

總結性評鑑的實施分爲兩個階段：

（一）專家判斷（expert judgment）

專家判斷的階段其主要目的是評鑑新課程與學校的需求是否一致？新課程是否完整與正確？評鑑新課程的教學方式是否適當？新課程是否實用？學生是否滿意新課程？上述資料可由課程的描述或課程文件中的說明加以判斷。

（二）實地評鑑（field trial）

總結性的實地評鑑必須進行兩項分析：

1. **學生成果的分析**（outcomes analysis）：對於學生的技能和學校的需求，新課程是否有效的解決？
2. **學校管理的分析**（management analysis）：評鑑學校行政人員、教師、督學等對於學生的表現、新課程實施的難易度、成本的態度。總結性的實地評鑑資料可由學生表現的評量、觀察、訪談、問卷等蒐集而得。

二、依照評鑑與目標的關係分類

依據評鑑與目標的關係，課程評鑑可分為兩種：(1)目標本位的評鑑（goal-based evaluation）；(2)排除目標的評鑑（goal-free evaluation）或稱爲「不受目標約束的評鑑」。「目標本位的評鑑」是指根據對課程的目的、目標、人員和成果的了解，或是參照所實施的任何一種評鑑。換句話說，課程評鑑完全依照目標來設計以探討目標與結果之間的一致性，此種評鑑稱爲目標本位的評鑑。此概念源於泰勒（R.W. Tyler）對評鑑的定義，泰勒認爲評鑑是理性的活動，應由課程目標來引導，評鑑即是在探討「目標與結果的一致程度」，所以評鑑者應確認課程目標，再透過評鑑程序檢視課程所包含的內容、活動、目標達成程度，據以判斷課程目標是否成功達成。

「排除目標的評鑑」是指評鑑人員在評鑑時，有意的不去知道也不參照預定的課程目的和目標所進行的一種課程評鑑，此種評鑑亦稱爲「外部評鑑模式」（external evaluation model）。排除目標的評鑑通常由一位特意避開課程的目的與目標的評鑑人員進行評鑑。這些評鑑人員通常來自課程外部，以及獨立於課程上游利益關係人（如：課程贊助者、課程設計人員、學校行政人員、職員、志工、課程賣家等），其目的是避免窄化評鑑的視野，受到課程目標的影響。M. Scriven（史克立文）認爲這種排除目標的評鑑，其背後的邏輯是評鑑應當找出「課程實際在做什麼？」而不是

「課程想做什麼？」，評鑑人員企圖不從課程的成果、作用、影響、預期與非預期的，所有不是來自課程意圖的暗示進行評鑑，而是實際的去觀察和評鑑課程。

三、依照評鑑人員的分類

依照評鑑人員的分類，課程評鑑可分爲：內部人員評鑑和外部人員評鑑。由課程設計或發展小組的成員擔任評鑑工作，稱爲內部人員評鑑；由於課程發展小組成員多非評鑑領域的專家，所以M. Scriven（史克立文）亦將之稱爲「業餘的評鑑」。由內部人員進行評鑑的理由主要有以下幾項：

1. 內部人員了解課程設計的考量與需求，由其擔任評鑑工作，可取得所需資料，獲得有意義的訊息。
2. 內部人員有充分的課程專門知識，而評鑑一個方案必然需要課程的相關知識以提出切要的問題，才能檢討課程方案成敗的關鍵因素。
3. 內部人員攸關課程的成敗，對於評鑑工作能投入較多的心力，促進課程的改善。
4. 便於進行形成性評鑑，立即改進課程發展過程中的問題。尤其是需要長期觀察、記錄的工作，必須有內部人員執行。

由課程發展小組以外的人員擔任的評鑑，稱爲「外部人員評鑑」；由於選擇參與評鑑工作的外部人員多以專家爲主，因此M. Scriven （史克立文）也稱此爲「專業的評鑑」。其支持「外部人員評鑑」的理由如下：

1. 外部人員通常是評鑑專家，了解評鑑的原理與方法，能掌握評鑑的要點，使評鑑工作更爲經濟有效。
2. 外部人員立場客觀，不受限於課程的情境，能以異於內部人員的角度觀察到不同的優缺點，減少評鑑的盲點。
3. 專家所作的評鑑較具公信力，能說服大眾，促使評鑑結果能被採信與採行。

4. 外部人員進行評鑑可使課程發展小組專注於方案的執行工作，課程的實施成果可能更佳。
5. 外部人員的評鑑可發揮督促力量，使課程的改進有效率。

簡言之，外部人員的評鑑能對課程發揮指導、督促、啟發等功能，使評鑑結果更具公信力；尤其在總結性評鑑與後設評鑑等需要作總體價值判斷的過程中，更突顯專業評鑑的重要性。

由上述可知內部人員非但在評鑑工作中能提供有效的協助，本身亦能由評鑑中獲得立即的訊息用以改進課程。尤其在形成性評鑑中，更能突顯內部人員參與評鑑的益處。然而若純由內部人員進行評鑑，則易產生下列之缺點：

1. 評鑑的專門知能不足。
2. 立場可能不夠客觀、公信力不足。
3. 易產生盲點而使評鑑結果不盡理想，所以仍需專家參與評鑑。

四、依評鑑標準的分類

依照課程評鑑的標準，課程評鑑可分為：成果評鑑（product evaluation）與歷程評鑑（process evaluation）。「成果評鑑」是評量課程的效果（effects），是從學生進步的情形看課程是否達成目標。課程評鑑的結果可以顯示課程是否對學生行為的改變具有效果，換言之，它可以告訴評鑑人員課程在達成預定的目標上是否具有效果。

「歷程評鑑」關注課程實際發展和實施的情形，通常實施課程「歷程評鑑」是從課程的開始到結束。它評鑑的是課程元素與課程成果之間的因果關係。「歷程評鑑」提供評鑑人員有關課程的活動是否按照預定的計畫實施，以及活動產出的結果是否和預期有差異。「歷程評鑑」的結果可用來改進未來課程的活動，因為它可追溯有關課程中的Who、What、When、Where資訊，例如：課程主要是誰努力的結果？課程完成的是什麼？課程活動是在何時發生的？課程活動在哪裡發生的？什麼是課程實施的障礙因素或是支持的因素？

五、依照評鑑資料性質的分類

依評鑑的方法和它們產生的資料，可分成：量化評鑑與質性評鑑。「量化評鑑」是以數量化的方式處理蒐集所得的資料，並藉著數量的分析比較呈現評鑑結果。簡單的說，量化評鑑產出的是「數字」資料；而質性評鑑則產出「描述的」資料。量化評鑑產出的資料是精準的數字資料，這些資料是嚴謹的、可信的、科學的。如果樣本的代表性足夠，過程的設計良好，就能解釋課程中的「什麼」（what）、「誰」（who）、「何時」（when）。量化評鑑通常以隨機的方式選擇實驗對象進行調查，透過調查的方式蒐集資料之後，用量化統計的方法分析資料。量化資料的蒐集通常利用調查（surveys）、問卷（questionnaires）、前／後測（pre/post tests）或者利用既有的資料庫等方式進行，利用量化統計方式分析資料以獲得結果。

「質性評鑑」是指評鑑的過程將焦點放在描述教育現象的複雜背景、情境與過程，以求充分呈現教育現象的本質與意義以促進理解。「質性評鑑」的資料可能包含照片、影音及文字資料。質性評鑑的優點在於它的資料是敏感的、細節的、細微差別的、取決於上下文的，因此它的資料可以解釋課程的「為什麼」（why）、「如何」（how）。質性評鑑蒐集資料的方法為觀察、訪談、焦點團體，並且利用非統計的方法或是質性統計方法分析或描述資料。

第二節　評鑑的模式

課程評鑑模式的意義在於對特定評鑑的目的，提供概念化的架構與步驟。使用模式可以幫助評鑑人員決定評鑑的參數，用何種概念研究，以及用哪種過程去萃取資料。以下針對課程評鑑的模式分別說明之：

一、Tyler模式（1949）

Tyler（1949）認爲評鑑是去衡量課程中所發展與組織的學習經驗，實際產生多少預期的效果；換言之，評鑑是一種確定「教育目標在課程與教學的方案中，究竟被實現多少」的歷程（p. 105）。Tyler的理念中，教育目標在本質上是改變學生的行爲，亦即教育目標旨在學生的行爲型態中引起某些良好的改變，所以Tyler視評鑑爲「測量學生行爲的改變到何種程度」的歷程。由於教學歷程中的變數很多，例如：學生的個別差異、「學習」進行的環境條件、教師安排這些條件的技巧、教師人格的特質，所以評鑑即是檢查學習經驗的計畫能否產生足以引導教師去產出預期成果的功能（Tyler, 1949, p. 105）。

Tyler的模式將評鑑涵蓋其中，可說是開創性的觀念。他將評鑑視爲學生朝向目標進步的情形，其方法爲：(1)詳細指明教學的目標；(2)蒐集學生表現的資料；(3)比較教學目標／標準和學生表現的資料。如圖8-1所示，Tyler模式的優點是模式本身簡單易懂，它將評鑑的重點置於課程的優點和缺點的部分，而非評鑑學生的表現。Tyler強調評量、分析、改進是一個不斷循環的系統，但是此模式的缺點是Tyler並未說明如何評鑑目標，也未提供評鑑的標準，以及如何發展評鑑的標準。此外，他的課程評

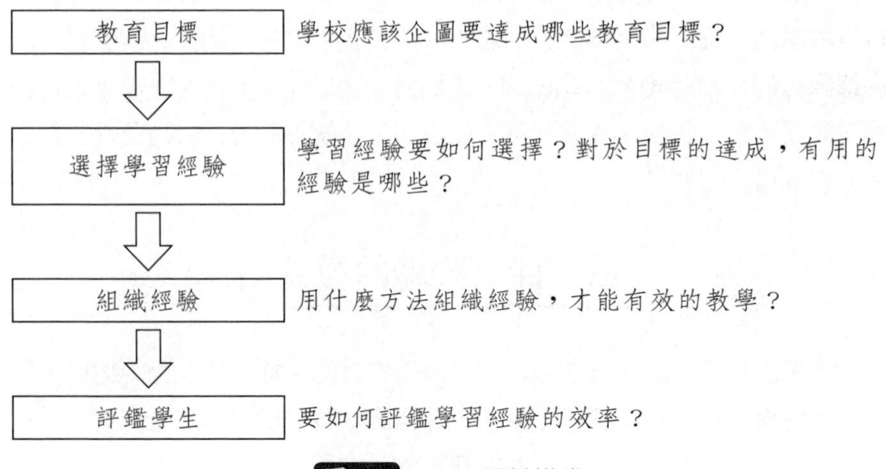

圖8-1 Tyler評鑑模式

鑑也忽略學習的過程（Bharvad, 2010）。

二、Metfessel-Michael評鑑模式

由於Tyler模式並未詳細敘述課程評鑑的歷程，也未詳細說明評鑑的標準如何產生，所以到60年代由Metfessel和Michael將Tyler學派的模式改良，提出以Tyler模式為基礎的評鑑模式，其步驟如圖8-2：（Nyre & Rose, 1979, p. 190）

1. 加入參與者：成員的組成應該包含代表整體教育群組的成員，如教師、專業組織的成員、學生、外行的市民。
2. 發展廣泛的目標及具體的操作目標，並按成果（從一般到具體）的順序將目標用階層的順序排列。
3. 將前項2.的目標再轉化成可以溝通和應用於課程實施的形式。
4. 發展評量的標準和工具，以決定課程是否達成其目標。
5. 從課程的實施和維持的時期內，間歇性的使用測驗、案例，與其他適合的工具執行觀察。
6. 分析資料。
7. 就課程的判斷標準及哲學上的價值解釋資料。
8. 有系統地闡述改進課程的建議，以及目的和目標的修正。

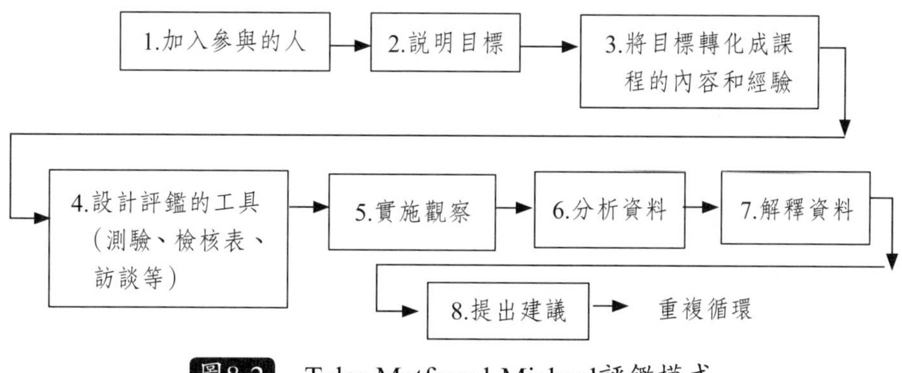

圖8-2　Tyler-Metfessel-Michael評鑑模式

三、Stake一致性—關聯性課程評鑑模式

這是由R. E. Stake在1967年爲伊利諾州的教學研究與課程評鑑中心所發展的評鑑模式，他的模式不僅考慮評鑑也考慮課程的發展。這個模式主要是比較發展的課程和實際發生於教室內課程之間的關聯性，如圖8-3。他認爲課程評鑑不應只是蒐集、報告資料而已，參與評鑑者更應對課程的價值表明立場。Stake建議評鑑課程的資料應該區分爲三種：先在因素的資料、交流因素的資料、成果因素的資料，以下分別說明之：

1. **先在因素**：指在任何教學進行前，存在著可能影響成果的情境。這些情境包含學生在課程開始之前的特性，例如：態度、動機、先前的成績、心理測驗分數、心理側寫、紀律、出席狀況等。此外，先在因素也包含教師的特性，例如：教師的年資、教育背景、行爲評估等。
2. **交流因素**：Stake注意到交流會發生在學生與學生、學生與教師、學生與其他的資源人員之間。而學生的交流是指和課程教材、教室環境之間的互動，包括時間的分配、空間的安排、溝通的流動等。有時上述的互動，也稱爲教與學的「歷程」（process）。

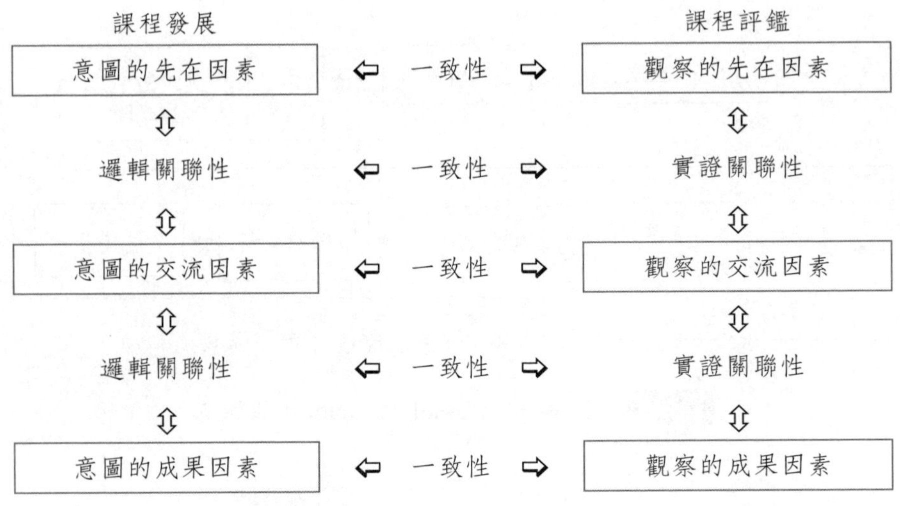

圖8-3 Stake一致性—關聯性模式

3. **成果因素**：所謂的成果（outcomes）亦即「課程的產物」，尤指學生的成就，但有時也包含學生的態度和技能。評鑑課程的成果時，必須注意課程的成果對教師的基本能力和行政人員的影響。評鑑時對課程成果有證據的因素固然要注意，但對於證據不明顯的因素也應注意。

Stake的評鑑模式形成評鑑人員將課程的意圖資料和觀察資料，分別填寫在表8-1的「描述矩陣」的空格中，之後根據可接受的標準做出評斷，並填寫在「評斷矩陣」中的空格（Thanabalan, Siraj, & Alias, 2015, pp. 907- 914）。

表8-1　使用Stake模式之資料蒐集的格式

課程的意圖	課程的觀察		可接受的標準	評斷
		先在因素		
		交流因素		
		成果因素		
描述矩陣			評斷矩陣	

當評鑑人員將課程中的意圖和觀察資料各自依照先在因素、交流因素與成果因素分成三大類後，開始比較意圖性資料中的先在因素和交流因素資料，彼此是否具有邏輯性的關聯（logical contingency），以及交流因素和成果因素的資料中彼此之間的邏輯性關聯（logical contingency）。然後比較實際觀察的資料中，先在因素和交流因素的資料中彼此是否具有實證的關聯性（empirical contingency），以及交流因素和成果因素資料中彼此是否具有實證的關聯性（empirical contingency）。最後，比較意圖和觀察兩組的資料在先在因素的資料中是否具有一致性（congruence），以及比較兩組的交流因素資料是否具有一致性，比較兩組的成果因素資料是否具有一致性（congruence）。換言之，評鑑人員先

就意圖和觀察的資料中比較出三種因素彼此的邏輯關聯性，然後再比較意圖和觀察兩組資料的一致性。從比較的歷程中，評鑑人員得以判斷是否將課程保留、刪除，或者修訂。

Stake認為評鑑必須依賴檢核表、教師同儕的結構式訪談、有控制的比較，以及學生的標準測驗。但是當學校要評鑑的時候往往會忽略以上的技巧，反而是向教師詢問有關課程的意見，自行琢磨課程的邏輯，或是考慮提倡課程人士的名聲。Stake也注意到教師往往對於批評是很敏感，感到被評鑑是一種汙辱。因此他將課程的評鑑重點放在課程的描述上，而非針對教師，然後從蒐集的資料提出判斷。

四、Provus差距評鑑模式

差距評鑑模式（the discrepancy evaluation model, DEM）是M. Provus於1969年為提供有關課程評鑑的資訊，藉以改進課程所發展的模式（Ahmad, 1998, pp. 64-66）。他認為評鑑是取得課程標準一致意見的過程，決定課程各種層面和課程標準之間是否存有差距，並利用差距的資訊找出課程的弱點。簡言之，評鑑就是比較實際的表現和標準之間的差距。Provus認為課程評鑑都應該從五個階段進行：(1)設計的階段（design）；(2)建置的階段（installation）；(3)過程的階段（processes）；(4)成果的階段（products）；(5)成本的階段（cost），如圖8-4，以下說明之。

1. **設計的階段**：此階段評鑑的目的是評估課程的設計，其做法是比較課程實際的設計和外部（其他學校）運作成功的課程設計，這兩者是否具有差異。換言之，這是對於課程的適度性進行評鑑，包含對課程是否具備足夠的空間、人員、教材、資源等進行評估。評估課程實際的設計和外部的標準之間是否具有差距，將評估的結果作成報告，提供給課程決策者決定是否終止、修正，還是接受課程的設計。
2. **建置的階段**：評鑑的目的是比較課程的實際運作和第一階段的設計

標準。評估課程的設備、設施、媒體、方法、學生能力、教職員的資歷與課程設計的標準之間是否有差距，將其評估的結果提供給課程的決策人員，以便採取必要的行動。

3. **過程的階段**：評鑑的目的是評估課程實施的過程。評估課程實施過程中教師與學生的活動、運作、溝通等是否不足，其評估的結果讓課程決策人員作出適度的調整。
4. **成果的階段**：評鑑的目的是評量課程的設計是否達成其主要的目標？課程的成果可視爲評估教師與學生的成果，以及社區與學校的成果，評估的結果主要是檢視課程的價值是否值得留下繼續，還是結束。
5. **成本的階段**：評鑑的目的是評量不同課程與其他類似課程方案的成果，以及成本經濟的效益。主要考量不僅僅是課程成本的問題，而是如果取消課程是否會造成時間和士氣的低落，所以評估的結果將涵蓋經濟、社會、政治的層面。

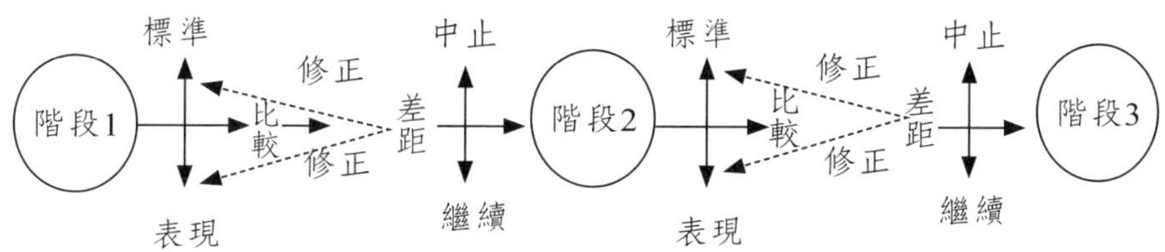

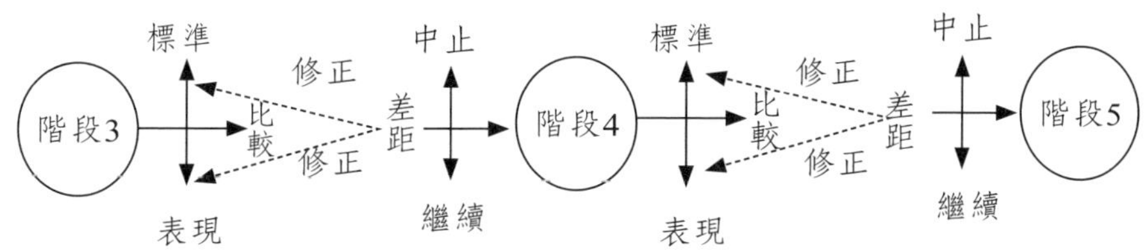

圖8-4 Provus課程差距評鑑模式

差距模式評鑑進行的主要步驟如下：

1. 決定要評鑑的課程。
2. 決定課程的目標。

3. 計畫評鑑。
4. 實施評鑑計畫和蒐集資料。
5. 指出課程目標和已完成的課程之間的差距。
6. 計畫下一步要做什麼。

Provus宣稱他的評鑑模式適用於進行中的課程評鑑，從課程設計的階段到實踐的階段當中的任何一個階段都可以進行評鑑，也可以適用於學校的課程、學區的課程，甚至是國家級的課程。

Provus差距評鑑模式是以找出課程方案缺失的一系列評估過程，根據課程所設定的標準，逐一檢視進行中的課程並採取適當的行動以修正課程的缺失，以便讓課程決策者能夠對課程的保留、修正，或是捨棄，作出最後的決定。

五、Stufflebeam的CIPP模式

CIPP模式是1960年由D. L. Stufflebeam擔任美國斐德塔卡帕基金會（the Phi Delta Kappa National Study Committee on Evaluation, PDK）的評鑑委員會主席時，所發展的課程評鑑模式。其基本理論是學校必須對實施中的「課程活動」施予持續性的「評鑑」，並且將評鑑的結果作爲「課程的決策」，以便保留或調整，甚至是刪除課程，如圖8-5所示。

所謂CIPP是指當課程進行評鑑時，需要蒐集的課程資料類型，而蒐集的資料中必須有代表背景（context）、輸入（input）、過程（process）、成果（product）等的有效資料。意即，課程評鑑應評鑑前述四個層面的資料，以便課程人員對課程的各方面，以及課程活動加以評鑑，並對課程做出決定。它主要是滿足評鑑人員的需求，是以課程決定爲焦點的評鑑取向（decision-focused approach）。以下分別說明之（Ornstein & Hunkins, 1988, pp. 261-264）：

1. **背景評鑑**：「背景評鑑」的目的是提供評鑑人員有關課程目標的脈絡資料，以及了解課程目標是在何種情境下被決定的。爲達成此目

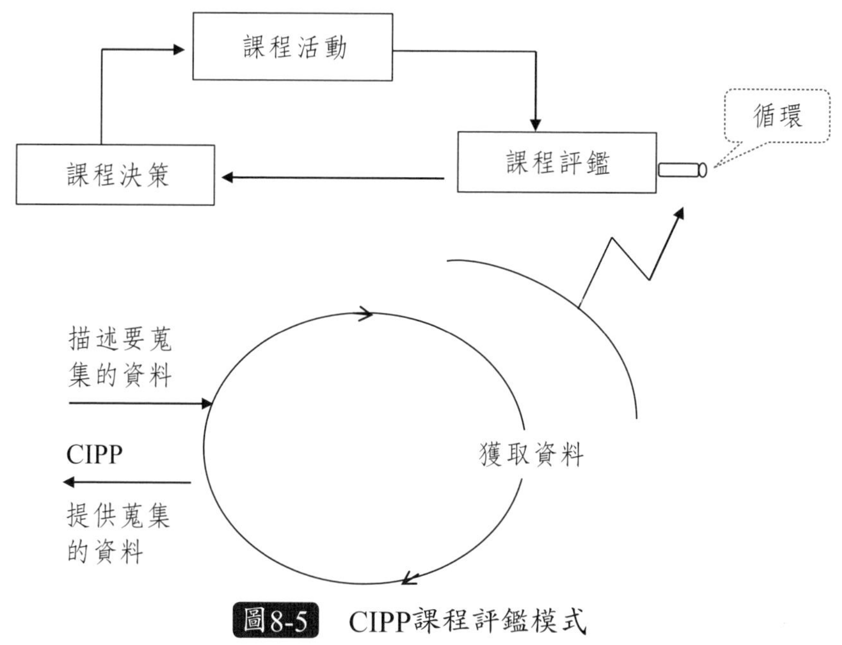

圖8-5　CIPP課程評鑑模式

的，評鑑人員需要蒐集有關課程的相關資訊，其中包括課程所要求的環境與實際環境的說明、課程中未能滿足需求的說明，評鑑人員針對這些未能滿足的需求進行原因的分析。

2. **輸入評鑑**：「輸入評鑑」之目的是提供有關學校如何運用資源以滿足課程目標的方式。評鑑人員評量學校是否具有勝任執行評鑑任務的能力？學校對於達成目標所採取的策略是什麼？以及執行策略的手段是什麼？目標的敘述是否適當？課程的內容是否與課程目標一致？教學的策略是否恰當？這些都是這個階段中必須回答的基本問題。
3. **過程評鑑**：評鑑人員評估課程實施時如何控制和管理課程，也包含對學校評鑑能力的評量。Stufflebeam建議在過程評鑑中，使用三個策略：

(1)查出課程的缺點，特別是課程在推廣程序的設計或實施的缺點，包括資源、設施、教職員工的準備，以及時間的充分性。

(2)找出有關課程決定的資訊，例如：實施課程前課程管理人員如何發展測驗、或是設計活動。

(3)找出課程過程資訊的記錄及課程設計的特質，例如：課程中使用了何種內容、教學策略、時間的分配等的計畫。

4. **成果評鑑**：評鑑人員蒐集最後的課程成品是否可以使用，並達成課程預定目標的資料。這些資料必須足以讓評鑑人員決定課程是否持續進行，或是停止、修訂。

CIPP模式是提供課程決策分析時需要蒐集、分析的資訊，用理性的基礎和不斷循環評鑑的方式，根據課程的活動、進行評鑑，最後做成課程的決定。然而要進行評鑑時，評鑑人員先要描述需要蒐集哪些課程的資料，以便從不同的管道獲取資料，然後向評鑑人員提供資料，進行評鑑。

CIPP評鑑模式中強調評鑑人員需要蒐集有關課程的背景（context）、輸入（input）、過程（process）、成果（product）的資料作爲評鑑的基礎，進行評鑑。不斷的蒐集有關課程活動的CIPP資料，作爲評鑑的資料，並依此作爲課程評鑑的基礎，形成課程活動的決策，這種循環的歷程是CIPP模式中最強調的特徵。唯有透過課程活動不斷的評鑑，才能確保課程的品質。

不論課程評鑑的方法和資料爲何，課程評鑑的過程是依照使用的評鑑模式所進行的行動計畫，進行評鑑時的步驟如下：

（一）將焦點置於課程的元素。

（二）根據課程的元素蒐集資料。

（三）組織蒐集的資料。

（四）分析資料。

（五）提出報告。

（六）利用資訊作爲回饋修正或調整課程。

前述的各種評鑑模式旨在提供評鑑人員於評鑑過程中可以依循的步驟，並且根據每種評鑑模式的各個階段評鑑重點進行課程的評鑑，最後總結出課程最終的決定。

第三節　我國之課程評鑑實務

在「課程標準」時代中並無有關課程評鑑之實務，僅有明確的教學評鑑，直至九年一貫課程改革之後才開始有「課程評鑑」之實。中央、地方政府與學校的課程評鑑權限在各時期的課程各有不同，本節擬就九年一貫課程評鑑和十二年國教課程評鑑分別說明之。

一、九年一貫之課程評鑑

在九年一貫課程改革時期，各校依法建置「課程發展委員會」，教育部始將課程評鑑一事由中央政府與地方政府共同分工合作，中央評鑑地方及學校課程實施成效，但是評量的建立與機制則歸屬中央的權責，學校負責課程與教學評鑑，並進行學習評鑑。

依據國民中小學九年一貫課程綱要之規定，各校應成立「課程發展委員會」（以下簡稱課發會），負責課程與教學評鑑。「課程評鑑推動委員會」係以課發會爲主體，由校長擔任召集人，教務主任擔任副召集人。除課發會成員之外，再聘請校內教師、校外社區人士或學者專家（含中小學教育工作者）等2-4人組成「課程評鑑推動委員會」，下設「課程評鑑小組」。小型學校可以採取區域策略聯盟的方式組成委員會，以解決人員不足的問題。「課程評鑑推動委員會」職掌如下：

1. 推動學校層級課程評鑑，訂定學校層級課程評鑑計畫。
2. 參與評鑑過程並聽取課程評鑑小組之報告，共同討論，共商解決策略。
3. 追蹤校內解決策略落實情形，有關地方或中央權責部分，反應給相關單位。

課程評鑑小組由校內課程相關人員各按需要組成若干（含一組）課程評鑑小組（可依職務劃分爲行政、教學組，或依評鑑項目分組，或依學習領域分組等），並在組內推一人擔任組長，進行評鑑。評鑑結果應向課程評鑑推動委員會提出報告。其組織與功能如圖8-6。

學校層級課程評鑑之內容，包括：（一）評鑑項目；（二）評鑑規準；（三）評鑑重點；（四）評鑑方式與資料來源；（五）評鑑結果及綜合評鑑表等，以下說明前二項：

（一）評鑑項目

評鑑項目係依據學校課程發展的權責，於課程評鑑時能在有限的時間內快速地掌握評鑑的架構。該評鑑項目共有「課程規劃」、「課程實施」、「成效評估」、「專業成長」及「行政支援與資源整合」等五項。

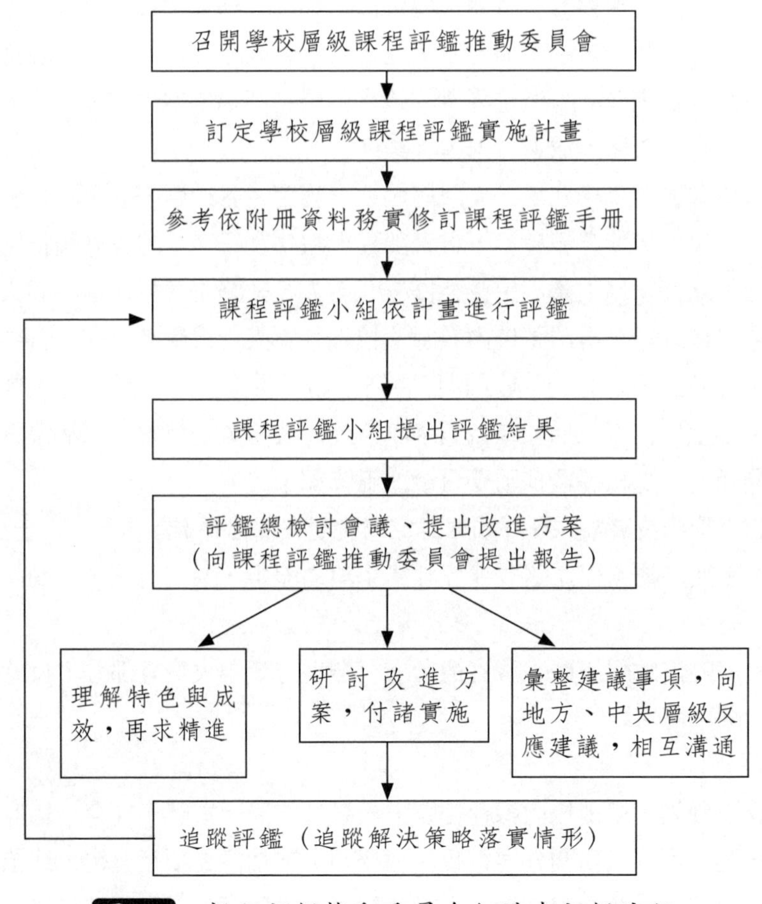

圖8-6 課程評鑑推動委員會組織與評鑑流程

（二）評鑑規準

評鑑規準係依據表8-2中之評鑑項目加以設計，總計學校層級課程評鑑規準有十五條，每一評鑑項目涵蓋二至四個評鑑規準。

表8-2　學校層級之課程評鑑項目與規準

評鑑項目		評鑑規準
課程規劃		3
課程實施		3
成效評估		3
專業成長		2
行政支援與資源整合		4
合計	5	15

教育部針對上表課程評鑑項目之內涵說明如下：

1. 課程規劃

課程規劃之規準有三條，重點在依據國家課程綱要規劃學校的課程。主要內涵是訂定適切的學校課程目標、發展具體可行的課程計畫，以及選編適切的教學材料。

2. 課程實施

課程實施之項目規準有三條，重點在落實學校課程計畫與教學計畫。主要內涵爲落實教學計畫與進度、組成教學團隊、發揮教師專長、教學評量多元化，依結果實施補救教學或教學改進。

3. 成效評估

課程成效評估之規準有三條，重點在課程績效的反省。主要內涵是了解教師的教學成效、檢核全體學生的學習表現、能運用課程評鑑結果。

4. 專業成長

評鑑學校的專業成長之規準有二條，重點在成員的專業成長。主要內涵爲規劃並提供教師專業進修活動、提供多元化的專業成長模式，並實踐於教學。

5. **行政支援與資源整合**

評鑑學校之行政支援與資源整合之規準有四條，重點在課程發展中有關學校人、事運作之行政支援與資源整合。主要內涵爲學校領導成員具有專業知能與領導能力，能支持並參與課程發展；成立課程發展委員會，有明確之任務、分工與運作；提供課程發展所需的行政支援，有效運用資源；建置知識管理系統，整合資源，建立共享機制。

評鑑資料之呈現，則依據規準性質，採用簡報、座談、訪談、參觀、操作、閱讀相關資料等方式進行，其評鑑資料來源包括：辦法、計畫、教學進度、檔案、記錄、問卷、表件簿冊、成果等。

評鑑結果包含量化結果與質性描述，以「質性描述」爲主，「量化結果」爲輔。「量化結果」以五點量表爲課程評鑑小組針對各評鑑重點的實際達成情形。「質性描述」爲課程評鑑小組針對各評鑑規準及其評鑑重點進行描述與回應，說明辦理之具體情形、學校特色、遭遇困難，以及待改進事項（見表8-3）。

表8-3 九年一貫課程評鑑規準

評鑑項目	評鑑規準	評鑑重點	評鑑方式與資料來源	評鑑結果	
				量化結果	質性描述
一、課程規劃	1. 訂定適切的學校課程目標	1-1 學校能以具體作為增進學校成員對課程綱要之理解、詮釋與轉化。	1. 課發會委員簡報、訪談 2. 訪談行政人員、教師 3. 閱覽相關資料，如： ・課程綱要說明、研習或研討活動 ・學校本位的特色分析 ・學校課程計畫 ・學校中長程發展計畫 ・課發會、學習領域、學年（班群）、家長會等相關會議記錄	5 4 3 2 1	
		1-2 訂定彰顯學校本位精神的課程目標與發展策略。		5 4 3 2 1	
		1-3 課程發展相關組織能透過討論對話的過程擬定學校課程計畫。		5 4 3 2 1	
	2. 發展具體可行的學校課程計畫	2-1 依據課程綱要實施要點規定，規劃整體性的課程架構與分配學習節數。	1. 課發會委員簡報、訪談 2. 閱覽相關資料，如： ・學校課程計畫：總體架構圖、各學習階段的時數分配細節 ・各領域課程規劃資料 ・彈性學習節數規劃資料 ・學校本位課程相關之教學主題、活動設計 ・補救或銜接教學規劃	5 4 3 2 1	
		2-2 依據課程綱要實施要點的規定，編擬各年級各學習領域與彈性學習節數的課程計畫。		5 4 3 2 1	
		2-3 六大議題適切融入相關課程計畫中。		5 4 3 2 1	

評鑑項目	評鑑規準	評鑑重點	評鑑方式與資料來源	評鑑結果	
				量化結果	質性描述
		2-4 學校課程目標能契合並落實於各學習領域與彈性教學節數的課程計畫中。		5 4 3 2 1	
		2-5 課程計畫兼重各年級縱向的銜接與領域間的橫向統整。		5 4 3 2 1	
		2-6 編擬學校活動行事曆。		5 4 3 2 1	
	3. 編選適切的教學材料	3-1 依據學校訂定的教科用書評選辦法，選用教材，並能敘明選擇的理由。	1. 課發會委員簡報、訪談 2. 訪談行政人員、教科書選用代表、家長 3. 閱覽相關資料，如 ・教科書評選辦法 ・教科書評選會議記錄 ・近二年各學年使用教科書版本 ・自編教材或學習單 ・課程發展委員會審查記錄	5 4 3 2 1	
		3-2 學習領域或學年（班群）能發展或討論自編教材，落實學校本位課程。		5 4 3 2 1	
		3-3 學校使用之自編自選教材於課發會中討論審查。		5 4 3 2 1	

評鑑項目	評鑑規準	評鑑重點	評鑑方式與資料來源	評鑑結果	
				量化結果	質性描述
二、課程實施	1. 落實課程計畫與進度	1-1 教師依據各領域與彈性課程計畫，擬定落實的具體做法與進度。	1. 訪談校長、行政人員 2. 參觀教學現場 3. 訪談教師、學生、家長 4. 閱覽相關資料，如： ・課程計畫 ・教學進度 ・學校行事規劃 ・教學記錄表或檔案 ・教學資源運用記錄 ・校內外教學環境運用記錄	5 4 3 2 1	
		1-2 整合學校行事活動，搭配於相關年級或領域教學中實施。		5 4 3 2 1	
		1-3 課程實施能顧及學生個別差異、安排教學情境、有效運用教學資源、結合家長參加等。		5 4 3 2 1	
		1-4 視實際需要或配合社會動態調整學校課程與教學。		5 4 3 2 1	
	2. 組成教學團隊，發揮教師專長	2-1 依據教師領域專長或年級（班群）屬性，形成教學團隊以討論課程或進行協同教學。	1. 課發會委員簡報、訪談 2. 教師團隊訪談 3. 閱覽相關資料，如： ・教師團隊活動計畫與檔案 ・教學活動記錄或相片	5 4 3 2 1	
		2-2 能對教學團隊的運作情形進行分享、檢討或反省。		5 4 3 2 1	

評鑑項目	評鑑規準	評鑑重點	評鑑方式與資料來源	評鑑結果	
				量化結果	質性描述
	3. 教學評量多元化，依結果實施補救教學或教學改進	3-1 參照多元評量之理念，以多種方式評量學生學習表現。	1.教務行政人員簡報或訪談 2.訪談教師、學生 3.閱覽相關資料，如： ・學生學習檔案 ・評量規劃與記錄 ・質化評量資料 ・評量分析 ・補救教學設計與實施 ・校內外競賽獲獎記錄	5 4 3 2 1	
		3-2 兼顧形成性評量和總結性評量。		5 4 3 2 1	
		3-3 檢視評量結果，進行補救教學或教學改進。		5 4 3 2 1	
三、成效評估	1. 了解教師的教學成效	1-1 鼓勵教師發表教學或研究成果，並進行自我評估。	1. 訪談相關行政人員與教師 2. 訪談學生、家長 3. 閱覽相關資料，如： ・教師教學情況相關問卷或調查 ・家長對教師教學的回饋 ・成果發表資料 ・經驗分享記錄 ・課程討論相關記錄 ・教師教學活動檔案 ・教師教學自評	5 4 3 2 1	
		1-2 教師間能透過觀摩、教學經驗分享、教學札記等，討論教學成效。		5 4 3 2 1	
		1-3 教師能支持、配合學校課程計畫，或提出改進意見。		5 4 3 2 1	

評鑑項目	評鑑規準	評鑑重點	評鑑方式與資料來源	評鑑結果：量化結果	評鑑結果：質性描述
	2. 檢核全體學生的學習表現	2-1 依據國民中小學學生成績評量辦法，建立學生成績評量機制。	1. 訪談相關行政人員 2. 訪談教師、學生 3. 參觀教學現場 4. 閱覽相關資料，如： ・學生學習成就評量辦法 ・成績管理方式或成績登錄 ・學生學習報告、檔案 ・補救與銜接教學規劃	5 4 3 2 1	
		2-2 檢核學生能力指標（教學目標）的達成程度。		5 4 3 2 1	
	3. 運用課程評鑑結果	3-1 依據課程評鑑結果，檢討並修正學校課程計畫。	1. 課發會委員簡報、訪談 2. 教師與相關行政人員訪談 3. 閱讀相關資料，如 ・回饋機制規劃與運作 ・相關評鑑計畫 ・評鑑相關會議記錄 --校務會議記錄 --課發會記錄 --同儕視導記錄 --教學視導記錄	5 4 3 2 1	
		3-2 提供課程發展、實施與評鑑的意見，以供校內與相關教育機構參考。		5 4 3 2 1	
		3-3 檢核與修正學校課程評鑑計畫。		5 4 3 2 1	

評鑑項目	評鑑規準	評鑑重點	評鑑方式與資料來源	評鑑結果	
				量化結果	質性描述
四、專業成長	1. 規劃並提供教師專業進修活動	1-1 訂定教師專業成長進修計畫。	1. 課發會委員簡報、訪談 2. 教師與相關行政人員訪談 3. 觀察專業進修活動 4. 閱讀相關資料，如： ・教師檔案 ・專業成長培訓規劃 ・教師進修需求調查 ・教師進修公告與管理	5 4 3 2 1	
		1-2 結合校外研習機構或學校區域聯盟，提供教師進修觀摩機會。		5 4 3 2 1	
	2. 提供多元化的專業成長模式，並實踐於教學中	2-1 採用演講、實作、試教、教學觀摩與研討、專業對話、教學工作坊、讀書會等多元化的成長方式進行。	1. 相關行政人員簡報與訪談 2. 訪談教師、學群 3. 觀察專業進修活動 4. 閱讀相關資料，如： ・教師研習進修計畫 ・研習進修記錄 ・教師研習需求調查 ・研習成果與發表	5 4 3 2 1	
		2-2 適時邀請資源人士加入專業對話，協助教師自我省察及專業發展。		5 4 3 2 1	
		2-3 安排機會讓教師分享專業進修的經驗、心得，應用於教學。		5 4 3 2 1	

評鑑項目	評鑑規準	評鑑重點	評鑑方式與資料來源	評鑑結果	
				量化結果	質性描述
五、行政支援與資源整合	1. 學校課程領導成員具有專業知能與領導能力，能支持並參與課程發展	1-1 學校課程領導成員（如校長、主任、課程發展委員會召集人、領域學習小組召集人、學年主任等）能了解課程內涵與實施途徑。	1. 課程領導成員簡報與訪談 2. 訪談教師或家長 3. 閱覽相關資料，如： ・課程委員會會議記錄 ・課程委員會委員成長檔案 ・學習領域或學年會議 ・各項獎勵制度 ・專業發展成果	5 4 3 2 1	
		1-2 學校課程領導成員能參與課程發展的討論，並尊重學校成員之專業自主。		5 4 3 2 1	
		1-3 學校課程領導成員能了解學校成員之心智習性（思考方式、價值觀、能力、意願等）、組織人際關係、需求與適應等情形。		5 4 3 2 1	
		1-4 學校課程領導者提供學校成員呈現能力的舞臺，讓每個人能做出自己的最佳表現。		5 4 3 2 1	

評鑑項目	評鑑規準	評鑑重點	評鑑方式與資料來源	評鑑結果	
				量化結果	質性描述
	2. 成立課程發展委員會，明確任務、分工與運作	2-1 課程發展委員會的組成與運作符合課程綱要實施要點的規定。	1. 課發會委員簡報與訪談 2. 教師訪談 3. 閱覽相關資料，如： ・課程發展委員會組織章程 ・課程發展委員會工作期程 ・課程發展委員會會議記錄 ・課程委員的專業知能與參與情形 ・課程委員的課程規劃、發展成果	5 4 3 2 1	
		2-2 成員分工明確，各組織（課程發展委員會、各領域小組與各行政組織）之縱向與橫向有良好的聯繫，且能相互支援。		5 4 3 2 1	
	3. 提供課程發展所需之行政支援，有效運用資源	3-1 整合並簡化校內行政業務。	1. 參觀教育場地、設備 2. 訪談行政人員、教師 3. 閱覽相關資料，如： ・簡化行政作業規劃 ・學校行事曆 ・教師課程研討相關記錄 ・教學環境規劃 ・教學軟硬體設備運用 ・教學設備管理 ・經費使用分配	5 4 3 2 1	
		3-2 規劃課程發展期程，讓教師能儘量於在校時間進行課程研討與發展。		5 4 3 2 1	
		3-3 教學場地形式多元、合宜，滿足教學使用需求。		5 4 3 2 1	
		3-4 建置有利於教師進行討論和教學分享的空間。		5 4 3 2 1	

評鑑項目	評鑑規準	評鑑重點	評鑑方式與資料來源	評鑑結果	
				量化結果	質性描述
		3-5 充實教學設備（資訊設備、教具、圖書、視聽媒體）。		5 4 3 2 1	
		3-6 經費適切支援學校課程發展使用。		5 4 3 2 1	
	4.建置知識管理系統，整合資源，建立共享機制	4-1 有效調配運用並整合學校、家長及社區的人力和資源。	1.課發會委員簡報與訪談 2.訪談行政人員、教師 3.訪談家長、社區人士 4.學校網站瀏覽與操作 5.閱讀相關資料，如： ・社區資源調查與運用 ・教師教學檔案 ・課程計畫、活動設計與相關圖書等之彙整與管理 ・學校網站、班級網頁	5 4 3 2 1	
		4-2 彙整並建置知識管理系統（如課程計畫教學檔案、優良案例等），提供學校成員搜尋、閱讀。		5 4 3 2 1	
		4-3 建立課程資訊網絡平臺及妥善使用（電腦、網際網路等）。		5 4 3 2 1	

就上述的課程評鑑規準中對於評鑑的重點敘述得非常清楚，而對於評鑑的方式與評鑑資料的來源，規範的也非常的務實，可以說是一個非常專業的課程評鑑工具，應是給予相當的肯定。雖然本項評鑑規準未能眞正落實實踐，但是其所顯現對課程的評鑑內涵與實施方式是具有相當的評鑑專業精神。

二、十二年國教之課程評鑑

民國107年公布《國民中學及國民小學實施課程評鑑參考原則》明訂教育部的權責爲建立與實施課程評鑑機制，課程評鑑由學校「課程發展委員會」規劃及實施。學校進行課程評鑑時可邀請或委由其他具教育或課程評鑑專業之學校、專業機構、法人、團體或人員規劃及協助實施。十二年國教之學校實施課程評鑑之目的爲：

1. 確保及持續改進學校課程發展、教學創新及學生學習之成效。
2. 回饋課程綱要之研修、課程政策規劃及整體教學環境之改善。
3. 協助評估課程實施及相關推動措施之成效。

學校課程評鑑方法採取多元方式進行，包括文件分析、內容分析、訪談、調查、觀察、會議對話與討論及多元化學習成就評量等。爲進行學校課程評鑑，各校「課程發展委員會」需要訂定學校課程評鑑計畫。至於課程評鑑計畫的內容編制則應包括：

1. 評鑑目的。
2. 各課程評鑑對象之評鑑重點。
3. 評鑑人員與其分工。
4. 評鑑之資料蒐集方法。
5. 評鑑工作的時程。
5. 評鑑結果發現之運用。

學校課程評鑑計畫的實施則依各縣市或主管機關的規定辦理之。學校課程評鑑對象爲：(1)學校課程總體架構；(2)領域學習課程及(3)彈性學習課程。每一種課程類型的評鑑重點則分爲三個項目分別評鑑之。此三個評鑑項目爲：(1)課程設計：課程計畫與教材及學習資源；(2)課程實施：實施準備措施及實施情形；(3)課程效果：學生多元學習成效。其評鑑原則如下：

（一）課程設計

本項評鑑是針對課程總體架構、領域學習課程，以及彈性學習課程等對象進行。課程設計主要是評鑑學校所規劃或設計的課程，是否可以獲得高教育／學習效益，以及促進核心素養的效能。內容結構部分則是評鑑各類課程設計之內含課綱的項目是否完備，以及是否符合課程的組織原則的順序性、繼續性和統整性。邏輯關聯則是評鑑課程的設計是否能呼應核心素養／課程目標、教學單元／主題、教學重點、教學時間與進度、評量方式等，彼此間的合理邏輯關聯性。發展過程則是評鑑各校在課程發展與設計過程中，是否留下所需各種證據性、政策性及業務性資料或文獻，包括課程計畫發展過程中所有相關會議對話、討論，以及審議之證據。

1. 課程總體架構

課程設計的部分，以教育效益、內容結構、邏輯關聯、發展過程等四項爲評鑑學校課程總體架構，其評鑑重點分爲：

表8-4　十二年國教課程總體架構之設計評鑑

課程設計	學校課程總體架構設計評鑑
教育效益	1.1 學校課程願景，能掌握課綱之基本理念、目標及學校之教育理想。 1.2 各領域／科目及彈性學習課程之學習節數規劃，能適合學生學習需要，獲致高學習效益。
內容結構	2.1 內含課綱及主管機關規定之必備項目，如背景分析、課程願景、各年級各領域／科目及彈性學習節數課程分配表、法律規定教育議題實施規劃、學生畢業考或會考後至畢業前課程規劃、課程實施與評鑑說明，以及各種必要附件。

課程設計	學校課程總體架構設計評鑑
	2.2 各年級各領域／科目（部定課程）及彈性學習課程（校訂課程）教學節數以及總節數規劃符合課綱規定。 2.3 適切規劃法律規定教育議題之實施方式。
邏輯關聯	3.1 學校課程願景、發展特色及各類彈性學習課程主軸，能與學校發展及所在社區文化等內外相關重要因素相連結。
發展過程	4.1 學校背景因素之分析，立基於課程發展所需之重要證據性資料。 4.2 規劃過程具專業參與性，並經學校課程發展委員會審議通過。

2. 學習領域課程

針對學習領域課程設計的部分，則是以素養導向、內容結構、邏輯關聯，以及發展過程進行評鑑，評鑑重點如表8-5。

表8-5 十二年國教學習領域之設計評鑑

課程設計	學習領域課程設計評鑑
素養導向	5.1 教學單元／主題及教學重點之規劃，能完整納入課綱列示之本教育階段學習重點，兼具學習內容及學習表現兩軸度之學習，以有效促進核心素養之達成。 5.2 領域／科目內各單元／主題之教學設計，適合學生之能力、興趣及動機，提供學生練習、體驗、思考、探究及整合之充分機會，學習經驗之安排具情境脈絡化、意義化及適性化特徵。
內容結構	6.1 內含課綱及所屬地方教育行政主管機關規定課程計畫中應包含之項目，如各年級課程目標或本教育階段領域／科目核心素養、教學單元／主題名稱、各單元／主題教學重點、教學進度、評量方式及配合教學單元／主題內容擬融入之相應合適之議題內容摘要。 6.2 同一學習階段內各教學單元／主題彼此間符合順序性、繼續性及統整性之課程組織原則。

課程設計	學習領域課程設計評鑑
邏輯關聯	7.1 核心素養、教學單元／主題、教學重點、教學時間與進度，以及評量方式等項目內容，彼此具相呼應之邏輯關聯。 7.2 領域／科目課程若規劃跨領域／科目統整課程單元／主題，應確實具主題內容彼此密切關聯之統整精神；採協同教學之單元，其參與授課之教師及擬採計教學節數應列明。
發展過程	8.1 規劃與設計過程蒐集、參考及評估本領域／科目課程設計所需之重要資料，如領域／科目課綱、學校課程願景、可能之教材與教學資源、學生先備經驗或成就與發展狀態、課程與教學設計參考文獻等。 8.2 規劃與設計過程具專業參與性，經由領域／科目教學研究會、年級會議或相關教師專業學習社群之共同討論，並經學校課程發展委員會審議通過。

3. 彈性學習課程

彈性學習課程的設計亦是以學習效益、內容結構、邏輯關聯、發展過程等四項評鑑彈性學習課程，其評鑑重點如表8-6。

表8-6　彈性學習課程設計評鑑

課程設計	彈性學習課程設計評鑑
學習效益	9.1 各彈性學習課程之單元或主題內容，符合學生之學習需要及身心發展層次，對其持續學習與發展具重要性。 9.2 各彈性學習課程之教材、內容與活動，重視提供學生練習、體驗、思考、探究、發表及整合之充分機會，學習經驗之安排具情境脈絡化、意義化及適性化特徵，確能達成課程目標。
內容結構	10.1 各年級各彈性學習課程計畫之內含項目，符合主管機關規定，如年級課程目標、教學單元／主題名稱、單元／主題內容摘要、教學進度、擬融入議題內容摘要、自編或選用之教材或學習資源和評量方式。 10.2 各年級規劃之彈性學習課程內容，符合課綱規定之四大類別課程（統整性主題／專題／議題探究、社團活動與技藝課程、特殊需求領域課程、其他類課程）及學習節數規範。 10.3 各彈性學習課程之組成單元或主題，彼此間符合課程組織的順序性、繼續性及統整性原則。

課程設計	彈性學習課程設計評鑑
邏輯關聯	11.1 各年級各彈性學習課程之規劃主題，能呼應學校課程願景及發展特色。 11.2 各彈性學習課程之教學單元或主題內容、課程目標、教學時間與進度及評量方式等，彼此間具相互呼應之邏輯合理性。
發展過程	12.1 規劃與設計過程中，所蒐集且參考及評估各彈性課程規劃所需之重要資料，如相關主題的政策文件與研究文獻、學校課程願景、可能之教材與教學資源、學生先備經驗或成就與發展狀態、課程與教學設計參考文獻等。 12.2 規劃與設計過程具專業參與性，經由彈性學習課程規劃小組、年級會議或相關教師專業學習社群之共同討論，並經學校課程發展委員會審議通過。特殊需求類課程，並經特殊教育相關法定程序通過。

（二）課程實施

本項評鑑針對「各課程實施準備」，以及「各課程實施情形」進行評鑑。評鑑課程實施的準備是要了解學校在師資人力、教師專長、參與專業發展活動等，是否能有效的實施學校所有的課程；學校是否運用各種機會與溝通管道向家長溝通說明課程的計畫；教材資源主要是評估各類課程所需之教材、學習資源、場地與設備，是否能滿足課程的需要。學校是否能夠創造各種學習促進方案，或活動促進課程的實施。對於課程實施的情形進行評鑑，是對教學現場的實際實施情形進行評鑑，以及校內各領域／科目教學研究會及教師專業學習社群，是否能就各課程之教學實施與學習評量結果，進行專業對話、討論，改進課程與教學。其評鑑之原則如表8-7。

表8-7 十二年國教課程實施之評鑑

課程實施	所有課程實施之評鑑
師資專業	13.1 校內師資人力及專長足以有效實施各領域／科目及彈性學習節數課程，尤其新設領域／科目，如科技、新住民語文之師資已妥適安排。 13.2 校內行政主管和教師已參加主管機關及學校辦理之新課程專業研習或成長活動，對課程綱要內容有充分理解。 13.3 教師積極參與各領域／科目教學研究會、年級會議及專業學習社群之專業研討、共同備課、觀課及議課活動，熟知任教課程之課綱、課程計畫及教材內容。
家長溝通	14.1 學校課程計畫能獲主管機關備查，並運用書面或網路等多元管道向學生與家長說明。
教材資源	15.1 各領域／科目及彈性學習課程所需審定本教材，已依規定程序選用，自編教材及相關教學資源能呼應課程目標並依規定審查。 15.2 各領域／科目及彈性學習課程之實施場地與設備，已規劃妥善。
學習促進	16.1 規劃必要措施，以促進課程實施及其效果，如辦理課程相關之展演、競賽、活動、能力檢測、學習護照等。
教學實施	17.1 教師依課程計畫之規劃進行教學，教學策略及活動安排能促成本教育階段領域／科目核心素養、精熟學習重點及達成彈性學習課程目標。 17.2 教師能視課程內容、學習重點、學生特質及資源條件，採用相應合適之多元教學策略，並重視教學過程之適性化。
評量回饋	18.1 教師於教學過程之評量或定期學習成就評量之內容及方法，能掌握課綱及課程計畫規劃之核心素養、學習內容與學習表現，並根據評量結果進行學習輔導或教學調整。 18.2 各領域／科目教學研究會、年級會議及各教師專業學習社群，能就各課程之教學實施情形進行對話、討論，適時改進課程與教學計畫及其實施。

（三）課程效果

本項評鑑針對領域／科目課程、彈性學習課程、課程總體架構進行。在各領域／科目課程方面，評鑑學生之學習結果表現是否能達成各該領域／科目課綱訂定之核心素養、精熟各學習重點；在各彈性學習課程方面，評鑑學生之學習結果是否能達成規劃之課程目標。持續進展的項目則是評鑑學生於各類課程的學習結果是否有持續的進展，以及學校是否能適時的提供學習困難之診斷與補救。其評鑑原則如下：

1. **領域／科目課程**：針對素養達成、持續進展評鑑，其評鑑原則如表8-8。

表8-8　十二年國教領域課程效果之評鑑

課程效果	部定領域／科目課程之效果評鑑
素養達成	19.1 各學習階段／年級學生於各領域／科目之學習結果表現，能達成各該領域／科目課綱訂定之本教育階段核心素養，並精熟各學習重點。 19.2 各領域／科目課綱核心素養及學習重點以外之其他非意圖性學習結果，具教育之積極正向價值。
持續進展	20.1 學生在各領域／科目之學習結果表現，於各年級及學習階段具持續進展之現象。

2. **彈性學習課程**：針對目標達成、持續進展兩項進行評鑑，評鑑原則如表8-9。

表8-9　十二年國教彈性課程效果之評鑑

課程效果	校訂彈性學習課程效果評鑑
目標達成	21.1 學生於各彈性學習課程之學習結果表現，能符合課程設計之預期課程目標。 21.2 學生在各彈性學習課程之非意圖性學習結果，具教育之積極正向價值。
持續進展	22.1 學生於各類彈性學習課程之學習成就表現，具持續進展之現象。

3. **課程總體架構**：針對教育成效進行評鑑，其評鑑原則如表8-10。

表8-10 十二年國教總體課程效果之評鑑

課程效果	課程總體架構成效評鑑
教育成效	23.1 學生於各領域／科目及彈性學習課程之學習結果表現，符合預期教育成效，展現適性教育特質。

學校評鑑的結果將用於下列各事項：

1. 修正學校課程計畫。
2. 檢討學校課程實施條件及設施，並加以改善。
3. 增進教師及家長對課程品質之理解及重視。
4. 回饋於教師教學調整及專業成長規劃。
5. 安排補救教學或學習輔導。
6. 激勵教師進行課程及教學創新。
7. 對課程綱要、課程政策及配套措施提供建議。

《國民中學及國民小學實施課程評鑑參考原則》的公布，視為繼九年一貫課程評鑑規準之後，另一項課程評鑑的政策。依據學者黃嘉雄（2018），此次的課程評鑑是以課程評鑑的原則提供給各校針對課程的設計、實施和效果的品質作價值的判斷，避免課程的評鑑過於細瑣化、標準化、預定化（p. 24）。另外的一項特色是加入了課程評鑑的結果應用，除了學校可以利用課程評鑑的結果發現作為改善學校課程與教學利用之外，更重要的是可以作為對國家層級之課程綱要、課程政策及配套措施提供建議，賦予學校課程評鑑之使命，而非只是獲得評鑑的結果。

十二年國教的課程評鑑僅列出評鑑之原則，在評鑑的情境中，學校或主管機關於規劃及實施課程評鑑時，除了創建課程評鑑的工具以外，也要將評鑑原則融入運用，此舉是否增添地方教育主管機關與學校在實施課程評鑑的困難度，則有待觀察。

參考書目

方德隆（譯）（2004）。課程發展與設計。（原作者：A. C. Ornstein & F. P. Hunkins）。

黃光雄、楊龍立（2007）。課程發展與設計：理念與實作。臺北市：師大書苑。

黃光雄、蔡清田（2015）。課程發展與設計新論。臺北市：五南。

黃政傑（1992）。課程設計。臺北市：東華。

黃嘉雄（2018）。國民中學及國民小學實施課程評鑑參考原則解析。中等教育，v. 69, n. 4, pp. 22-35。

劉玉玲（2005）。課程發展與設計。臺北縣：文京。

Ahmad, J. (1998). Provus's discrepancy evaluation model. *Journal Construction Education, 3*(2), 64-66.

Bharvad, A. J. (2010). Curriculum evaluation. *International Research Journal, 1*(12), 72-74.

Metfessel, N. S., & Michael, W. B. (1967). A paradigm involving multiple criterion measures for the evaluation of the effectiveness of school programs. *Educational and Psychology Measurement*, *27*, 931-943.

Nyre, G. G., & Rose, C. (1979). Evaluation: the practice of education. *POD Quarterly*, *1*(3), 189-194.

Ornstein, A. C., & Hunkins, F. P. (1988). *Curriculum: Foundations, principles, and issues*. Englewood Cliffs, NJ: Prentice Hall.

Popham, W. J. (1981). *Modern educational measurement.* Englewood Cliffs, NJ: Prentice-Hall.

Scriven, M. (1978). *The methodology of evaluation: An introduction to the field.* Berkeley, CA: McCutchan.

Stake, R. E. (1967). The countenance of educational evaluation. *Teacher College Record*, *68*, 523-540.

Stufflebeam, D. L. (1971). *Educational evaluation and decision making*. Arlington, VG: PDK National Study Committee on Evaluation.

Thanabalan, T. V., Siraj, S. & Alias, N. (2015). Evaluation of a digital story pedagogical module for the indigenous learners using the Stake countenance model. *Procedia: Social and Behavioral Science, 176*.

Tyler, R. W. (1949). *Basic principles of curriculum and instruction.* Chicago: The University of Chicago Press.

第九章　國家課程轉化學校本位課程

第一節　國家課程的轉化

第二節　課程轉化教學

第三節　課程計畫的編制

在第六章當中曾述及，教育宗旨、教育目的、教育目標和課程目標之間具有階層的關係，教育宗旨是教育目的之來源，教育目的是教育目標的來源，教育目標是課程目標的來源。換言之，在此階層的頂端就是教育宗旨，其下爲教育目的與教育目標，這些都是課程目標的來源。反過來說，課程目標是從教育宗旨、教育目的、教育目標而產出的。課程目標與教學目標的關係亦是如此，課程目標是教學目標的來源，教學目標是從課程目標中產出的。這樣的關係解釋了課程轉化爲教學的需要，對於教師而言，教學目標是進入課堂中最接近活動的距離。

然而，課程目標的建立又分爲數個層級，從最高的世界到國家、州的層級，到學校的層級，以及最後再到教室的層級。同樣的，國家層級決定的課程目標是高於學校課程目標，而學校層級的課程目標則是高於教室教學目標。根據目標階層的關係，它也代表了國家的課程目標其抽象的程度也會高於學校和教室層級的目標。

不論是國家層級或是州政府層級的課程目標往往是籠統的、概括的，無法像Bobbitt或是Tyler所言，可以具體到直覺的發現教學的活動，因此後來的學者紛紛就分析目標的方法提出理論。面對國家或州政府所規範的課程，學校如何一方面納入國家課程的規範，另一方面又建立學校本位課程，是學校長久以來在面對每次課程改革時必經的歷程。那麼，國家課程轉化爲教室中的教學，其歷程爲何？

第一節　國家課程的轉化

英國的學者P. D. John（1995）指出教師在設計每天的教學，都必須從國家課程開始。基於此種信念，他所創建的模式主要的意圖是清楚的說明學校如何從國家課程，逐步發展成爲學校中教室教學（classroom teaching）的歷程。依據John的模式，如圖9-1，「國家課程」（national curriculum）必須經過學校的「政策」之規劃，對課程的範圍、知識的內容、教學的策略、評量的歷程，以及課程的獲得（attainment）加以界定，形成學校之「課程計畫」（curriculum planning）（John, 1995, p. 12）。

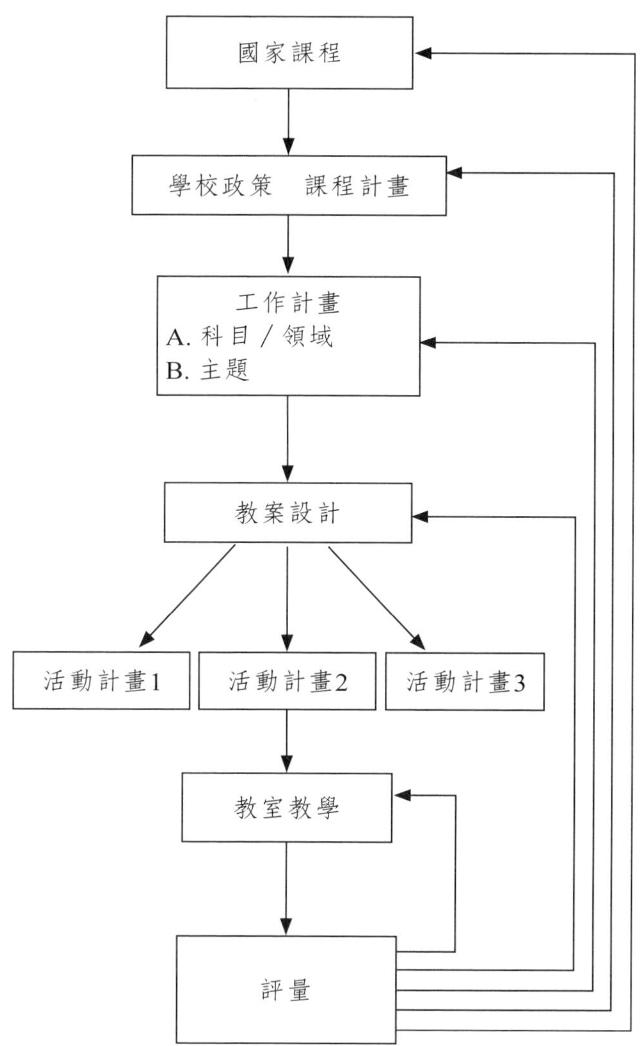

圖9-1　John的國家課程與教室教學模式

爾後，各科目教師的「工作」是以其專業知識、技能，以及對教育的信念解讀課程，確認科目或是主題應該包含之內容或知識，進行科目或主題之設計。及至科目或主題確定之後，才開始「教學單元的設計」，形成教案，並規劃各種學習之「活動計畫」（activity plans），於教室與課堂中進行。最終，依據學生「學習的評量」結果，對國家課程、學校課程、科目與主題、教案設計與教室教學等提出修正。

John的模式雖然簡單扼要的描述國家課程、學校課程與教學設計的歷程，許多的細節在此模式中予以簡化，但是可以看出國家課程並不等同於學校課程，前者是後者的依據，而後者必須遵從前者的規範，形成國家課程「轉化」學校課程的必要。換句話說，國家課程雖爲學校課程之依據，但是學校必須依據自己的政策將它轉化爲學校課程，並且由學校教師依照學科領域解讀國家課程，是John模式中學校教師「工作計畫」的主要任務。爾後，再由教師設計各種活動以實踐課程，成爲教室中的教學。

綜觀John的模式，其主張教師所使用的教學計畫是來自國家課程所轉化的，透過學校教師的努力將國家的課綱解讀並形成課程的計畫，其性質上屬於學校本位課程的本質。換言之，透過John的模式發展的課程與教學代表了國家課程轉化學校本位課程的歷程。

第二節　課程轉化教學

國內學者張清濱（2008）指出只有課程而無教學，課程是空的；只有教學而無課程，教學是盲的。Bobbitt在建立現代化的課程時，先調查當代成人社會的生活，將之歸爲十大類，並依照從事這十大類的活動所需要的能力建立其目標，再持續將這些大目標分成更具體的小目標，直到從這些小目標可以「看見」活動的設計爲止。Bobbitt將這樣的目標分析過程稱爲「任務分析」（task analysis），是課程「轉化」教學的一種方式。

近代的課程大師Tyler（1949）則是呼籲課程目標敘述的形式，必須有助於教育人員選擇學習經驗及引導教學，意即，目標必須是有範圍的、有行爲的、有內容的（p. 43）。因此，建立目標時必須一再的將目標改以「行爲」和「內容」的方式敘述，並且以這兩個向度的交會「轉化」爲適合學科的教學目標，這也是課程目標轉化爲教學的一種方式。Tyler認爲課程目標所敘述的都是屬於所謂「一般性目標」（general objectives），然而教師教學的時候就需要有比較精準的目標，在這樣的過程中，將課程目標轉化爲教學目標是有其必要。舉例而言，一般常見的課程目標，如：「學生能發展欣賞的能力」，像這樣的目標很難讓教師設計出適合的活動，但是如果目標是敘述：「學生能發展欣賞50年代的臺灣文學」，目標中規範了教學範圍，對於教師選擇學習的經驗而言，後者顯然就能發揮它的功能。

Oliva（2009）在他的課程與教學發展模式中直指課程的發展先於教學，教學的發展必須源自課程，兩者以子系統的關係相互依存。其中課程的子系統說明課程目的與目標是來自考量學生與社會需求後所形成的教育哲學，並確立成爲教育的宗旨，而教學的子系統則是承接課程子系統所規劃的課程組織和實踐的計畫，逐步發展與建立教學的目的與目標。Oliva的模式中（如圖9-2所示），課程子系統中以方塊的圖形表示這些步驟的主要任務是以「規劃」爲主，圓形的圖示則表示它是「操作」的步驟；而教學子系統中以圓形的圖示表示這些步驟爲實際「操作」的步驟，而方塊

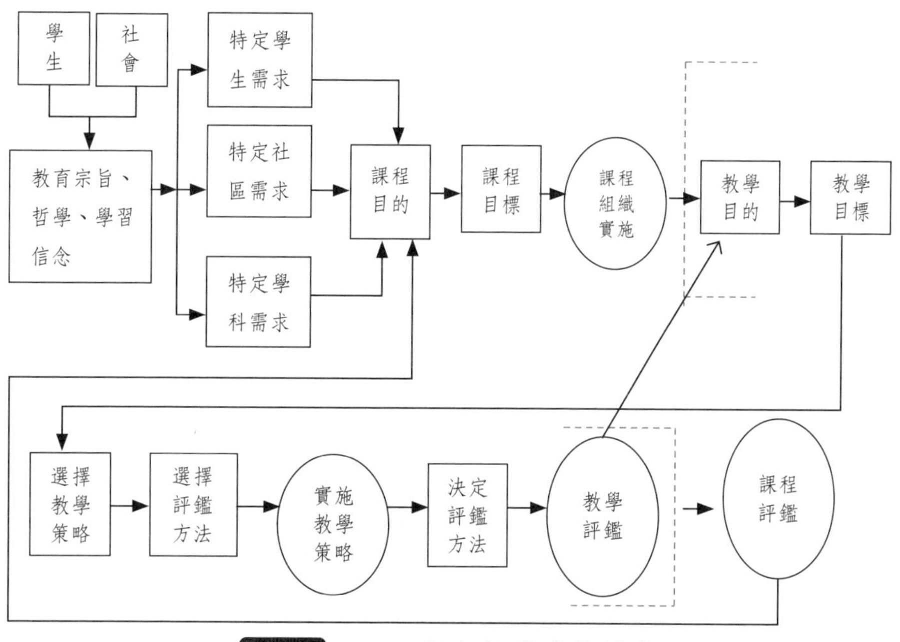

圖9-2　Oliva課程教學發展模式

的圖示則表示其爲「設計」的階段。課程的規劃多屬於「設計」，而教學則是操作較多的階段，這也說明課程的設計不易被看到，只能從教學的內涵略窺一二的原因。

以下列出從教育目的到教學目標的階層敘述，它們之間的層級是非常清楚的（如表9-1）。Oliva指出要能清楚的描述對學生的期望，在所有目標的敘述中都應該遵守下列三個原則：

1. 對學生表現行爲的期待。
2. 表現行爲的情境。
3. 精熟的程度。

表9-1 目標的階層

學習成果	目標敘述
教育目的	學生能發展生活在資訊社會中所需要的知識和技能。
課程目的	學生能察覺電腦對生活的影響。
課程目標	在二年級結束時至少90%的學生會在學校或其他地方，修習至少一門電腦素養的課程。
教學目的	學生能熟悉個人電腦。
教學目標	學生能展現用Word文書軟體編寫一頁的報告。

表9-1示例從教育目的到教學目標的目標敘述方式，其中的一項特色是目標的敘述都是從廣泛的到聚焦的、一般性的到具體的，一來可顯示它們階層的高低、概括的範圍，二來也顯示最終的教學目標必須是具體的與行爲的。所以，課程到教學勢必歷經這樣的過程，才能爲教學所用；換言之，課程必須轉化爲教學，而非直接的採用。

第三節　課程計畫的編制

John的模式宣告國家課程必須轉化爲學校與教室內的教學，而Oliva的理論提供更堅固的基礎作為課程轉化教學的支持。那麼，接下來的問題就是，轉化完成的教學要如何成爲學校向家長、學生的說帖，以及如何提供給教師作爲授課的依據。Armstrong對此提供了另一種可行性，那就是編制課程的文件。

課程的文件雖有多種形式，其所包含的內容與範圍也不盡相同，但是提供課程的資訊給不同的使用者是其基本目的。因此，在課程計畫中提供的資訊，以課程的內容、範圍、實施期程爲其最重要的元素。

對於課程實務者而言，課程一旦發展與設計完成之後，就要將其組織成爲「學程」（programs）以便按部就班的付諸實行。在組織課程進入實踐的階段中，要將課程安排成爲計畫，訴諸於文字，並以文件（document）的形式呈現。是故，如何呈現這些設計完成的課程內涵，並賦予實施的程序與方法，就是編制「課程計畫」的最終目的。「課程計畫」是由多種文件所組成，不僅是呈現課程發展與設計的成果，也呈現課程實施的步驟，替課程管理和評鑑提供了基本的藍圖與標準。因此，學校莫不把編製「課程計畫」當作實踐學校教育與理想的首要任務，由此可知「課程計畫」之重要性。

雖然「課程計畫」的內容可以因地制宜採用不同的表述方式，但是都以「書寫的文件」作爲主要的形式。因此，課程計畫也被Armstrong稱之爲「書寫式的課程」（written curriculum），是課程的形式之一。書寫式的課程呈現學校實施的計畫，以文件（document）的形式存在，即稱爲「課程文件」（curriculum documents），它是課程實質的載體，是以文字的方式表示課程計畫。本章即是探討：（一）一份完整的「課程計畫」應包含的文件類型有哪些？爲什麼要由不同的文件組成「課程計畫」？（二）在「課程計畫」中的國家課程如何「轉化」，才能爲學校教師的教學所用？

一、組成課程計畫的文件

「課程計畫」以不同形式的「文件」（document）組成，其中包含各種課程有關的內容，其主要目的是要滿足不同的教育人員使用課程文件的需求。因此，「課程計畫」中所包含的各種課程文件（curriculum documents）都具有其獨特的作用，使用課程文件的人員因為自己的需求選擇適當的種類，以獲得相關的課程資訊。簡言之，「課程計畫」中的文件大都包含：(1)哲學論述——學校願景的文件；(2)課程範圍與順序文件；(3)學科或學習領域的課程指引文件；(4)年級／學期的計畫文件；(5)教學計畫的文件等，以下分別說明之：

（一）哲學論述——學校願景（philosophy statements）的文件

提供「哲學論述」的文件，其主要目的是希望藉此讓學區的督學、民眾和家長能夠認識學校對於所謂「優質教育」的信念，以及學校的課程目標是如何達成教育的目的。大體上，一份好的「哲學論述」的文件中應該清楚的描述或說明學校：(1)如何培養學生的智識能力；(2)如何預備學生面對世界的能力；(3)如何增進學生對自我的了解；(4)如何發展學生解決問題的技巧；(5)如何強化個人面對變革的能力等。

「哲學論述——學校願景」文件中的內容主要是擘劃出學校教育的一般性廣泛的理念，因此在書寫這些論述時，大都採取中立的立場，不會偏向特定的教育哲學派別。從學校「哲學論述」文件中，可以察覺出深藏於學校課程裡的教育理想與方向，有助於人們對學校的認同與支持。在我國現行的學校課程中經常會以「學校願景」的型態出現在課程文件中。

（二）課程範圍與順序（scope & sequence）的文件

「課程範圍與順序」的文件所提供的是整個學校學科或領域課程的計畫，類似學校的「總體課程」。學校中有些課程的範圍與順序是來自政府的要求和規定，有些則是來自學校層級的決定。例如：在十二年國教課綱中教育部即規定國小階段共有七大「學習領域」，每個學習領域則訂定出各階段的「學習重點」，其中語文（包含國語文、本土語文／新住民語文）、數學、健康與體育等「學習領域」分成三個階段，而英語、自然、社會、藝術、綜合活動學習領域則分成兩個階段；學校層級所自訂的「彈性學習」則於「校訂課程」實施彈性學習課程，亦分為三個階段。這些學習領域和學習階段的課程均須編制課程計畫，說明學校實施教育的情況，所以，從「課程範圍與順序」的文件中約略可以看出學校課程的組織與架構。

使用「課程範圍與順序」課程文件的人員主要是學校中掌管全校課程的行政人員，在我國現行的學校行政組織中當屬校長或教務主任。「課程範圍與順序」的文件具有非常重要的地位，主要是因爲其他如課程指引、年級計畫、教學單元計畫等，都是以「課程範圍與順序」作爲延伸的基礎，因此它所提供的資訊必須能夠讓使用者（校長／教務主任）確認學校課程的合法性，實施的策略是否能達成教育或政府的要求與規定。經常看到的範例是：「忠孝國小總體課程計畫」、「仁愛國小總體課程計畫」，這些總體課程計畫的文件中都是描述並呈現全校性的課程。

（三）課程指引（curriculum guide）文件

課程指引則是呈現某一個學科／學習領域在學校全年級（階段）整體的樣貌，或是某個年級（階段）所有學科整體的樣貌。課程指引的內容是由前項「課程範圍與順序」中萃取而得。換句話說，把全校的某一個學科的課程從全校的總體課程中獨立出來，例如：數學領域課程指引、社會領域課程指引等。如果將學校某一個年（級）段的所有學科抽取出來就成爲「三年級課程指引」、「五年級課程指引」。這些「課程指引」的文件只提供單獨學科的樣貌，或是單一年段的全部學科樣貌。

使用「課程指引」文件的人員，通常是負責某一個學科（領域）的行政人員／教師（領域召集人）或是某一個年級（段）的學年負責人（學年主任）。依據108課綱之總綱的規定，各級學校必須設置「課程發展委員會」，其下設有各領域的「教學研究會」。因此，各領域負責「教學研究會」之教師或行政人員應該對「領域」中的課程具有全盤性的了解，此時「課程指引」的文件就是提供領域召集人最佳的資料來源。「課程指引」文件也會吸引具有該學科專長教師的注意與興趣，因爲從文件中可以看出學校在某領域的全盤性內涵、範圍與順序。

（四）年級／學期計畫（grade-level plans）文件

不論是全校性的課程或是以學習階段分成的課程到實際實施的階段時，都會將它們再分成年級／學期的單位，如此一來，就有所謂的「三年級數學課程計畫」、「三年級上學期數學課程計畫」，或是「五年級語文課程計畫」、「五年級下學期語文課程計畫」等。所以「年級／學期計畫」是針對科目或是學習領域在各年級／學期所實施的課程計畫。

使用年級計畫文件的人員主要是學科內容專家，以及教授某一學科的教師，對於他們而言，它是設計教學時需要的一份重要文件。編製「年級／學期計畫」的文件內容主要是從前項「課程指引」的文件內容萃取出來。意即，將學科或領域的全部課程，依照年級劃分成各年級／學期適用的課程，據以編製而成。

（五）教學計畫（instructional unit plans）文件

相較於前述的「年級／學期計畫」，「教學計畫」的文件可能更吸引授課老師的青睞與重視。「教學計畫」中詳列完整的學習目標、學習者特質、引介內容的步驟、評量、教材，以及教學資源等資料。由於「教學計畫」的文件是提供年級、學期的教學計畫，教師可以其計畫進行教案的設計（lesson planning），對於教室內的教學提供了非常詳細的資訊，是一份讓教師在教學時覺得最有用的文件。

「課程計畫」是由上述各種文件所組成的，每一種文件都具有其獨特的內容和使用的目的。意即，從課程文件的內容和組織可以看出它們滿足了不同使用者的需求。「課程文件」原則上包含「哲學論述」、「課程範圍與順序」、「課程指引」、「年級／學期計畫」、「教學計畫」等五種不同的文件。在編製這些課程文件時，必須釐清使用「課程文件」的對象，才能提供適當的資訊。

爲適應不同的使用者，各種「課程文件」所敘述的內容會有所差異，但是無論如何，這些文件彼此之間必須存在著所謂的「一致性」（consistency）才能對整體的課程具有績效的基礎。所謂的「一致性」是指每一種課程文件雖然不同，但彼此之間必須包含有共通的元素（common elements），例如：在「課程範圍與順序」文件所描述的內涵與在「教學計畫」文件中所說明的具體內涵，具有邏輯上的連結（connection）。換言之，這些文件就構築成課程文件的系統（curriculum-document system），系統中的每一份文件彼此之間具有關聯性。例如：將「課程範圍與順序」文件中全校性的課程依照學科或是學習領域獨立出來，即形成所謂「課程指引」文件；把「課程指引」文件中的課程依照年級劃分出來，就形成「年級／學期計畫」文件。根據「年級／學期計畫」規劃學習目標、內容呈現、評量等教學步驟，就形成「教學計畫」文件。不同的課程文件都具有它特定的目的，就「課程範圍與順序」文件而言，它提供的是整體課程的面向，而「教學計畫」文件則是提供了內容、教學方式和評量的程序等資料。

雖然各種課程文件因爲使用的目的不同，文件的內容設計會有所差異；但是，爲了能編製有品質的「課程文件」，還需要考量文件本身的合法性（legitimacy）、可信度（credibility）、清晰性（clarity）、一致性（consistency），以及文件本身的內容範圍是否提供足夠的資訊給使用者。

是故，根據John的模式，「國家課程」並不是直接成爲「學校課程」或是目標，更不是直接作爲教室內的教學之用，而是必須透過學校行政的措施，訂定爲學校本位的「課程計畫」，將課程範圍和順序加以界定及實施，並且讓教師依其專業，將各學習領域（主題）解讀的結果，據以設計成教案，以及教學的活動。而這些解讀課綱、設計教案與活動，均是由學校內全體教師的合作共同完成，在其意義上就稱爲「學校本位課程」。

對於以中央集權爲制度的我國而言，學校應根據國家課程的基本要求，以具體的教學、活動、資源讓學生達到應有的學習。因此學校和教師必須採用國家課程，加以研究，以發展本身的校本課程，具體實踐國家的教育目標和宗旨。

二、課綱轉化教學內涵

根據目標的層級和其概括的範圍，課程目標比起教學目標仍然比較抽象、範圍比較廣，因此許多學者提出課程目標在轉化爲教學可用的目標時，必須進行分析。許多學者試圖找出合理的、邏輯的方式進行目標的分析。例如：Robert F. Mager（1997）在其著作《目標分析》（*Goal*

Analysis）中就指出分析目標要成爲教學所用，其最主要的步驟是：(1)確定目標；(2)要做哪些事才能同意目標達到了？(3)確定要表現目標的是行動；(4)用完整的語句描述行動（p. 67）。

面對課程的目標，無論是能力的目標或是知識的目標，如何轉化爲教學可用的內涵，是目前我國教育改革上的困難之一。原因之一是教師缺乏有系統的轉化認知，其二是對課程與教學的理論了解不足。從九年一貫課程的改革中意識到基層的教師無法將課綱轉化爲能力，而持續以知識的傳授爲目標，導致能力指標的課程有如空談一般。然後十二年國教以「學習表現」與「學習內容」組成「學習重點」，成爲新的課綱。這些新課綱又要再向上提升爲「素養」的學習，恐怕對基層的教師更形困難。

不論如何，課程目標需要轉化爲教學目標或內涵都是現代教學設計（instructional analysis）的基本任務。Gagné則是提出將目標分入適當的類別，再依各類別的分析方法進行轉化。首先，Gagné將目標分爲：（一）語文資料；（二）智識能力；（三）態度；（四）動作技能；（五）認知策略等五大類，並稱之爲「學習成果」，以下說明之：

1. **語文資料**：學習(1)符號與名稱：如「+」或「-」、「太陽」或「月亮」；(2)單一的事實：如：「地球是環繞著太陽旋轉」、「臺灣的地理位置」；(3)有系統的資訊：臺灣歷史的分期與重要事件等知識，主要的學習策略是「記憶」。
2. **智識能力**：能夠讓個人與環境互動的概念或符號，例如：找出三角形的對角線，或是用四捨五入法作加減估算。
3. **態度**：通常稱爲情意領域，指個人對事物的正面或負面的反應，例如：選擇慢跑作爲日常的運動。
4. **動作技能**：能夠騎乘腳踏車或是能夠做瑜伽的基本動作。
5. **認知策略**：管理個人的學習、記憶與思考的行爲，例如：使用歸納法在閱讀文本（起、承、轉、合），或是使用中文的相似音學習外國語（dinosaur，呆鳥獸）。

Gagné指出當目標分入上述類別時，就可以利用各類別特有的分析法進行目標的轉化與分析，以下就課程目標的類型分別使用：（一）叢集分析（cluster analysis）；（二）階層分析（hierarchical analysis）；（三）程序分析（procedural analysis）；（四）混合式分析（hierarchical analysis and/or cluster）。以下分別說明之：

（一）叢集分析（cluster analysis）

適用於「語文資料」目標的分析，其分析的原型如圖9-3，將課程目標置於圖形的上方，作為分析的目標，下列折線則是區分課程與教學的層次，將課程目標先分割成三個小單位的範圍，再就每一個範圍繼續分析它的內容。

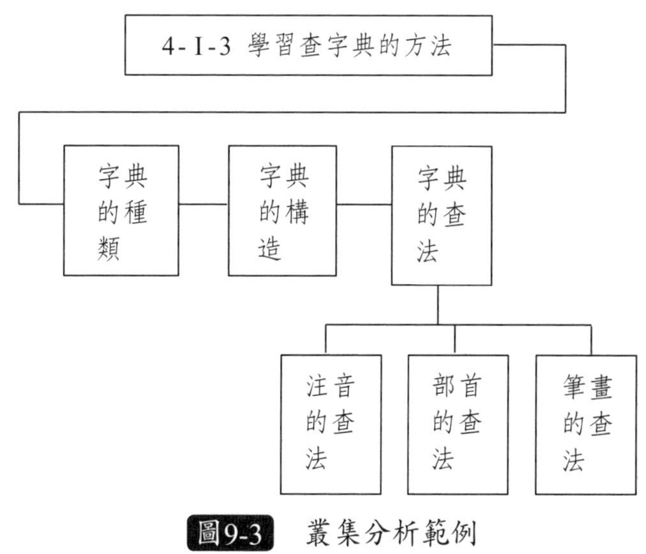

圖9-3　叢集分析範例

（二）階層分析（hierarchical analysis）

適用於智識能力目標的分析，其分析的原型如圖9-4，將課程目標置於圖形最上方位置，利用折線區分課程與教學，將課程目標分割數個小單位的目標，由上推論出每個小單位目標的先備能力，直到起點行為。分割的小單位則是由左到右進行目標的學習。智識能力的目標基本上是要求學習者能「表現」出來某一些行為，換句話說，這些表現必須能夠「看得見」。

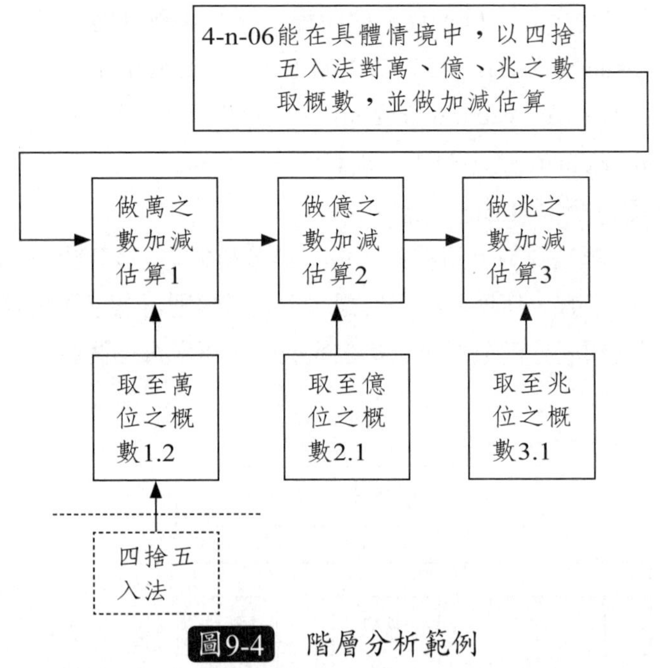

圖9-4 階層分析範例

（三）程序分析（procedural analysis）

主要是應用於動作技能領域的目標，其分析的原型如圖9-5，將課程目標置於圖形上方，以折線區分課程目標與教學，將課程目標分割成教學的小單位，然後依序由下往上，再由左往右進行教學，或是按照小單位的編號1.1⇨1⇨2⇨3.1⇨3依序教學。

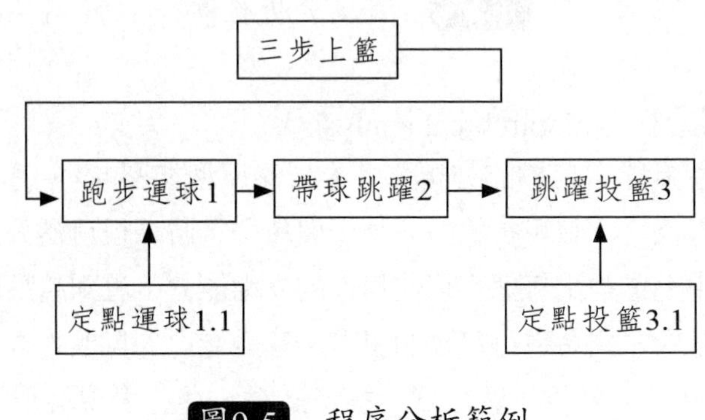

圖9-5 程序分析範例

（四）混合式分析（hierarchical analysis and /or cluster）

適用於態度目標的分析方法，其作法略有不同，如圖9-6。學習者要表現出某種態度之前，他一定是從事過動作技能或是智識能力之後才有態度的傾向，因此在分析態度目標時，將態度評列於智識能力目標，並且使用線條連接兩者。

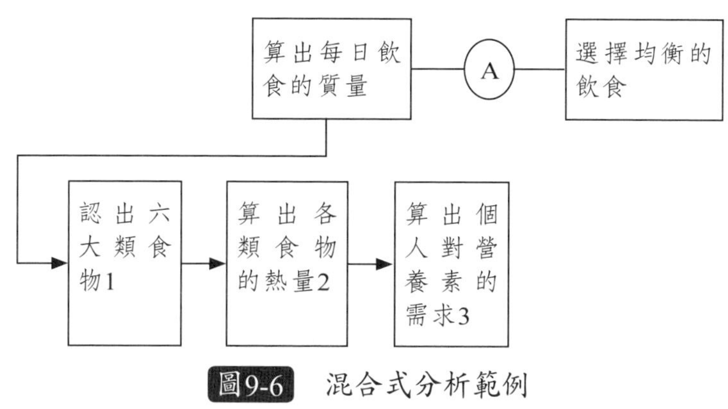

圖9-6　混合式分析範例

使用Gagné的教學分析方法，將課程目標予以分類，再就各種類別的目標運用適當的分析方法，確定教學的範圍、順序等，就形成課程目標的「轉化」。因此，不論是屬於內容知識或是行爲表現的目標都可以經過這樣的歷程逐步分析出教學的內涵，這就是課程「轉化」成教學的方法。「轉化」的目的是在於確認教學的範圍、內涵與順序，如此的「轉化」課程才能爲教師所用，課程計畫才有意義。

John的國家課程與教學模式簡述了學校在實施國家課程時的歷程與任務，其中「工作計畫」歷程中直指學校教師必須以學科領域的專業知識解讀國家之課程，確認教學的目的或目標後才能進行教學活動的設計。此舉說明了教學的設計必須承自課程的目的或目標，並發展出教學策略與評量等任務。Armstrong的課程文件理論明示課程計畫中的文件，呈現一個完整的課程計畫應有的文件，讓不同的教育人員各取所需，充分的掌握課程的規劃與實施的進度。Gagné的教學分析理論是探討課程目標如何轉化成教學內涵，化作教學的廣度與深度、順序與範圍，提供教師最精實的資訊實踐課程。

參考書目

任慶儀（2019）。教學設計：理論與實務。臺北市：五南。

Armstrong, D. G. (1989). *Developing and documenting the curriculum.* Boston, Allyn and Bacon.

Dick, W., Carey, L., & Carey, J. O. (2009). *The systematic design of instruction* (7th ed.). London: Pearson Merrill.

Gagné, R. M., Briggs, L. J., & Wager, W. W. (1995). *The systematic design of instruction* (7th ed.). Boston: Pearson.

John, P. D. (1995). *Lesson planning for teachers.* London: Cassell Educational.

Mager, R. F. (1997). *Goal analysis: How to clarify your goals so you can actually achieve them* (3rd. ed.). Atlanta, GA: The Center for Effective Performance.

Mager, R. F. (1997). *Preparing instructional objectives: A critical tool in the development of effective instruction* (3rd. ed.). Atlanta, GA: The Center for Effective Performance.

Oliva, P. F. (2009). *Developing the curriculum* (7th ed.). Boston: Pearson/Allyn and Bacon.

Tyler, R. W. (1949). *Basic principles of curriculum and instruction.* Chicago: The University of Chicago.

十二年國民基本教育特別篇

第十章　十二年國教課程之基本認識

第一節　核心素養課程之基本認識

第二節　十二年國教領域課程之變革

第三節　學習重點的轉化、對應與設計

民國100年公布、民國103年正式實施之「十二年國民基本教育實施計畫」，將我國國民基本教育由九年延長為十二年，這是繼民國57年將國民義務教育由六年延長為九年，以及民國87年公布、民國90年開始實施之「國民教育九年一貫課程」改革以來，最大一次的教育改革。此次的改革不僅將高中、高職納入國民基本教育的範疇，並建置其課程綱要。課程的主軸也在這一波的改革當中，重新定義，後續將會引發國小、國中、高中職課程開始另一波教學改革的浪潮。隨著民國103年十二年國民基本教育「總綱」的公布，新課程正式於民國108年於國小、國中、高中階段開始實施。

九年一貫課程改革是以課程的改革為主，過去在「課程標準」時代中，課程的主體為「教材的綱要」；而九年一貫課程則是以「能力指標」為課程的主體。及至十二年國教，再以「核心素養」為主軸，以「學習重點」為課程的主體，課程改革的時距愈來愈短，改變的速度愈來愈快，見證了趨勢專家們的預言：「世界將以無法想像的速度改變當中」（Naisbitt & Aburdene, 1990）。學校教育人員面對108新課綱的實施必須以謹慎而積極的態度面對。本章即是以此次新課綱的重要內涵逐一介紹，俾使現職的教師或是尚在師培階段的師資生們能夠具備相關的知識與素養。

第一節　核心素養課程之基本認識

在十二年國教改革中備受矚目的重點除高中、職領域綱要的創新和建置外，就以「核心素養」作為課程發展之主軸最受到關注。「核心素養」是在「十二年國民基本教育課程綱要」之「總綱」中所揭示的課程主軸，是指一個人為適應現在生活及面對未來挑戰，所應具備的知識、能力與態度。以「核心素養」作為課程發展主軸，一方面裨益各教育階段間的連貫，以及各領域／科目間的統整；另一方面，「核心素養」的課程是強調學習不宜以學科知識及技能為限，關注其學習與生活的結合，透過實踐力行而彰顯學習者的全人發展。「核心素養」主要應用於國民小學、國民中學及高級中等學校的一般領域／科目。

教育部將九年一貫之十大基本能力，改以九項「核心素養」，並將其統整於三個面向中，即「溝通互動」、「社會參與」及「自主行動」成爲十二年國教的主軸，如圖10-1所示。「核心素養」的三個面向與OECD在DeSeCo方案中所提之「互動的使用工具」、「在異質性的群體中互動」、「自主的行動」等三項「關鍵能力」（key competencies）如出一轍。意即，教育部以培育「終身學習者」爲國民教育之核心，以「溝通互動」、「社會參與」及「自主行動」等三項「核心素養」層面，作爲培育的重點。其中，「溝通互動」層面包括符號運用與溝通表達、科技資訊與媒體素養、藝術涵養與美感素養等三項指標；「自主行動」層面包括身心素質與自我精進、規劃執行與創新應變、系統思考與解決問題等三項指標；「社會參與」層面包括道德實踐與公民意識、多元文化與國際理解、人際關係與團隊合作等三項指標。總而言之，十二年國民基本教育期望透過所有的課程將核心素養落實於生活當中，成爲一位現代「優質的國民」。

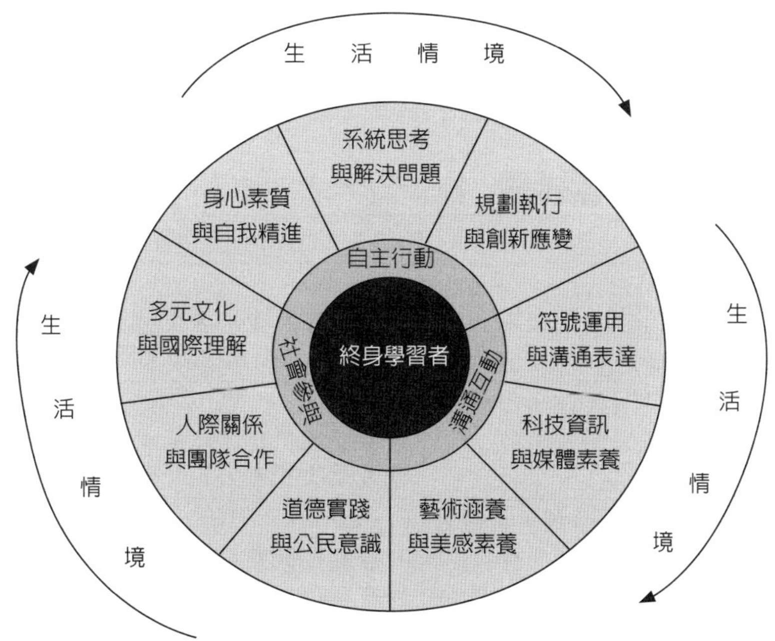

圖10-1　十二年國民基本教育核心素養

所謂的「核心素養」是承續過去課程綱要的「基本能力」、「核心能力」與「學科知識」，但涵蓋更寬廣和豐富的教育內涵，不再只以學科知識爲學習的唯一範疇，而是關照學習者可整合運用於「生活情境」，強調其在生活中能夠實踐力行的特質。「核心素養」之主要意義如下：（國家教育研究院，2015，p. 1）

（一）「核心素養」是指一個人爲適應現在生活及未來挑戰，所應具備的知識、能力與態度。

（二）核心素養較過去課程綱要的「基本能力」、「學科知識」涵蓋更寬廣和豐富的教育內涵。

（三）核心素養的表述可彰顯學習者的主體性，不以「學科知識」爲學習的唯一範疇，強調其與情境結合並在生活中能夠實踐力行的特質。

（四）核心素養強調「終身學習」的意涵，注重學習歷程、方法及策略。

教育部將總綱中所提之核心素養，依照不同教育階段（國小、國中、高中職階段）提出適用於各階段教育之核心素養指標與具體內容。表10-1顯示「核心素養面向」在國小階段之「核心素養項目」及其具體內涵（教育部，2011）。

表10-1　國小階段之核心素養內涵

核心素養面向	核心素養項目	國小核心素養具體內涵
A自主行動	A1身心素質與自我精進	E-A1 具備良好的生活習慣，養成身心保健的能力，並認識個人特質及發展潛能。
	A2系統思考與解決問題	E-A2 具備探索問題的思考能力，且能透過體驗與實踐解決日常生活問題。
	A3規劃執行與創新應變	E-A3 具備擬定計畫與實作的能力，並以創新思考方式，因應日常生活情境。

核心素養面向	核心素養項目	國小核心素養具體內涵
B溝通互動	B1符號運用與溝通表達	E-B1 具備「說、讀、寫、作」的基本語文能力，並具有生活所需的基礎數理、肢體及藝術等符號知能，能以同理心應用在生活與人際溝通。
	B2科技資訊與媒體素養	E-B2 具備科技與資訊應用的基本素養，並能理解各種媒體的意義與影響。
	B3藝術涵養與美感素養	E-B3 具備藝術創作與欣賞的基本素養，促進多元感官的發展，培養生活環境中的美感體驗。
C社會參與	C1道德實踐與公民意識	E-C1 具備個人生活道德知識與是非判斷能力，理解並遵守社會道德規範，培養公民意識，關懷生態環境。
	C2人際關係與團隊合作	E-C2 具備理解他人感受，樂於與人互動，並與團隊成員合作之素養。
	C3多元文化與國際理解	E-C3 具備理解與關心本土與國際事務的素養，並認識與包容文化的多元性。

A：核心素養之自主行動面向；B：核心素養之溝通互動面向；C：核心素養之社會參與面向；E：指國小教育階段

據此，教育部於「十二年國民基本教育課程：總綱宣講」中進一步將總綱、總綱之核心素養、各領域綱要、各領域核心素養、各領域理念與目標、各領域學習重點（學習表現／學習內容）等之課程發展策略提出說明，如圖10-2。

（一）總綱之核心素養：分別將國小至高中、職之「核心素養」依照國小、國中與高中職不同階段，「轉化」為各教育階段之核心素養。表10-2列出教育部所公布轉化的結果（國小部分），稱為核心素養的「具體內涵」。

（二）各領域之核心素養：分別將國小、國中與高中職之核心素養之具體內涵，轉化爲可於各領域中實施的領域核心素養。

（三）各領域的理念與目標：將各領域之核心素養具體內涵融入於各領域之中，並且與各領域之綱要共同發展成爲領域之學習目標。

（四）各領域學習重點與內涵：將前項的學習目標發展出各領域綱要的「學習表現」與「學習內容」，並且檢視它們與各領域的核心素養對應的情形。

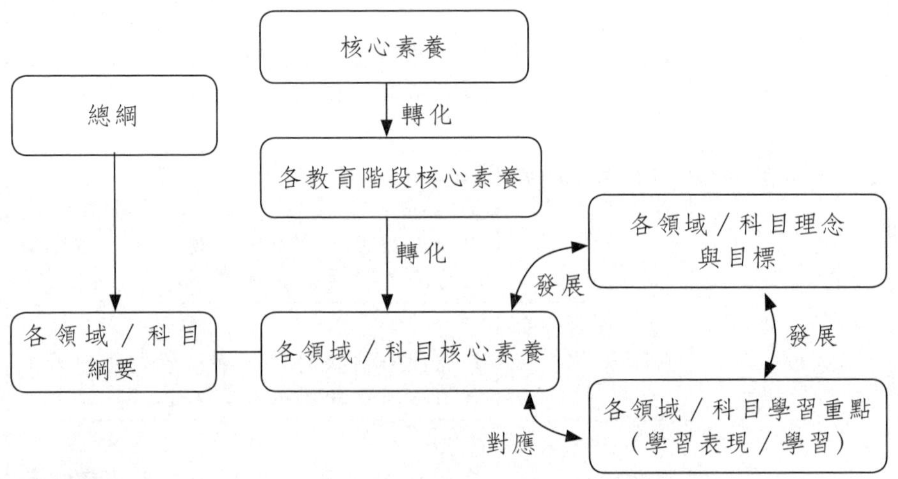

圖10-2 十二年國教核心素養在課程綱要的轉化及其與學習重點對應關係

圖10-2即是顯示總綱中的「核心素養」轉化成爲領域的核心素養，以及配合各階段學生的需求，制定國小、國中、高中職適用的核心素養。從圖中也能了解各領域的核心素養，進一步發展成爲「課程目標」與「學習重點」的過程，最終形成不斷檢視「各領域核心素養」、「課程目標」、「學習重點」之間對應的循環迴圈。

十二年國教課程之發展歷程，總綱的核心素養轉化成各領域的核心素養，並以此建立各領域的課程目標，選擇學習的重點，就此歷程而言，核心素養的概念成爲串聯整個十二年國教課程垂直的經線，將課程從國民教育的目的、目標與課程的目標、課程的內涵完整的串接，可說是我國課程發展中創新的做法。

表10-2列出總綱的核心素養與領域核心素養內涵，藉以說明兩者之間的關係。表中以「總綱」中的素養「B溝通互動」面向爲例，總綱的素養面向轉化爲B1的素養項目，再轉化爲國-E-B1、數-E-B1、自-E-B1、藝-E-B1的跨國語、數學、自然、藝術等學習領域之具體內涵。換言之，這些核心素養的轉化揭示了十二年國教的目的，即是培養學生具有與人互動溝通的能力，這些能力必須是學習者能運用語文、數學、自然、藝術等各領域所學習到的特殊符號、語詞、概念、技法等各種形式，進行自我表

表10-2　核心素養跨領域轉化其具體內涵

核心素養面向	總綱核心項目	總綱核心項目說明	領域核心素養具體內涵
B溝通互動	B1符號運用與溝通表達	E-B1 具備「說、讀、寫、作」的基本語文能力，並具有生活所需的基礎數理、肢體及藝術等符號知能，能以同理心應用在生活與人際溝通。	國-E-B1 理解與運用國語文在日常生活中學習體察他人的感受，並給予適當的回應，以達成溝通及互動的目標。
			數-E-B1 具備日常語言與數字及算術符號之間的轉換能力，並能熟練操作日常使用之度量衡及時間，認識日常經驗中的幾何形體，並能以符號表示公式。
			自-E-B1 能分析比較、製作圖表、運用簡單數學等方法，整理已有的自然科學資訊或數據，並利用較簡單形式的口語、文字、影像、繪圖或實物、科學名詞、數學公式、模型等，表達探究之過程、發現或成果。
			藝-E-B1 理解藝術符號，以表達情意觀點。

達並與人溝通。這種落實各領域學科的學習不僅是知識的層次，而是可以運用知識的特殊形式作爲日常的表達與溝通，可以說是課程設計的創舉。

「核心素養」轉化爲學習領域的核心素養後，依序建置各學習領域的「學習重點」，表10-3即是以健體領域爲例，說明兩者之關係。以健體領域的核心素養（健體-E-A1）爲例，依其所發展出的「教學重點」如表中所示，這些「教學重點」又依不同的學習階段，分別設計出「學習表現」和「學習內容」，從表中即可看出以體健領域核心素養爲出發點，考量健體領域的內涵繼而發展出「教學重點」。透過「學習表現」和「學習內容」的「教學重點」，再次檢核它與核心素養的對應程度。

表10-3 健體領域之「核心素養」與「學習表現」、「學習內容」之發展

核心素養／學習表現	第一階段	第二階段	第三階段
健體-E-A1 具備良好身體活動與健康生活的習慣，以促進身心健全發展，並認識個人特質，發展運動與保健的潛能。	1-I-2認識健康的生活習慣。 D-I-3良好的飲食習慣	1-II-2了解促進健康生活的方法。 D-II-3食物的組成與搭配	1-III-3描述生活行為對個人與群體健康的影響。 D-III-3每日飲食指南

以上僅以健體領域之課程設計爲例，說明各領域的「學習重點」與「領域核心素養」之關係，所有「各領域／科目之核心素養」及「各領域／科目學習重點」均是以此爲發展的歷程。另一方面，也依照其審議通過的「十二年國民基本教育課程發展指引」，考量各領域／科目的理念與目標，結合或呼應核心素養具體內涵所發展及訂定。

「學習重點」取代九年一貫的「能力指標」成爲十二年國教的課程主體，並且以「學習表現」和「學習內容」兩個面向組合成爲二維的向度。在各領域中「學習表現」和「學習內容」均依照領域特色加以分類，以下舉例說明之。

（一）國語領域：「學習表現」分為六個類別，即「聆聽」、「口語表達」、「標音符號與運用」、「識字與寫字」、「閱讀」與「寫作」，其代碼依順序為數字編號1-6，以羅馬數字I-III區分學習階段（國小分為三個階段），最後的數字則是流水號（非為教學順序）；學習內容則分為「文字篇章」、「文本表述」、「文化內涵」三大主題，分別以英文大小寫表示主題與次主題。

學習表現	學習內容
4-I-1認識常用國字至少1,000字，使用700字。	Ab-I-2 700個常用字的使用。
4-I-2利用部件、部首或簡單造字原理，輔助識字。	Ab-I-3常用字筆畫及部件的空間結構。

（二）數學領域：「學習表現」以小寫的英文數學名稱代表，共分為七大類，以英文小寫字母n（數與量）、s（空間與形狀）、g（坐標幾何）、r（關係）、a（代數）、f（函數）、d（資料與不確定性）表示，羅馬數字則為學習階段之區別，其後為流水號。「學習內容」則是以大寫英文字母作為編碼，英文大寫字母N（數與量）、S（空間與形狀）、G（坐標幾何）、R（關係）、A（代數）、F（函數）、D（資料與不確定性）表示，其後之數字代表學習的「年級」以及流水號。

學習表現（階段）	學習內容（年級）
n-III-1理解數的十進位的位值結構，並能據以延伸認識更大與更小的數。	N-2-1一千以內的數：含位值積木操作活動。結合點數、位值表徵、位值表。位值單位「百」。位值單位換算。
n-IV-1理解因數、倍數、質數、最大公因數、最小公倍數的意義及熟練其計算，並能運用到日常生活的情境解決問題。	N-3-2加減直式計算：含加、減法多重進、退位。

（三）社會領域：「學習表現」由「理解及思辨」、「態度及價值」和「技能、實作及參與」三個構面與項目組成，以數字代表構面，以小寫英文字代表構面下之項目，再以羅馬數字II-III代表國小學習階段，其後爲流水號。「學習內容」則是由四個主題軸與項目「互動與關聯」、「差異與多元」、「變遷與因果」及「選擇與責任」組成，分別以英文大小寫字母代表，其後接學習階段及流水號。

學習表現	學習內容
2b-III-2理解不同文化的特色，欣賞並尊重文化的多樣性。	Ab-III-1臺灣的地理位置、自然環境，與歷史文化的發展有關聯性。
2b-II-2感受與欣賞不同文化的特色。	Ac-III-1憲法規範人民的基本權利與義務。

（四）自然領域：「學習表現」是以「科學認知」、「探究能力」、「科學的態度與本質」等三個爲主要項目，其中「探究能力」、「科學的態度與本質」分別再分爲數個子項，子項之下再分數個細項，主要項目沒有編號，子項以小寫英文t, p, ai, ah, an爲代碼，細項分別以小寫英文附於其後，學習階段仍然使用羅馬數字II-III，其後接流水號。「學習內容」在「國小」是以跨科概念統整，因此一律以interdiscipline縮寫字IN爲代碼，其後跟隨七大跨科的概念，分別以小寫英文a-g爲代碼，以羅馬數字II-III代表國小學習階段，其後接流水號。

學習表現	學習內容
tc-II-1能簡單分辨或分類所觀察到的自然科學現象。	INb-II-6常見植物的外部形態主要由根、莖、葉、花、果實及種子所組成。
po-II-2能依據觀察、蒐集資料、閱讀、思考、討論等，提出問題。	INb-II-7動植物體的外部形態和內部構造，與其生長、行為、繁衍後代和適應環境有關。

（五）藝術領域：「學習表現」分為三個構面：表現、鑑賞、實踐，以數字1-3為編碼；「學習內容」分為三個構面與「學習表現」的構面相同，但是以英文大寫E、A、P為編碼，另外再加上國字以區別其為音樂藝術、視覺藝術、表演藝術。

學習表現	學習內容
1-II-1能透過聽唱、聽奏及讀譜，建立與展現歌唱及演奏的基本技巧。	音E-II-1多元形式歌曲，如：獨唱、齊唱等。基礎歌唱技巧，如：聲音探索、姿勢等。
1-II-2能探索視覺元素，並表達自我感受與想像。	視E-II-1色彩感知、造形與空間的探索。

以上分別就國語、數學、社會、自然與藝術領域為例，將「學習表現」與「學習內容」作為範例，說明這兩者的分別，以及它們的編號，至於詳細的條目可就各領域之綱要再作詳細的了解。

整體而言，「學習表現」與「學習內容」的編號頗為複雜，而且不同的領域尚有各自的特性，加諸於標號之上，令人眼花撩亂。不過，可以歸納的是：凡是「學習表現」者大都以數字開頭，而「學習內容」則以大寫英文字母開頭，如：國語、社會、藝術、健體領域等；或者，「學習表現」為小寫英文字母、「學習內容」就為大寫英文字母開頭，例如：數學、自然等，掌握這些特性，就很容易辨別這兩者。「學習表現」與「學習內容」共組成「學習重點」，它們對於教師要如何實施十二年國教的課程與教學具有重大的意義，也是教師們的挑戰。

第二節　十二年國教領域課程之變革

十二年國教課程的規劃中，教育部於總綱中揭櫫「核心素養」取代九年一貫課程之十大基本能力。教育部在十二年國教之總綱內強調以「核心素養」作為課程發展之主軸，以裨益各教育階段間的連貫，以及各領域／科目間的統整。十二年國教總體課程編制的變動包含：課程主體的變動、學習領域的變動、節數的變動、學校課程發展委員會的變動。以下分別說明之。

一、課程主體的變動

十二年國教的主軸由培養國民的十大基本能力改爲培養具有核心素養之終身學習的現代優質國民，並且以「學習表現」和「學習內容」作爲各領域的「學習重點」。所謂「學習表現」類似於九年一貫的「能力指標」或是「分年細目」，爲「非具體內容」。「學習內容」則是類似「分年細目詮釋」或是各領域／學科的基本重要內容。相較於九年一貫是以「能力指標」作爲課程的單一主體；十二年國教的內涵則結合「能力指標」與「學科內容」之二維向度（two-dimension），更顯複雜。

二、學習領域的變動

十二年國教除了將國民基本教育的年限由九年延長爲十二年以外，在課程部分也有些變動，以下就：課程類型變動、自然領域變動、語文領域變動、生活領域變動、綜合活動領域變動，以及藝術領域變動等說明之。

（一）課程類型變動

九年一貫之課程分爲「學習領域」、「彈性學習」兩大類，十二年國教「總綱」中將「領域」學習之課程明訂爲「部定課程」，將「彈性學習課程」稱爲「校訂課程」，如表10-4。整體而言，十二年國教課程將各領域的階段劃分予以統一，一改過去九年一貫各領域不同年級之階段劃分。

表10-4　九年一貫與十二年國教國小教育階段課程類型

九年一貫課程類型	學習領域課程	彈性學習課程
十二年國教課程類型	部定課程（領域學習課程）	校訂課程（彈性學習課程）

（二）自然領域變動

除上述改變之外，國小課程的改變尚有「自然與生活科技領域」。十二年國教課程中將它分成「自然科學」與「科技」兩大領域。在國小部分只有「自然科學」，而「科技」部分則調整於國中階段，並另外增設「科技領域」進行學習。

（三）語文領域變動

國小學習領域之「語文領域」中，除原有之「本國語文」改稱「國語文」，「英語」改稱「英語文」。英語於國小階段也由原來的一個學習階段改爲二個學習階段的學習。

另將「本土語文」與「新住民語文」共列於「語文領域」中，與「國語文」、「英語文」共屬於「部定課程」，如表10-5所示。

另外，教育部在十二年國教「課程規劃及說明」中，有關國小「本土語文」與「新住民語文」，各校可實際就「閩南語文」、「客家語文」、「原住民族語文」或「新住民語文」其中一項進行學習即可。

（四）生活領域變動

屬於第一階段之「生活領域」，大的變動即是除了原有已納入之社會、自然科學、藝術三個領域外，十二年國教課程再將「綜合活動」也納入，因此第一階段之「生活領域」中，共有四個領域統整於其中，如表10-5。

（五）綜合活動領域變動

綜合活動領域原本獨立於第一階段之學習領域，十二年國教之課程規劃則是將其併入「生活領域」，與社會、自然科學、藝術等四個領域課程共同組成「生活領域」，如表10-5。

（六）藝術領域變動

國小原有之「藝術與人文學習領域」改爲「藝術領域」，同樣包含音樂、視覺藝術、表演藝術，如表10-5。

綜上所述，相較於九年一貫的課程安排，顯然十二年國教之課程仍然做了一些調整，表10-5則標示有變動之學習領域，以釐清其變動情形。

表10-5 108課綱國小教育階段領域課程架構

類型	階段	第一學習階段		第二學習階段		第三學習階段	
部定課程	年級	一	二	三	四	五	六
	語文	*國語文		*國語文		*國語文	
		*本土語文／*新住民語文		*本土語文／*新住民語文		*本土語文／*新住民語文	
				*英語文		*英語文	
	數學	數學		數學		數學	
	社會	*生活課程		社會		社會	
	*自然科學			*自然科學		*自然科學	
	*藝術			*藝術		*藝術	
	*綜合活動			綜合活動		綜合活動	
	科技						
	健康與體育	健康與體育		健康與體育		健康與體育	
校訂課程	彈性學習必修／選修／團體活動	彈性學習課程 （統整性主題／專題／議題探究課程） （社團活動與技藝課程） （特殊需求領域課程） （其他類課程）					

*領域新增，或變動，或修改

*作者自行整理

三、節數的變動

九年一貫課程中各學習領域均以占總節數的百分比作為各校自行調整之權限，但是十二年國教課程節數則是固定的節數，各校喪失彈性處理之自主性（除彈性學習課程外）。但十二年國教課程國小各領域之總節數未變，第一階段（一、二年級）、第二階段（三、四年級）之總節數仍然維持與九年一貫之節數相同；但是，第三階段（五、六年級）之「部定課程」部分，亦即領域學習部分，學習節數由27節降為26節，但是「校訂課程」亦即彈性學習課程之節數由3-6節增加為4-7節，因此第三階段之學習節數雖有增減變化，但是學習之總節數仍然維持不變，如表10-6。

表10-6　國小教育階段領域課程規劃

<table>
<tr><th></th><th>階段</th><th colspan="2">第一學習階段</th><th colspan="2">第二學習階段</th><th colspan="2">第三學習階段</th></tr>
<tr><td rowspan="12">部定課程</td><td>年級</td><td>一</td><td>二</td><td>三</td><td>四</td><td>五</td><td>六</td></tr>
<tr><td rowspan="3">語文</td><td colspan="2">國語文(6)</td><td colspan="2">國語文(5)</td><td colspan="2">國語文(5)</td></tr>
<tr><td colspan="2">本土語文／新住民語文(1)</td><td colspan="2">本土語文／新住民語文(1)</td><td colspan="2">本土語文／新住民語文(1)</td></tr>
<tr><td colspan="2"></td><td colspan="2">英語文(1)</td><td colspan="2">英語文(2)</td></tr>
<tr><td>數學</td><td colspan="2">數學(4)</td><td colspan="2">數學(4)</td><td colspan="2">數學(4)</td></tr>
<tr><td>社會</td><td colspan="2" rowspan="4">生活課程(6)</td><td colspan="2">社會(3)</td><td colspan="2">社會(3)</td></tr>
<tr><td>自然科學</td><td colspan="2">自然科學(3)</td><td colspan="2">自然科學(3)</td></tr>
<tr><td>藝術</td><td colspan="2">藝術(3)</td><td colspan="2">藝術(3)</td></tr>
<tr><td>綜合活動</td><td colspan="2">綜合活動(2)</td><td colspan="2">綜合活動(2)</td></tr>
<tr><td>科技</td><td colspan="2"></td><td colspan="2"></td><td colspan="2"></td></tr>
<tr><td>健康與體育</td><td colspan="2">健康與體育(3)</td><td colspan="2">健康與體育(3)</td><td colspan="2">健康與體育(3)</td></tr>
<tr><td>領域學習節數</td><td colspan="2">20</td><td colspan="2">25</td><td colspan="2">26</td></tr>
<tr><td rowspan="2">校訂課程</td><td>彈性學習課程
必修／選修／
團體活動</td><td colspan="2">2-4</td><td colspan="2">3-6</td><td colspan="2">4-7</td></tr>
<tr><td>學習總節數</td><td colspan="2">22-24</td><td colspan="2">28-31</td><td colspan="2">30-33</td></tr>
</table>

就整體而言，九年一貫課綱與108課綱的編制上的差異，可從表10-7兩者在課程理念與課程架構的比較，一窺其究竟。

表10-7 九年一貫課綱與108課綱之比較

項目	九年一貫課綱	108課綱
課程目的	具備人本情懷、統整能力、民主素養、本土與國際意識，以及能進行終身學習之健全國民	具有終身學習力、社會關懷心及國際視野的現代優質國民
課程主軸	十大基本能力	三面九項核心素養
課程主體	能力指標	學習重點
課程架構	七大領域	八大領域（國中以上）
	「自然與生活科技」統整	分設「自然科學」與「科技」兩個領域
	節數採彈性比例制	節數採固定制
	彈性學習「節數」，其使用無明確規範	彈性學習「課程」，其使用有明確規範
	重大議題設置課綱	重大議題融入各領域
	低年級「生活課程」與「綜合活動」分設	低年級「綜合活動」融入「生活課程」
	各領域學習階段劃分不一	各領域學習階段統一劃分
	增設「閩南語」、「客家語」、「原住民族語」選修課程	增設「本土語文／新住民語文」部定課程／語文領域

四、學校課程發展委員會的變動

教育部從九年一貫即授權給各校成立課程發展委員會，主司各校審議課程計畫與自編教材、課程評鑑等之責任。課程發展委員會之成員包含學校行政人員、年級及領域／群科／學程／科目（含特殊需求領域課程）

之教師、教師組織代表及學生家長委員會代表。課程委員會之成立、組織與運作，均須受校務會議之決議辦理。在十二年國教總綱中「課程發展委員會」的變動是其下的組織改設爲各領域／群科／學程／科目「教學研究會」，而不再是九年一貫所設置之「各學習領域課程小組」。高級中等學校教育階段還可視學校發展需要，尚可聘請學生成爲委員會成員。其餘有關學校課程發展委員會之功能與責任均與九年一貫相同，此處不再贅述。

第三節　學習重點的轉化、對應與設計

從前述的分節中認識以核心素養爲主軸的課程發展歷程，產出最後的成果便是各領域的「學習重點」。在教育部的規劃中，「學習重點」由「學習表現」和「學習內容」組成二維向度，學校和教師依此設計教室內的教學。從過去九年一貫課程改革的經驗中，可以驗證的是國家課程必須經過「轉化」的歷程後才能進入到學校層級，再經過另一次的「轉化」才能從學校層級進入到教室中的教學，所以「轉化」是國家課程轉向學校教學的一個關鍵步驟。

「轉化」國家課綱成爲學校實施的課程與教學，不論是九年一貫課程改革或是十二年國教教改都是課程設計的主要任務。「轉化」的工作由解讀國家課綱開始，由各校結合教師與行政人員共同進行，並依各領域而爲。其最終的結果則須記載於「文件」中，才能爲學校與教師所用，這些文件可能需要依照特定的格式書寫，也要在其中備載重要的資訊，成爲全校教育人員依循和對外溝通的基礎，此即「課程計畫」。

「課程計畫」的規劃與審議首見於九年一貫課程綱要中的實施要點，這是我國史上第一次由學校根據教育部的要求建置自己校本課程的計畫。在九年一貫課程綱要之總綱實施要點中，明確規範各校必須於開學前將課程計畫送交主管教育行政機關備查，隨後教育部又發行《九年一貫課程：問題與解答》手冊，具體的指出各校須將「能力指標」「轉化」爲「學習目標」以便進行教學的設計。此「轉化」意即由學校內教師與行政

人員依各領域解讀課綱，編制學習目標進行分年教學，並且記載於「課程計畫」中作為實踐的依據。

其規定如下：

> 學校課程計畫應含各領域課程計畫及彈性學習節數課程計畫，內容包含：「學年／學期學習目標、能力指標、對應能力指標之單元名稱、節數、評量方式、備註」等相關項目。
>
> （《國民中小學九年一貫課程綱要總綱》，（六）、實施要點，p. 13）

十二年國教課程的「轉化」則是依照各領域的「學習重點」，由各校全體教師共同進行，就如同九年一貫能力指標之「轉化」為學習目標是同樣的意思。而「轉化」的結果，則依「總綱」之規範撰寫成為「課程計畫」。

十二年國教，課程計畫編制之內容規範如下（教育部，2014，p. 31）：

> 學校課程計畫至少包含總體架構、彈性學習及校訂課程規劃（含特色課程）、各領域／群科／學程／科目之教學重點、評量方式及進度等。
>
> （總綱，柒、實施要點，第一項，課程發展）

以下就十二年國教「課程計畫」的要素：以課程計畫的範圍、總體架構、評量方式、進度、教學重點等五項分別說明之。

一、課程計畫的範圍

以國小為例，各學習領域的「學習重點」是以學習階段為基礎分別訂定，因此課程計畫依此而分別設計和編制。

課程計畫的施行範圍包含部定課程（內含國小七大領域），以及校訂課程（內含彈性學習、必選修、團體活動）。換言之，部定課程中以數學爲例，國小分爲三個學習階段，就要編制三個階段的課程計畫，其他如：語文、本土語文／新住民語文、健體等也是一樣。英語、社會、自然、藝術、綜合活動等需編製兩個學習階段的課程計畫。生活課程則只需編製一個學習階段的課程計畫。最後，彈性學習課程也應編製三個學習階段的課程計畫。所以總共編製部定課程之課程計畫二十三份、校訂課程三份，這些合起來即是「總體課程」。

二、總體架構

前述課程計畫內所指「總體架構」應是各教育階段所實施之「課程架構」，本項資料可參考十二年國教「總綱」內第九頁「陸、課程架構」中所列之表3，取其適當之教育階段的課程架構即可。

三、評量方式

九年一貫總綱僅明示學習評量依照「國民小學及國民中學學生成績評量準則」之相關規定辦理。十二年國教有關評量的方式，記載於「總綱」之說明，應於課程計畫中明示，紙筆測驗、實作評量、檔案評量的施行，而學習評量報告應提供量化數據與質性描述。

四、進度

另外，課程計畫中所謂的「進度」並非指教科書單元的教學進度，而是指階段的「教學重點」，包含「轉化」的校本「學習內容」，如何分配到不同年級中進行教學的「進度」。在十二年國教各領域的「教學重點」是以「學習階段」的方式分段而設計，國小的每一個領域大都以二至三個學習階段（生活課程）完成總體課程，國、高中則大都爲一個學習階段，而國小每一個學習階段都包含兩個年段（年級）（國、高中則爲三個年段），因此學校有必要安排每一個學習階段在二或三個年段中要如何進行和分配教學重點的學習，此即「進度」，其與教科書單元進度是不同的。

五、教學重點

由於十二年國教的課程主體是「學習重點」，分爲「學習表現」和「學習內容」兩向度，並且「學習表現」在性質上非常接近於九年一貫的「能力指標」，而「學習內容」則是接近於九年一貫的「基本內容」和「分年細目詮釋」等。因此，十二年國教課程的「學習重點」既包含「表現」，也包含「內容」，此點精神與Tyler對於課程目標的要求——行爲與內容頗爲符合（Tyler, 1949, p. 47）。若是兩者都具有很清楚的定義，那麼兩者的交會點就是學習經驗的來源（sources）。依此，「學習表現」屬於「非具體內容」，而對「學習內容」的「轉化」則表述如下：（國家教育研究院，2015，p. 13）

> 學習內容是該領域／科目重要的、基礎的內容，學校、地方政府或出版社得依其專業需求與特性，將學習內容做適當的轉化，以發展適當的教材。

因此，依照Tyler的理論和上述國家教育研究院之詮釋，十二年國教課程中的「學習內容」將是「轉化」的主要對象。不論是過去「轉化」能力指標爲學習目標，或是現在學習重點之「轉化」，其最後的成果都必須呈現於所謂的「課程計畫」當中，成爲學校實施課程與教學的依據。

利用前一章所提到Gagné的「叢集分析法」先「轉化」學習內容，以確定教學的範圍和具體內容，如圖10-3。此舉亦是將課程「轉化」爲教學的關鍵，而且是由學校教師共同分析，具有學校本位課程之意義。

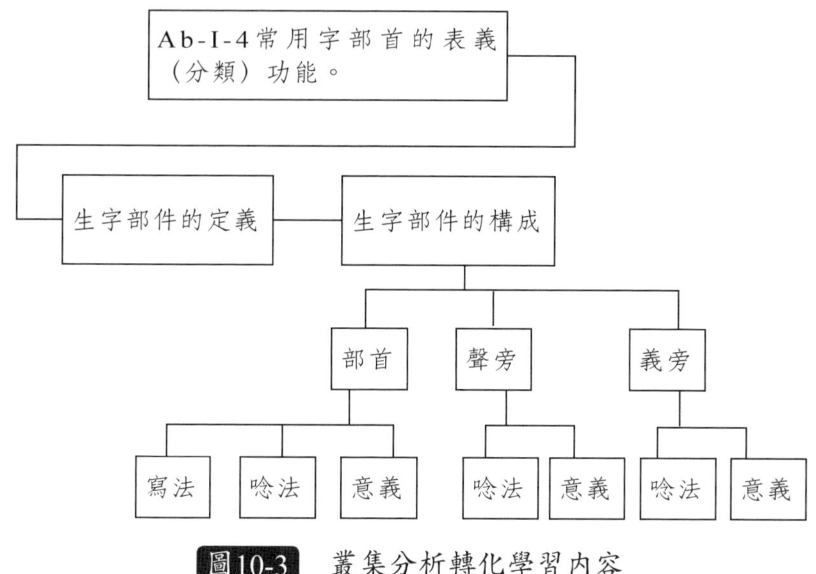

圖10-3　叢集分析轉化學習內容

十二年國教的「學習重點」以「學習表現」和「學習內容」交互成爲二維的向度，而「學習內容」依照國家教育研究院的定義是由學校或教師「轉化」成爲領域中重要的、基礎的內容作爲教材，確認教學的「校本」內容，並同時考量其與「學習表現」之間的對應。因此，表10-8即是利用圖10-3之分析，將「學習內容」先「轉化」爲基本的教學教材，再「對應」「學習表現」後，產出學習的經驗。教師就這些經驗在教學的過程中施予適當的活動，讓學生獲得「學習的經驗」，以達到「學習重點」的成果。

表10-8 十二年國教「學習重點」的「轉化」與對應

學習表現 學習內容	4-I-2利用部件、部首或簡單造字原理，輔助識字。
Ab-I-4常用字部首的表義（分類）功能。 「轉化」 生字部件定義 生字部件構成 *部首 -（原型與變體）寫法 -唸法 -意義 *聲旁 唸法 -意義 *義旁 -唸法 -意義	（學習經驗）「對應」 學生能找出組合生字的部件，並且能從部件中指出部首、聲旁／義旁和生字的關係。 學生能透過生字部件中的部首和聲旁嘗試造字，擴大識字的範圍。

將十二年國教「學習重點」中的「學習內容」轉化，以利教學活動和學習經驗的設計，必須由各校的教育人員共同為之，此即「學校本位課程」的定義。國內學者，如：蔡清田等，均呼籲「學校本位課程」不應只限於「校訂課程」或是「特色課程」，而是應擴及到「部定課程」中的「學習領域」課程的設計，便是此意。

「學習重點」是十二年國教中的重點，也是此次教改的課程主體。它關係著學校和教師實施十二年國教的課程與教學的實踐與成效，「轉化」成功與否實質關係著基層教師實踐的成功與失敗。十二年國教的改革重點雖然是發展我國為期十二年的國民基本教育政策與世界各國同樣標準之教育施行，但是，此項教育改革除了作為新的教育制度以外，更建置我國高中、職的課綱，並加入所謂的「核心素養」作為課程創新的主軸。利用「核心素養」聯絡各學習領域，將課程的目標由「學科能力」轉向「素養」，擺脫課程以學科知識能力為侷限的框架。藉由「學習重點」中的「學習表現」和「學習內容」的相對應，繼而產出學習的經驗，在課程設計的過程中，教師可能更需要有專業的能力及同儕之間的合作，體現上述的「轉化」「學習內容」與「對應」「學習表現」的意義，也才能符應十二年國教的期望。

參考書目

任慶儀（2019）。教學設計。臺北市：五南。

教育部（2014）。十二年國民基本教育課程綱要：總綱。臺北市：作者。

教育部（2001）。九年一貫課程：問題與解答（小冊子）。臺北市：作者。

張鈿富、吳慧子、吳舒靜（2010）。歐盟、美、澳「公民關鍵能力」發展及其啟示。教育資料集刊，**48**。取自http://www.naer.edu.tw/ezfiles/ 0/1000/attach/24/pta_6903_1324624_01160.pdf。

陳聖謨（2013）。國民核心素養與小學課程發展。課程研究，**8**(1)，41-63。

楊國賜（2013）。培養新世紀大學生的關鍵能力。取自uploads/TPEA_2013112021132.pdf。

教育部國民教育及學前教育署（2018）。十二年國民基本教育課程：總綱宣講。臺北市：作者。

教育部國民教育及學前教育署（2014）。國民基本教育課程綱要：總綱宣講」（6th ed.）。取自https://cirn.moe.edu.tw/Upload/ckfile/files/ %E5%8D%81%E4%A%8C%E5%B9%B4%E5%9C%8B%E6%95% 99/%E7%B8%BD%E7%B6%B1%E5% 85%AC%E6%92%AD% E7%89%88%E7%AC%AC%E5%85%AD%E7%89% 88（108_04_12）.pdf。

國家教育研究院（2014）。十二年國民基本教育課程發展指引。取自https://www.naer.edu.tw/ files/15-1000-5622,c952-1.php。

國家教育研究院（2015）。十二年國民基本教育課程綱要：核心素養發展手冊。取自https://ws.moe.edu.tw/001/Upload/23/relfile/8006/51358/9df0910c- 56e0- 433a-8f80-05a50efeca72.pdf。

Dick, W., Carey, L., & J. O. Carey (2009). *The systematic design of instruction,* 7th ed. London: Pearson Education.

Gagné, R. M., Briggs, L. J., & Wager, W. W. (1988). *Principles of instructional design,* 3rd ed. New York: Holt, Rinehart and Winston.

Naisbitt, J. & Aburdene, P. (1990). Meg*atrends 2000: Ten new directions for the*

1990's. New York: William Morrow.

Tyler, R. W. (1949). *Basic principles of curriculum and instruction.* Chicago: The University of Chicago.

第十一章　十二年國教課程與教學設計

第一節　學校總體課程計畫

第二節　階段課程計畫

第三節　年級課程計畫

第四節　學期課程計畫

第五節　學期教學計畫

第六節　學習經驗與素養活動

從九年一貫課程改革開始到十二年國教改革，教育部於新課程之「總綱」中，莫不強調學校需要編制各校專屬的「課程計畫」。然而，在此同時，「學校本位課程」的概念亦從九年一貫課程改革的同時開始發展。所謂「學校本位課程」是指「在成員由學生所組成的教育機構中，對於有關於學生學習的所有方案的計畫、設計、實施，以及評鑑稱之。」就上述而言，各校依照教育部所頒布的「總綱」所設計出來的「課程計畫」，也是「學校本位課程」的一部分。所以，「學校本位課程」並不侷限於「彈性課程」中的「學校特色課程」，應該是要擴大包含各領域的課程。對於「學校本位課程」的概念，國內許多學者也都呼籲（如：蔡清田等）應擴及至「學習領域」，就是這樣的意思。

從「學校本位課程」的概念發展學習領域當中的「能力指標」成爲「學習目標」，是九年一貫課程改革最大的困難點，雖然教育部對此要求學校或教師需要轉化「能力指標」，但是學校和教師均無法回應這樣的要求。教師們習慣從教科書當中提取「單元目標」或是「教學目標」，抑或是擷取教科書商的目標充當學校轉化的課程目標，這些現象都顯示學校或教師無力將「能力指標」轉化成「學習目標」。所以，教科書的「知識」仍舊無法轉化成學生帶著走的「能力」，因爲不知道「能力」在哪裡。

而十二年國教下的「學習表現」和「學習內容」，也一樣會讓十二年國教在實施上遭遇困難。其中的關鍵在於到底十二年國教的學習領域要「教什麼？」如果都無法掌握的話，就很難讓人信服十二年國教會達成培育具有素養的國民的目標。核心素養的發展必須透過學習領域的學習，其最基本的任務就是先了解「學習內容」所要教授的內容，依據「學習表現」的要求設計「學習經驗」（國家教育研究院，2015，p. 7）。爾後，才能將「學習經驗」遷移入新的情境成爲眞正的「關鍵能力」，也就是教育部所稱的「素養」。

本書第九章中提及英國學者John提出將國家課程轉化爲學校教師的教學歷程，而美國課程專家Oliva也提出課程必須經過規劃、組織後轉化爲教學的內涵，這些理論都是確定課程的目標需要轉化爲教學目標的基礎。Gagné的學習成果理論則提供了課程目標，不論是「能力指標」、「學習表現」和「學習內容」，均轉化爲教學內容或目標的理論基礎。因此，要了解十二年國教學習領域的教學實施，實應善用這些理論建構出教學的內涵，作爲實踐十二年國教新課程的基礎。

本章即是針對前述所提出相關課程與教學設計的理論，以教育部對課程計畫的規定，設計出供國內的學校機構與教育主管機關參考，是否能以本書的觀點審視與檢核教育部所頒布之「總綱」內的規定，以及學校在課程與教學的作爲是否與國家規定和學理一致。爲此，本章以國小第一階段國語爲例，擬就（一）學校總體課程計畫；（二）階段課程計畫；（三）年級課程計畫；（四）學期課程計畫；（五）學期教學計畫；（六）學習經驗與素養活動設計等六部分舉例說明。

第一節　學校總體課程計畫

依據十二年國教的「總綱」規定，學習領域及彈性學習課程都要有課程計畫，而學習領域又分爲二階段或三階段不等。因此，大都就「階段」作爲課程計畫的單位。其作法爲：(1)確認「學習內容」作爲轉化的對象；(2)選擇Gagné的叢集分析進行轉化；(3)對應「學習表現」（任慶儀，2013）。

依照Armstrong的理論，課程文件中必須呈現課程的範圍與順序是爲「課程範圍與順序」的整體學校的課程計畫文件。但是，由於國語分爲三個階段，此處僅呈現第一階段的課程計畫，它也是總體課程計畫的一部分。在轉化「學習內容」的同時，也必須將「學習表現」對應之，另外要關注所有的「學習內容」和「學習表現」均完整呈現於計畫中，避免疏漏。

下列表11-1即爲學校總體課程的一部分。

表11-1 國語第一階段總體課程計畫

學習表現	學習內容
3-I-1正確認念、拼讀及書寫注音符號。	**Aa-I-1**聲符、韻符、介符的正確發音和寫法
	發音
	聲符
	韻符
	介符
	寫法
	筆順
	Aa-I-2聲調及其正確的標注方式
	聲調名稱：（一聲、二聲、三聲、四聲、輕聲）
	寫法：（一聲、二聲、三聲、四聲、輕聲）
	標注位置：（一聲、二聲、三聲、四聲、輕聲）
	單拼標注
	二拼標注
	三拼標注
	Aa-I-3二拼音和三拼音的拼音和書寫
	拼讀
	二拼
	三拼
	書寫方式
	二拼
	三拼
	Aa-I-4結合韻的拼讀與書寫

<table>
<tr><th>學習表現</th><th>學習內容</th></tr>
<tr><td rowspan="4">3-I-3運用注音符號表達想法，記錄訊息。</td><td>拼讀</td></tr>
<tr><td>單獨+聲調</td></tr>
<tr><td>聲符+聲調</td></tr>
<tr><td>書寫</td></tr>
<tr><td>3-I-4利用注音讀物，學習閱讀，享受閱讀樂趣。</td><td>Aa-I-5標注注音符號的各類文本</td></tr>
<tr><td rowspan="9">3-I-2運用注音符號輔助識字，也能利用國字鞏固注音符號的學習。
5-I-3讀懂與學習階段相符的文本。
5-I-4了解文本中的重要訊息與觀點。
5-I-8認識圖書館（室）的功能。
5-I-9喜愛閱讀，並樂於與他人分享閱讀心得。
5-I-5認識簡易的記敘、抒情及應用文本的特徵。</td><td>童話</td></tr>
<tr><td>神話</td></tr>
<tr><td>寓言</td></tr>
<tr><td>故事</td></tr>
<tr><td>記敘文
　文體特徵</td></tr>
<tr><td>應用文
　文體特徵</td></tr>
<tr><td>抒情文
　文體特徵</td></tr>
<tr><td>唸謠</td></tr>
<tr><td>童詩</td></tr>
<tr><td rowspan="9">4-I-1認識常用國字至少1000字，使用700字。</td><td>Ab-I-1 1000個常用字的字形、字音和字義</td></tr>
<tr><td>字形</td></tr>
<tr><td>　書體（六書）</td></tr>
<tr><td>象形</td></tr>
<tr><td>指事</td></tr>
<tr><td>　部首</td></tr>
<tr><td>　字形結構</td></tr>
<tr><td>字音</td></tr>
<tr><td>　本音</td></tr>
</table>

學習表現	學習內容
	變音（變調）
	字義
	本義
	延伸義
	Ab-I-2 700個常用字的使用
	生字本義之詞
	生字延伸義之詞
	Ab-I-3常用字筆畫及部件的空間結構
4-I-2利用部件、部首或簡單造字原理，輔助識字。	部件結構 形旁（部首） 聲旁 義旁 部件結構原則 均分 外形 中心 上下 左右
4-I-5認識基本筆畫、筆順，掌握運筆原則，寫出正確及工整的國字。 4-I-4養成良好的書寫姿勢，並保持整潔的書寫習慣。	基本筆畫 筆畫名稱 筆畫順序
	部件筆畫順序
	整字筆畫 形旁筆畫 聲旁筆畫 義旁筆畫
	Ab-I-4常用字部首的表義（分類）功能
4-I-2利用部件、部首或簡單造字原理，輔助識字。 4-I-3學習查字典的方法	部首的唸法 部首意思 部首變體 部首寫法
	Ab-I-5 1500個常用語詞的認念

學習表現	學習內容
4-I-1認識常用國字至少1000字，使用700字	語詞唸法 語詞本音 詞變音（調）
	語詞意義 語詞本義 語詞延伸義
	語詞詞性 實詞 虛詞
	Ab-I-6 1000個常用語詞的使用
4-I-6能因應需求，感受寫字的溝通功能與樂趣。 2-I-1以正確發音流利的說出語意完整的話。	語詞使用 本用 活用 語詞本義造句 語詞延伸義造句
	Ac-I-1常用標點符號
5-I-2認識常用標點符號。 6-I-1根據表達需要，使用常用標點符號。	逗號：名稱、功能、寫法
	句號：名稱、功能、寫法
	冒號：名稱、功能、寫法
	引號：名稱、功能、寫法
	問號：名稱、功能、寫法
	驚嘆號：名稱、功能、寫法
	頓號：名稱、功能、寫法
	私名號：名稱、功能、寫法
	書名號：名稱、功能、寫法
	Ac-I-2簡單的基本句型

學習表現	學習內容
6-I-3寫出語意完整的句子、主題明確的段落。 6-I-5修改文句的錯誤。	句的定義
	基本句型（主語+述語+賓語）
	敘事句（主語+述語+賓語）
	表態句（主語+表語+賓語）
	判斷句（主語+繫詞〈是／不是〉+斷語）
	有無句（主語+述語〈有／無〉+賓語）
	Ac-I-3基本文句的語氣與意義
	語氣類型
	肯定句：特徵、語氣、意義
	否定句：特徵、語氣、意義
	疑問句：特徵、語氣、意義
	驚嘆句：特徵、語氣、意義
	Ad-I-1自然段
	自然段定義
	自然段特徵
	自然段的主體
5-I-7運用簡單的預測、推論等策略，找出句子和段落明示的因果關係，理解文本內容。	自然段功能
	轉折
	停頓
	過渡
	強調
6-I-3寫出語意完整的句子、主題明確的段落。	**Ad-I-2**篇章的大意
	篇章的主體
	主要的情節
	Ad-I-3故事、童詩

學習表現	學習內容
5-I-6利用圖像、故事結構等策略，協助文本的理解與內容重述。	故事
	主體
	故事情節
	故事結局
	故事寓意
5-I-1以適切的速率正確地朗讀文本。	童詩
	主題
	節奏押韻
	寫作手法
	*擬人
	*擬物
	Ba-I-1順序法
	順序法定義
6-I-4使用仿寫、接寫等技巧寫作。	順序原則
	時間順序
	空間順序
	事理順序
	因果關係
	Bb-I-1自我情感表達
6-I-2透過閱讀及觀察，積累寫作材料。	表達法
	直迸表情法
6-I-6培養寫作的興趣。	迴盪表情法
	含蓄表情法
	表達語句
	修辭
	Bb-I-2人際交流的情感

學習表現	學習內容
	人際交流對象
	人物特徵
	主體情感
	Bb-I-3對物或自然的感受
	物／景的類別
	物／景的特徵
	主體的感受
	Bb-I-4直接抒情
	抒情的手法
	感想法
	希望法
	啟示法
	懷念法
	讚美法
	祝福法
4-I-6能因應需求，感受寫字的溝通功能與樂趣。	**Be-I-1**在生活應用方面，如自我介紹、日記的寫作格式與寫作方法
	日記格式
	日記寫作方法
	事實描述
	感想
	Be-I-2在人際溝通方面，以書信卡片等慣用語彙及書寫格式為主
	書信功能
	書信種類
	書信格式（直式、橫式）

學習表現	學習內容
	縮格
	內容組織
	卡片功能
	卡片格式
	縮格
	內容組織
5-I-4 了解文本中的重要訊息與觀點。	**Ca-I-1** 各類文本中與日常生活相關的文化內涵
	器物與工具之創作
	風俗習慣
	文學／宗教／藝術意義
5-I-3 讀懂與學習階段相符的文本。	**Cb-I-1** 各類文本中的親屬關係、道德倫理、儀式風俗等文化內涵
	親屬關係
	直系
	旁系
	姻親
	道德
	個人道德
	公德
	社會規範
	倫理
	人倫關係
	科學倫理
	社會倫理
	家族倫理

學習表現	學習內容
	風俗儀式
	族群
	儀式名稱、目的、日期、地區
	儀式過程
	儀式規範
	Cb-I-2各類文本中的個人與家庭、鄉里的關係
	個人與家庭的關係
	個人與社區／鄉里的關係
5-I-4了解文本中的重要訊息與觀點。	**Cc-I-1**各類文本中的藝術、信仰、思想等文化內涵
	藝術表現手法
	藝術內在意蘊
	信仰的觀點
	思想內涵
	思想家／生平／主要理念／成就與貢獻
	哲學家／生平／主要理念／成就與貢獻
	宗教家／生平／主要理念／成就與貢獻

總體課程計畫是將每一條的「學習內容」都利用叢集分析解析之後，將其列於「學習內容」之下，以確定教學的範圍。另外，也是將「學習表現」對應於「學習內容」，遂產生所謂的雙向項目表（國家教育研究院，2015，p. 21）。從表11-1的課程計畫可以讓學校和教師了解國家層級的「學習內容」是什麼？解讀後學校要教的「學習內容」又是什麼？

值得注意的是，解讀後的「學習內容」會因爲學校教師的認知不同而有些許的差異，但是就教師在學習領域的專業也不會差異太大，反而是突顯學校本位的特色。

另一個需要說明的是，國語領域的特殊性會造成許多「學習內容」的重複性，這是正常的現象。舉例來說，國語的生字就會在每一階段、每個年級都要教，所以重複性很高。但是，相對的其他領域就沒有這樣的現象。

第二節　階段課程計畫

根據十二年國教的「總綱」劃分國小的國語爲三個階段，每一個階段涵蓋二個年級。要編制階段的課程計畫只要將前述「總體課程計畫」，依照適當的年級劃分出年級的實施進度就可以了，如表11-2。

表11-2　國語第一階段課程計畫

學習表現	學習內容	一年級	二年級
3-I-1正確認念、拼讀及書寫注音符號。	**Aa-I-1**聲符、韻符、介符的正確發音和寫法		
	發音		
	聲符		
	韻符		
	介符		
	寫法		
	筆順		
	Aa-I-2聲調及其正確的標注方式		
	聲調名稱：（一聲、二聲、三聲、四聲、輕聲）		
	寫法：（一聲、二聲、三聲、四聲、輕聲）		

學習表現	學習內容	一年級	二年級
	標注位置：（一聲、二聲、三聲、四聲、輕聲）		
	單拼標注		
	二拼標注		
	三拼標注		
	Aa-I-3二拼音和三拼音的拼音和書寫		
	拼讀		
	二拼		
	三拼		
	書寫方式		
	二拼		
	三拼		
	Aa-I-4結合韻的拼讀與書寫		
3-I-3運用注音符號表達想法，記錄訊息。	拼讀		
	單獨+聲調		
	聲符+聲調		
	書寫		
3-I-4利用注音讀物，學習閱讀，享受閱讀樂趣。	**Aa-I-5**標注注音符號的各類文本		
3-I-2運用注音符號輔助識字，也能利用國字鞏固注音符號的學習。 5-I-3讀懂與學習階段相符的文本。	童話		
	神話		
	寓言		
	故事		
	記敘文 文體特徵		

學習表現	學習內容	一年級	二年級
5-I-4了解文本中的重要訊息與觀點。 5-I-8認識圖書館（室）的功能。 5-I-9喜愛閱讀，並樂於與他人分享閱讀心得。 5-I-5認識簡易的記敘、抒情及應用文本的特徵。	應用文 文體特徵		
	抒情文 文體特徵		
	童詩		
4-I-1認識常用國字至少1000字，使用700字。	**Ab-I-1 1000**個常用字的字形、字音和字義		
	字形		
	書體（六書）		
	象形		
	指事		
	部首		
	字形結構		
	字音		
	本音		
	變音（變調）		
	字義		
	本義		
	延伸義		
	Ab-I-2 700個常用字的使用		
	生字本義之造詞		
	生字延伸義之造詞		
	Ab-I-3常用字筆畫及部件的空間結構		

學習表現	學習內容	一年級	二年級
4-I-2利用部件、部首或簡單造字原理，輔助識字。	部件結構 形旁（部首） 聲旁 義旁 部件結構原則 均分 外形 中心 上下 左右		
4-I-5認識基本筆畫、筆順，掌握運筆原則，寫出正確及工整的國字。 4-I-4養成良好的書寫姿勢，並保持整潔的書寫習慣。	基本筆畫 筆畫名稱 筆畫順序		
	部件筆畫順序		
	整字筆畫 形旁筆畫 聲旁筆畫 義旁筆畫		
	Ab-I-4常用字部首的表義（分類）功能		
4-I-2利用部件、部首或簡單造字原理，輔助識字。 4-I-3學習查字典的方法。	部首的唸法 部首含意 部首變體 部首寫法		
	Ab-I-5 1500個常用語詞的認念		
4-I-1認識常用國字至少1000字，使用700字。	語詞唸法 語詞本音 詞變音（調）		
	語詞意義 語詞本義 語詞延伸義		
	語詞詞性 實詞 虛詞		

學習表現	學習內容	一年級	二年級
	Ab-I-6 1000個常用語詞的使用		
4-I-6能因應需求，感受寫字的溝通功能與樂趣。 2-I-1以正確發音流利的說出語意完整的話。	語詞使用 本用 活用 語詞本義造句 語詞延伸義造句		
	Ac-I-1常用標點符號		
5-I-2認識常用標點符號。 6-I-1根據表達需要，使用常用標點符號。	逗號：名稱、功能、寫法		
	句號：名稱、功能、寫法		
	冒號：名稱、功能、寫法		
	引號：名稱、功能、寫法		
	問號：名稱、功能、寫法		
	驚嘆號：名稱、功能、寫法		
	頓號：名稱、功能、寫法		
	私名號：名稱、功能、寫法		
	書名號：名稱、功能、寫法		
	Ac-I-2簡單的基本句型		
6-I-3寫出語意完整的句子、主題明確的段落。 6-I-5修改文句的錯誤。	句的定義		
	基本句型（主語+述語+賓語）		
	敘事句（主語+述語+賓語）		
	表態句（主語+表語+賓語）		
	判斷句（主語+繫詞<是／不是>+斷語）		
	有無句（主語+述語<有／無>+賓語）		
	Ac-I-3基本文句的語氣與意義		

學習表現	學習內容	一年級	二年級
	語氣類型		
	肯定句：特徵、語氣、意義		
	否定句：特徵、語氣、意義		
	疑問句：特徵、語氣、意義		
	驚嘆句：特徵、語氣、意義		
	Ad-I-1自然段		
	自然段定義		
	自然段特徵		
	自然段的主體		
5-I-7運用簡單的預測、推論等策略，找出句子和段落明示的因果關係，理解文本內容。	自然段功能		
	轉折		
	停頓		
	過渡		
	強調		
6-I-3寫出語意完整的句子、主題明確的段落。	**Ad-I-2**篇章的大意		
	篇章的主體		
	主要的情節		
	Ad-I-3故事、童詩		
5-I-6利用圖像、故事結構等策略，協助文本的理解與內容重述。	故事		
	主體		
	故事情節		
	故事結局		
	故事寓意		

學習表現	學習內容	一年級	二年級
5-I-1以適切的速率正確地朗讀文本。	童詩		
	主題		
	節奏押韻		
	寫作手法		
	*擬人		
	*擬物		
	Ba-I-1順序法		
	順序法定義		
6-I-4使用仿寫、接寫等技巧寫作。	順序原則		
	時間順序		
	空間順序		
	事理順序		
	因果關係		
6-I-2透過閱讀及觀察，積累寫作材料。 6-I-6培養寫作的興趣。	**Bb-I-1**自我情感表達		
	表達法		
	直述表情法		
	迴盪表情法		
	含蓄表情法		
	表達語句		
	修辭		
	Bb-I-2人際交流的情感		
	人際交流對象		
	人物特徵		
	主體情感		
	Bb-I-3對物或自然的感受		
	物／景的類別		

學習表現	學習內容	一年級	二年級
	物／景的特徵		
	主體的感受		
	Bb-I-4直接抒情		
	抒情的手法		
	感想法		
	希望法		
	啟示法		
	懷念法		
	讚美法		
	祝福法		
	Be-I-1在生活應用方面，如自我介紹、日記的寫作格式與寫作方法		
	日記格式		
	日記寫作方法		
	事實描述		
	感想		
	Be-I-2在人際溝通方面，以書信卡片等慣用語彙及書寫格式為主		
	書信功能		
	書信種類		
	書信格式（直式、橫式）		
	縮格		
	內容組織		
	卡片功能		
	卡片格式		
	縮格		
	內容組織		

學習表現	學習內容	一年級	二年級
5-I-3 讀懂與學習階段相符的文本。	**Ca-I-1**各類文本中與日常生活相關的文化內涵		
	器物與工具之創作		
	風俗習慣		
	文學／宗教／藝術意義		
	Cb-I-1各類文本中的親屬關係、道德倫理、儀式風俗等文化內涵		
	親屬關係		
	直系		
	旁系		
	姻親		
	道德		
	個人道德		
	公德		
	社會規範		
	倫理		
	人倫關係		
	科學倫理		
	社會倫理		
	家族倫理		
	風俗儀式		
	族群		
	儀式名稱、目的、日期、地區		
	儀式過程		
	儀式規範		
	Cb-I-2各類文本中的個人與家庭、鄉里的關係		

學習表現	學習內容	一年級	二年級
	個人與家庭的關係		
	個人與社區／鄉里的關係		
	Cc-I-1各類文本中的藝術、信仰、思想等文化內涵		
	藝術表現手法		
	藝術內在意蘊		
	信仰的觀點		
	思想內涵		
	思想家／生平／主要理念／成就與貢獻		
	哲學家／生平／主要理念／成就與貢獻		
	宗教家／生平／主要理念／成就與貢獻		

*國語文之階段課程因學科之特殊性關係，年級的分配上重複性很高，此乃屬其特有之現象，其他學習領域則無此現象。

編制階段課程計畫只需將「總體課程」按照年級分配其適當的時程即可，並不需要再進行任何的處理。表11-2中灰色欄位即代表分配給該年級要進行的「學習內容」。

從表11-2階段課程計畫中可以注意到有關國語注音符號的學習大都集中在一年級，各類文本的閱讀也都僅限於童詩，其他有關故事、神話、寓言故事等都集中於二年級的學習。字音、字形等則是一年級與二年級都要包含在學習當中，但是，筆畫部分則只在一年級學習，因「部件」牽涉擴充字彙部分在一年級與二年級都列入學習。有關標點符號部分之分年分開學習、文本類別分年的學習，此部分的規劃依照陳弘昌所著《國小語文科教學研究》一書的建議。

句型的學習從一年級開始學習，因爲一年級就會有語詞和造句，所以從基本的句型開始，但是其他有特別功能的句型則於二年級才開始分析與學習。

二年級的文本主要是記敘文與應用文，因此有關自然段、故事、篇章等有關的內容都列爲二年級學習的範圍。

另外，一年級大都以童詩爲主要的文本，有關童詩的押韻、主題分配於一年級學習，但是童詩的寫作手法則列入二年級學習，其理由是經過一年級的童詩閱讀與學習後，再對童詩作深一層的認識，此時分辨其寫作爲擬人還是擬物是比較恰當。

自然段的基本認識和自然段的功能，則分到二年級才學習。篇章大意不做「摘要」的學習，主要是依照認知心理學的理論，二年級的兒童尚未能做抽象式的思考學習所致，故只要兒童能說出課文主要敘述的對象是什麼人、事，還是物等「文本的主體」即可。

其餘有關文化內涵的部分則主要規劃於二年級學習，主要是這些文本大都以記敘文的形式，在現行教科書中大都出現於二年級的文本中。但是論及親屬關係中的「親屬關係」則可於一年級開始，主要是因爲學習者此時可以認知自己家庭的成員與關係。

第三節　年級課程計畫

表11-3爲國語二年級課程計畫，它根據表11-2的規劃，將位於表11-2最右側的欄位，也就是二年級的學習內容（灰色欄位）單獨抽取出來，就形成表11-3的年級課程計畫。抽出後的年級課程計畫（如表11-3的二年級課程計畫）也要將上、下學期規劃的內容予以標示，如表11-3之灰色欄位所示。

以表11-3爲例，國語中的「語詞詞性」（實詞、虛詞）並不在二上的國語科教學範圍，而是預計於二下才教；句型的部分也是如此，敘事句與表態句於二上教，但是判斷句、有無句則列入二下，其考量爲分次教學才不會負擔太重。自然段的基本定義等於二上開始教，但是自然段的功能則於二下才教，其原因爲自然段的功能必須等學習者已經熟悉、了解自然段的分段結構之後，再進一步深究其功能。至於童詩的寫作手法則於二下教，這是童詩寫作的分析，難度較高所致。

至於道德、倫理部分則於二年級下學期才觸及，學生於二上接觸過簡單的記敘文之後，於下學期再行討論文中有關道德與倫理之判斷進行深度的探究會是比較適當。二上的記敘文通常為簡單的形式，是初步接觸的文體自然不會有太多深度的文章，因此有關文化等議題均列入二下進行學習，此時文本的內容也比較豐富適合討論。

表11-3 國語二年級課程計畫

學習表現	學習內容	上學期	下學期
3-I-4利用注音讀物，學習閱讀，享受閱讀樂趣。	**Aa-I-5**標注注音符號的各類文本		
3-I-2運用注音符號輔助識字，也能利用國字鞏固注音符號的學習。 5-I-3讀懂與學習階段相符的文本。 5-I-4了解文本中的重要訊息與觀點。 5-I-8認識圖書館（室）的功能。 5-I-9喜愛閱讀，並樂於與他人分享閱讀心得。 5-I-5認識簡易的記敘、抒情及應用文本的特徵。	童話		
	神話		
	寓言		
	故事		
	記敘文 文體特徵		
	應用文 文體特徵		
	抒情文 文體特徵		
	童詩		
4-I-1認識常用國字至少1000字，使用700字。	**Ab-I-1 1000**個常用字的字形、字音和字義		
	字形		
	書體（六書）		
	象形		
	指事		
	部首		

學習表現	學習內容	上學期	下學期
	字形結構		
	字音		
	本音		
	變音（變調）		
	字義		
	本義		
	延伸義		
	Ab-I-2 700個常用字的使用		
	生字本義之造詞		
	生字延伸義之造詞		
	Ab-I-3常用字筆畫及部件的空間結構		
4-I-2利用部件、部首或簡單造字原理，輔助識字。	部件結構 形旁（部首） 聲旁 義旁 部件結構原則 均分 外形 中心 上下 左右		
	Ab-I-5 1500個常用語詞的認念		
4-I-1認識常用國字至少1000字，使用700字。	語詞唸法 語詞本音 詞變音（調）		
	語詞意義 語詞本義 語詞延伸義		

學習表現	學習內容	上學期	下學期
	語詞詞性 實詞 虛詞		
	Ab-I-6 1000個常用語詞的使用		
4-I-6能因應需求，感受寫字的溝通功能與樂趣。 2-I-1以正確發音流利的說出語意完整的話。	語詞使用 本用 活用 語詞本義造句 語詞延伸義造句		
	Ac-I-1常用標點符號		
5-I-2認識常用標點符號。 6-I-1根據表達需要，使用常用標點符號。	頓號：名稱、功能、寫法		
	私名號：名稱、功能、寫法		
	書名號：名稱、功能、寫法		
	Ac-I-2簡單的基本句型		
6-I-3寫出語意完整的句子、主題明確的段落。 6-I-5修改文句的錯誤。	敘事句（主語+述語+賓語）		
	表態句（主語+表語+賓語）		
	判斷句（主語+繫詞<是／不是>+斷語）		
	有無句（主語+述語<有／無>+賓語）		
	Ac-I-3基本文句的語氣與意義		
	語氣類型		
	否定句：特徵、語氣、意義		
	Ad-I-1自然段		
	自然段定義		
	自然段特徵		
	自然段的主體		

學習表現	學習內容	上學期	下學期
5-I-7運用簡單的預測、推論等策略，找出句子和段落明示的因果關係，理解文本內容。	自然段功能		
	轉折		
	停頓		
	過渡		
	強調		
6-I-3寫出語意完整的句子、主題明確的段落。	**Ad-I-2**篇章的大意		
	篇章的主體		
	主要的情節		
	Ad-I-3故事、童詩		
5-I-6利用圖像、故事結構等策略，協助文本的理解與內容重述。	故事		
	故事主體		
	故事情節		
	故事結局		
	故事寓意		
5-I-1以適切的速率正確地朗讀文本。	童詩		
	主題		
	節奏押韻		
	寫作手法		
	*擬人		
	*擬物		
	Ba-I-1順序法		
	順序法定義		
6-I-4使用仿寫、接寫等技巧寫作。	順序原則		
	時間順序		
	空間順序		
	事理順序		
	因果關係		

學習表現	學習內容	上學期	下學期
6-I-2透過閱讀及觀察，積累寫作材料。 6-I-6培養寫作的興趣。	**Bb-I-1**自我情感表達		
	表達法		
	直迸表情法		
	迴盪表情法		
	含蓄表情法		
	表達語句		
	修辭		
	Bb-I-2人際交流的情感		
	人際交流對象		
	人物特徵		
	主體情感		
	Bb-I-3對物或自然的感受		
	物／景的類別		
	物／景的特徵		
	主體的感受		
	Bb-I-4直接抒情		
	抒情的手法		
	感想法		
	希望法		
	啟示法		
	懷念法		
	讚美法		
	祝福法		
	Be-I-1在生活應用方面，如自我介紹、日記的寫作格式與寫作方法		
	日記格式		

學習表現	學習內容	上學期	下學期
	日記寫作方法		
	事實描述		
	感想		
	Be-I-2在人際溝通方面，以書信卡片等慣用語彙及書寫格式為主		
	書信功能		
	書信種類		
	書信格式（直式、橫式）		
	縮格		
	內容組織		
	卡片功能		
	卡片格式		
	縮格		
	內容組織		
5-I-3讀懂與學習階段相符的文本。	**Ca-I-1**各類文本中與日常生活相關的文化內涵		
	器物與工具之創作		
	風俗習慣		
	文學／宗教／藝術意義		
	Cb-I-1各類文本中的親屬關係、道德倫理、儀式風俗等文化內涵		
	親屬關係		
	直系		
	旁系		
	姻親		

學習表現	學習內容	上學期	下學期
	道德		
	個人道德		
	公德		
	社會規範		
	倫理		
	人倫關係		
	科學倫理		
	社會倫理		
	家族倫理		
	風俗儀式		
	族群		
	儀式名稱、目的、日期、地區		
	儀式過程		
	儀式規範		
	Cb-I-2各類文本中的個人與家庭、鄉里的關係		
	個人與家庭的關係		
	個人與社區／鄉里的關係		
	Cc-I-1各類文本中的藝術、信仰、思想等文化內涵		
	藝術表現手法		
	藝術內在意蘊		
	信仰的觀點		
	思想內涵		
	思想家／生平／主要理念／成就與貢獻		

學習表現	學習內容	上學期	下學期
	哲學家／生平／主要理念／成就與貢獻		
	宗教家／生平／主要理念／成就與貢獻		

各校可依學生之成熟度、學習速度等條件自行規劃「年級課程」的分配，惟年級的課程必須自「階段課程」中抽取出，須注意抽取的完整性。

第四節　學期課程計畫

將表11-3的「年級課程計畫」依照規劃，將屬於上學期與下學期的課程分別獨立成爲學期課程計畫，如表11-4國語二年級上學期課程計畫。截至目前爲止，「學期課程」的來源是表11-1的「總體課程計畫」、表11-2的「階段課程計畫」，抽取其中規劃的課程學習內容成爲「年級與學期的課程計畫」，用抽取的方式獨立成爲小單位的課程計畫，可以避免遺漏任何的學習內容，更可以讓教師了解這個學期預備教的學習內容是什麼，然後選擇教科書的單元，配合設計成教學的活動。

表11-4　國語二上課程計畫

學習表現	學習內容	上學期
3-I-4利用注音讀物，學習閱讀，享受閱讀樂趣。	**Aa-I-5**標注注音符號的各類文本	
3-I-2運用注音符號輔助識字，也能利用國字鞏固注音符號的學習。 5-I-3讀懂與學習階段相符的文本。	童話	
	神話	
	寓言	
	故事	

學習表現	學習內容	上學期
5-I-4了解文本中的重要訊息與觀點。 5-I-8認識圖書館（室）的功能。 5-I-9喜愛閱讀，並樂於與他人分享閱讀心得。 5-I-5認識簡易的記敘、抒情及應用文本的特徵。	記敘文 文體特徵	
	應用文 文體特徵	
	抒情文 文體特徵	
	童詩	
4-I-1認識常用國字至少1000字，使用700字。	**Ab-I-1 1000**個常用字的字形、字音和字義	
	字形	
	書體（六書）	
	象形	
	指事	
	部首	
	字形結構	
	字音	
	本音	
	變音（變調）	
	字義	
	本義	
	延伸義	
	Ab-I-2 700個常用字的使用	
	生字本義之造詞	
	生字延伸義之造詞	
	Ab-I-3常用字筆畫及部件的空間結構	

學習表現	學習內容	上學期
4-I-2利用部件、部首或簡單造字原理，輔助識字。	部件結構 形旁（部首） 聲旁 義旁 部件結構原則 均分 外形 中心 上下 左右	
	Ab-I-5 1500個常用語詞的認念	
4-I-1認識常用國字至少1000字，使用700字。	語詞唸法 語詞本音 詞變音（調）	
	語詞意義 語詞本義 語詞延伸義	
	Ab-I-6 1000個常用語詞的使用	
4-I-6能因應需求，感受寫字的溝通功能與樂趣。 2-I-1以正確發音流利的說出語意完整的話。	語詞使用 本用 活用 語詞本義造句 語詞延伸義造句	
	Ac-I-1常用標點符號	
5-I-2認識常用標點符號。 6-I-1根據表達需要，使用常用標點符號。	頓號：名稱、功能、寫法	
	私名號：名稱、功能、寫法	
	書名號：名稱、功能、寫法	
	Ac-I-2簡單的基本句型	
6-I-3寫出語意完整的句子、主題明確的段落。 6-I-5修改文句的錯誤。	敘事句（主語+述語+賓語）	
	表態句（主語+表語+賓語）	
	Ac-I-3基本文句的語氣與意義	

學習表現	學習內容	上學期
	語氣類型	
	否定句：特徵、語氣、意義	
	Ad-I-1自然段	
	自然段定義	
	自然段特徵	
	自然段的主體	
6-I-3寫出語意完整的句子、主題明確的段落。	**Ad-I-2**篇章的大意	
	篇章的主體	
	主要的情節	
	Ad-I-3故事、童詩	
5-I-6利用圖像、故事結構等策略，協助文本的理解與內容重述。	故事	
	故事主體	
	故事情節	
	故事結局	
	故事寓意	
5-I-1以適切的速率正確地朗讀文本。	童詩	
	主題	
	節奏押韻	
6-I-2透過閱讀及觀察，積累寫作材料。 6-I-6培養寫作的興趣。	**Bb-I-2**人際交流的情感	
	人際交流對象	
	人物特徵	
	主體情感	
6-I-4使用仿寫、接寫等技巧寫作。	**Bb-I-3**對物或自然的感受	
	物／景的類別	
	物／景的特徵	
	主體的感受	

學習表現	學習內容	上學期
	Be-I-2在人際溝通方面，以書信卡片等慣用語彙及書寫格式為主	
	書信功能	
	書信種類	
	書信格式（直式、橫式）	
	縮格	
	內容組織	
5-I-3讀懂與學習階段相符的文本。	**Ca-I-1**各類文本中與日常生活相關的文化內涵	
	器物與工具之創作	
	風俗習慣	
	文學／宗教／藝術意義	
	Cb-I-1各類文本中的親屬關係、道德倫理、儀式風俗等文化內涵	
	親屬關係	
	直系	
	旁系	
	姻親	
	道德	
	個人道德	
	公德	
	社會規範	
	風俗儀式	
	族群	
	儀式名稱、目的、日期、地區	
	儀式過程	
	儀式規範	

學習表現	學習內容	上學期
	Cb-I-2各類文本中的個人與家庭、鄉里的關係	
	個人與家庭的關係	
	個人與社區／鄉里的關係	

透過年級計畫的分配（如表11-3），學期的課程計畫就可以抽取出來另外成立，如表11-4。至此，課程計畫的部分就完成了。

總綱中規定課程計畫必須包含的內容分別有學習表現、學習內容（學校轉化的校本學習內容）等，從表11-3到表11-4均符合其規定。至於總綱中課程計畫應包含的「進度」，則是由表11-1、表11-2、表11-3、表11-4的計畫內容可以看出。換句話說，從階段的進度、年級的進度、學期的進度，可以看出學習內容和學習表現在各學期、各學年的實施情況，此即課綱中所謂的「進度」。

至於課綱中的學習評量，則由下一節之「教學計畫」中可一窺究竟。

第五節　學期教學計畫

本書第九章中Armstrong指出有關學校課程計畫應具備的文件中，教學計畫是指由課程轉化爲教學時，所規劃的「教學計畫」。其中必須詳列完整的學習目標、學習者特質、引介內容的步驟、評量、教材，以及教學資源等資料。意即，根據課程計畫的規劃，將教學所需的資訊納入，以便教師可以據此編製「教案」。以下表11-5即是列出教學的對應單元、融入的議題、評量方式，以及備註等項目欄位。此部分並不在教育部的十二年國教總綱中的規定，但是表11-5中的「評量」卻是「總綱」中規定要列入的項目，因此藉由表11-5的設計將其表示於欄位中。

評量方式列於表11-5的原因在於，「學習內容」的教學必須有教材才能實施，此時教科書的單元就成爲最佳的資料，這些單元的資料又必須以「學習內容」爲基礎進行設計，唯有對應兩者之時，才能精準知道評量的

表11-5 國語二上教學計畫

學習表現	學習內容	對應單元	議題	節數	評量	備註
3-I-4利用注音讀物，學習閱讀，享受閱讀樂趣。	**Aa-I-5**標注注音符號的各類文本					
5-I-3讀懂與學習階段相符的文本。 5-I-4了解文本中的重要訊息與觀點。 5-I-8認識圖書館（室）的功能。 5-I-9喜愛閱讀，並樂於與他人分享閱讀心得。 5-I-5認識簡易的記敘、抒情及應用文本的特徵。	童話					
	神話					
	寓言	9.等兔子的農夫 10.聰明的小熊	品德教育		實作評量	
	故事	11.庾亮不賣馬	品德教育			
	記敘文 文體特徵	2.天亮了 3.第一次做早餐 6.我們的花生田 7.給小朋友的信 12.小鎮的柿餅節 14.卑南族男孩的年祭	家庭教育 環境教育 原住民族教育			
	應用文 文體特徵	3.第一次做早餐 7.給小朋友的信				
	抒情文 文體特徵					

學習表現	學習內容	對應單元	議題	節數	評量	備註
	童詩	1.開學日 5.走過小巷 8.國王的新衣裳 13.做湯圓	環境教育 品德教育 家庭教育			
4-I-1認識常用國字至少1000字，使用700字。 3-I-2運用注音符號輔助識字，也能利用國字鞏固注音符號的學習。	**Ab-I-1 1000**個常用字的字形、字音和字義	1-14課			測驗評量	
	字形					
	書體（六書）					
	象形					
	指事					
	部首					
	字形結構					
	字音					
	本音					
	變音（變調）					
	字義					
	本義					
	延伸義					

學習表現	學習內容	對應單元	議題	節數	評量	備註
	Ab-I-2 700個常用字的使用	1-14課				
	生字本義之造詞					
	生字延伸義之造詞					
	Ab-I-3常用字筆畫及部件的空間結構	1-14課			實作評量	
4-I-2利用部件、部首或簡單造字原理，輔助識字。	部件結構 形旁（部首） 聲旁 義旁 部件結構原則 均分 外形 中心 上下 左右					
	Ab-I-5 1500個常用語詞的認念	1-14課			測驗評量	
4-I-1認識常用國字至少1000字，使用700字	語詞唸法 語詞本音 詞變音（調）					

學習表現	學習內容	對應單元	議題	節數	評量	備註
	語詞意義 語詞本義 語詞延伸義					
	Ab-I-6 1000個常用語詞的使用	1-14課			測驗評量	
4-I-6能因應需求，感受寫字的溝通功能與樂趣。 2-I-1以正確發音流利的說出語意完整的話。	語詞使用 本用 活用 語詞本義造句 語詞延伸義造句					
	Ac-I-1常用標點符號				測驗評量	
5-I-2認識常用標點符號。 6-I-1根據表達需要，使用常用標點符號。	頓號：名稱、功能、寫法					
	私名號：名稱、功能、寫法					
	書名號：名稱、功能、寫法					
	Ac-I-2簡單的基本句型	2.天亮了 3.第一次做早餐			實作評量	

學習表現	學習內容	對應單元	議題	節數	評量	備註
6-I-3寫出語意完整的句子、主題明確的段落。 6-I-5修改文句的錯誤。	敘事句（主語+述語+賓語）	6.我們的花生田 7.給小朋友的信 12.小鎮的柿餅節 14.卑南族男孩的年祭				
	表態句（主語+表語+賓語）					
	Ac-I-3基本文句的語氣與意義	1-14課			測驗評量	
	語氣類型					
	否定句：特徵、語氣、意義					
6-I-3寫出語意完整的句子、主題明確的段落。	**Ad-I-1**自然段	2.天亮了 3.第一次做早餐 6.我們的花生田 7.給小朋友的信 12.小鎮的柿餅節 14.卑南族男孩的年祭			實作評量	
	自然段定義					
	自然段特徵					
	自然段的主體					
	Ad-I-2篇章的大意	2.天亮了 3.第一次做早餐 6.我們的花生田 7.給小朋友的信 12.小鎮的柿餅節 14.卑南族男孩的年祭			實作評量	
	篇章的主體					
	主要的情節					

學習表現	學習內容	對應單元	議題	節數	評量	備註
	Ad-I-3故事、童詩	9.等兔子的農夫 10.聰明的小熊 11.庾亮不賣馬			實作評量	
5-I-6利用圖像、故事結構等策略，協助文本的理解與內容重述。	故事					
	故事主體					
	故事情節					
	故事結局					
	故事寓意					
5-I-1以適切的速率正確地朗讀文本。	童詩	1.開學日 5.走過小巷 8.國王的新衣裳 13.做湯圓			實作評量	
	主題					
	節奏押韻					
6-I-2透過閱讀及觀察，積累寫作材料。 6-I-6培養寫作的興趣。	**Bb-I-2**人際交流的情感	3.第一次做早餐 5.走過小巷 6.我們的花生田 7.給小朋友的信 13.做湯圓 14.卑南族男孩的年祭			實作評量	
	人際交流對象					
	人物特徵					
	主體情感					

學習表現	學習內容	對應單元	議題	節數	評量	備註
6-I-4使用仿寫、接寫等技巧寫作。	**Bb-I-3**對物或自然的感受	5.走過小巷			實作評量	
	物／景的類別					
	物／景的特徵					
	主體的感受					
	Be-I-2在人際溝通方面，以書信卡片等慣用語彙及書寫格式為主	7.給小朋友的信			實作評量	
	書信功能					
	書信種類					
	書信格式（直式、橫式）					
	縮格					
	內容組織					
5-I-3讀懂與學習階段相符的文本。	**Ca-I-1**各類文本中與日常生活相關的文化內涵					

學習表現	學習內容	對應單元	議題	節數	評量	備註
	器物與工具之創作	4.文字的開始			測驗評量	
	風俗習慣	12.小鎮的柿餅節 13.做湯圓 14.卑南族男孩的年祭				
	文學／宗教／藝術意義	14.卑南族男孩的年祭				
	Cb-I-1各類文本中的親屬關係、道德倫理、儀式風俗等文化內涵。					
	親屬關係					
	直系	3.第一次做早餐 13.做湯圓			實作評量	
	旁系					
	姻親	14.卑南族男孩的年祭			實作評量	
	道德					
	個人道德					

學習表現	學習內容	對應單元	議題	節數	評量	備註
	公德					
	社會規範					
	風俗儀式	14.卑南族男孩的年祭			測驗評量	
	族群					
	儀式名稱、目的、日期、地區					
	儀式過程					
	儀式規範					
	Cb-I-2各類文本中的個人與家庭、鄉里的關係					
	個人與家庭的關係	3.第一次做早餐 13.做湯圓			實作評量	
	個人與社區／鄉里的關係	6.我們的花生田 5.走過小巷 7.給小朋友的信 14.卑南族男孩的年祭			實作評量	

方式。

雖然十二年國教總綱並未規範教學的計畫，但是它卻是Armstrong「書寫課程」（written curriculum）的文件之一（詳見第九章第三節）。

以上表11-5的教學計畫是以康軒版本之單元做對應，如果使用其他版本教科書之單元也一樣做對應，「學習表現」和「學習內容」的兩個欄位中的資料不變，單就「對應單元」部分進行調整爲其他版本之教科書也是通用的，這也是一綱多本的用意。

綜上所述，Armstrong課程計畫中的文件包含：（一）哲學論述——學校願景的文件；（二）課程範圍與順序文件；（三）學科或學習領域的課程文件；（四）年級的課程文件；（五）學期的課程文件；（六）教學計畫的文件等，這些都是構成完整的課程文件。其中「教學計畫」提供整學期的規劃，教師依照「教學計畫」將「學習內容」及「學習表現」與單元作成二維的表格，就可設計出相關的學習經驗進行教學。

第六節　學習經驗與素養活動

十二年國教是以「學習表現」、「學習內容」組成「學習重點」，「學習內容」經過學校教師轉化爲基礎的與重要的內容之後，就要開始思考如何藉由學習經驗的設計完成「學習內容」的教學，並且以達成「學習表現」爲目標。

Tyler（1949）指出學習經驗的產出必須來自課程的目標，而課程的目標需具有「行爲」和「內容」兩項要素才有助於選擇適當的學習經驗。因此，就此理論之依據，「學習表現」爲十二年國教之「非具體內容」，它與九年一貫之「能力指標」類似。換言之，學習表現便可視爲「行爲的目標」。「學習內容」則是學科的知識，它與九年一貫的「基本內容」或是「分年細目詮釋」類似；換言之，也可以將它簡單的視爲「內容」。「學習經驗」便是在這兩者所形成的二維向度中產出的。

以前述「教學計畫」（表11-5）中的一課〈14.卑南族男孩的年祭〉爲例，示範在「學習表現」、「學習內容」交互之下的二維表格中如何找出適當的「學習經驗」，作爲教師進行教學的依據。

以教科書文本中〈第14課卑南族男孩的年祭〉爲例，在表11-5教學計畫中「學習內容」爲「Cb-I-1各類文本中的親屬關係、道德倫理、儀式風俗等文化內涵」之下的「風俗儀式」內容，而「學習表現」則爲「5-I-3讀懂與學習階段相符的文本」，在這兩者交互之下，其學習經驗要如何設計呢？如表11-6。

表11-6　學習經驗的設計-1

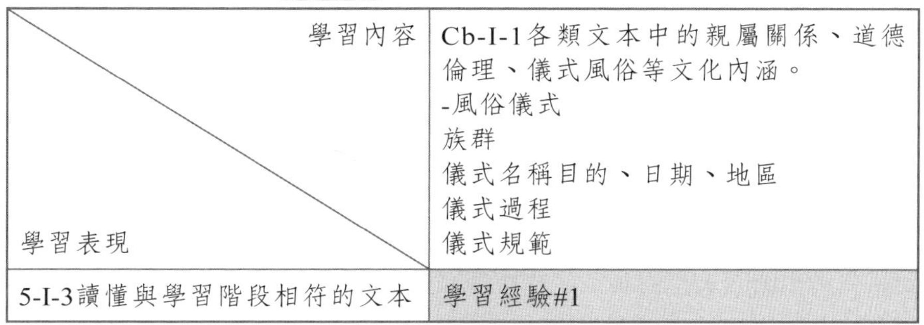

學習內容 ＼ 學習表現	Cb-I-1各類文本中的親屬關係、道德倫理、儀式風俗等文化內涵。 -風俗儀式 族群 儀式名稱目的、日期、地區 儀式過程 儀式規範
5-I-3讀懂與學習階段相符的文本	學習經驗#1

從「學習表現」和「學習內容」兩者的交互向度中，教師接下來要思考的是如何讓學生讀懂「卑南族年祭的風俗儀式」呢？換句話說，教師需要什麼樣的「學習經驗」呢？此時，教師可以帶領學生參與臺東地區所辦的卑南族年祭活動（通常不太可能），或是提供媒體或資料讓學生可以獲得對卑南族年祭的基本知識，然後領略課文文本的內容，所以「學習經驗#1」就能以年祭的影音資料提供給學習者作爲活動進行，如表11-7。

表11-7 學習經驗的設計-1

學習內容 / 學習表現	Cb-I-1各類文本中的親屬關係、道德倫理、儀式風俗等文化內涵。 -風俗儀式 族群 儀式名稱目的、日期、地區 儀式過程程 儀式規範
5-I-3讀懂與學習階段相符的文本	學習經驗#1 （觀賞臺東卑南族年祭影片）

所以，學習經驗必須從學期的「教學計畫」中的「學習表現」、「學習內容」兩個向度中抽取出來，然後透過學校教師的共同備課就會很容易的設計出「學習經驗#1」。因此，課程與教學的計畫就顯得非常重要。

再以表11-5的教學計畫爲例，「學習內容」爲「Ca-I-1各類文本中與日常生活相關的文化內涵」之「親屬關係」中的「姻親關係」，作者和表哥到底是什麼樣的親屬關係呢？而「學習表現」依照表11-5的規劃，還是「5-I-3讀懂與學習階段相符的文本」。依照這兩個向度，那麼學習經驗#2要設計什麼呢？如表11-8。

表11-8 學習經驗的設計-2

學習內容 / 學習表現	Ca-I-1各類文本中與日常生活相關的文化內涵。 -親屬關係（姻親）
5-I-3讀懂與學習階段相符的文本	學習經驗#2

所以考慮學生能懂所謂的「姻親關係」，教師可能提供「家庭樹」（family tree）的系統讓學生能了解課文中作者和表哥的親屬關係的由來，因此「學習經驗#2」就可能以繪製「家庭樹」作爲學習的活動。

此時，從表11-8的「學習表現」、「學習內容」兩個向度，教師就可以藉此開展「家庭樹」繪製的活動，而這個活動本身又以學生的家庭爲主體去繪製，這樣的活動實際上就可以稱爲「素養活動」，如表11-9。

表11-9 學習經驗的設計-2

學習內容 ╲ 學習表現	Ca-I-1各類文本中與日常生活相關的文化內涵。 -親屬關係（姻親）
5-I-3讀懂與學習階段相符的文本	學習經驗#2 （繪製家庭樹） 素養活動

表11-9的設計也是充分顯示表11-5的教學計畫的重要性，要選擇哪一個「學習表現」去對應「學習內容」也是非常重要的決定，因爲不同的對應可能產生不同的學習經驗。

表11-10的「學習內容」爲「Ad-I-1自然段」，包含「自然段定義、自然段特徵、自然段的主體」；而「學習表現」則是「6-I-3寫出語意完整的句子、主題明確的段落」，那麼這樣的交互之下，要設計什麼學習經驗#3呢？如表11-10。

表11-10 學習經驗的設計-3

學習內容 ╲ 學習表現	Ad-I-1自然段。 自然段定義 自然段特徵 自然段的主體
6-I-3寫出語意完整的句子、主題明確的段落。	學習經驗#3

從表11-5的教學計畫中，以「學習表現」、「學習內容」兩個向度兩相對照，就會發現「學習內容」是要讓學習者從文本中找出自然段落的主體，但是，還要據此寫出主題明確的段落，意即，學習者需要有「寫作的活動」，才能達到「學習表現」所要求的「寫出簡易的段落」。

依照這樣的規劃，教學的過程中就要先讓學生熟悉找出這一課的自然段及段落的主體，這是學習內容要教的內涵，接著，還要完成「學習表現」的要求，也就是要進行「寫作」的活動。

因此，訂定一個學習者可能參與的民俗活動的題目，例如：「我的除夕夜」，來進行這樣的寫作活動，才能達到「學習表現」；同時，又因這樣的題目是與學習者的生活情境相關，那麼這樣的寫作活動也可以稱之為「素養活動」，如表11-11。

表11-11 學習經驗的設計-3

學習內容 / 學習表現	Ad-I-1自然段。 自然段定義 自然段特徵 自然段的主體
6-I-3寫出語意完整的句子、主題明確的段落。	學習經驗#3 （寫作：我的除夕夜） 素養活動

從表11-6到表11-11分別展示如何從「學習表現」、「學習內容」兩個向度的交互中產出「學習經驗」，這些經驗當中要如何以學生為主體的設計，而成為「素養的活動」。所以表11-5的學期教學計畫就顯得非常的重要，然而表11-5的教學計畫又從表11-4的學期課程計畫、表11-3年級課程計畫、表11-2階段課程計畫所產出的，可以說想要有系統的設計學習經驗或是素養活動，都必須先有課程計畫作為基礎才有可能，否則只能做「蜻蜓點水」的表面工夫。

如果依照教育部在十二年國教總綱中所言之「素養」的定義，將學校所學的知識遷移到生活情境中即是「素養」的話，也就是Gagné所言之「學習遷移」，兩者實際相同。Gagné在其「教學事件」的理論中強調「學習遷移」是所有事件的最終目標，意即任何的教學和學習都應該進行「學習遷移」，如果無法在生活中進行遷移的知識，也將會是無用的知識。故而，本書不特別強調「素養」的設計，而是回歸到教學理論中，稱為「學習遷移」。

利用「學習內容」與「學習表現」的二維表格構思「學習經驗」，產出教學的活動，如果活動的內涵與學習者實際生活情境息息相關，就成為教育部所謂之「素養活動」。但是，「學習內容」和「學習表現」不同的對應可能會產生不同的「學習經驗」，因此如何適切的將兩者對應，則是十二年國教課程與教學設計最重要的關鍵。

十二年國教總綱中對於課程計畫的規定中所包含的內容項目中，本章中將表11-1總體課程計畫、表11-2階段課程計畫、表11-3年級課程計畫、表11-4學期課程計畫、表11-5教學計畫等統整，就符合教育部在總綱中課程計畫的規定，這樣的設計如果是由學校的教師共同完成的話，就足以代表眞正「學校本位課程」的意義。這也是國內許多課程專家們所言：學校本位課程應溯及學習領域，而不僅限於特色課程之意。

學校課程計畫至少包含總體架構……各領域／群科／學程／科目之教學重點、評量方式及進度等

不論如何，十二年國教總綱的實施要點中，鼓勵學校教師透過領域／群科／學程／科目（含特殊需求領域課程）教學研究會、年級或年段會議，或是自發組成的校內、跨校或跨領域的專業學習社群，進行共同備課、教學觀察與回饋、研發課程與教材、參加工作坊、安排專題講座、實地參訪、線上學習、行動研究、課堂教學研究、公開分享與交流等多元專業發展活動方式，以不斷提升自身專業知能與學生學習成效。

總而言之，十二年國教的課程與教學設計，必須先確定課程的內涵，才能進行教學的設計。課程的設計首重「課程計畫」的擬定，才能有助於教學的實施，這是在九年一貫或是十二年國教課程改革實施中學到的重要經驗。而，學術的論理也支持先有課程的計畫，才有教學的設計。

國家課程要轉化為學校本位課程並非容易之事，它需要有課程專家、學科內容專家、教學媒體專家等人的團隊合作才能完成。本書建議各縣市之國教輔導團應就各縣市學校的情形，適度的轉化國家課程為縣市學校課程，並且應該要責無旁貸地負起此一任務，提供給縣市內學校使用，才不至於消耗各校的人力與資源，成為名符其實的「國教輔導團」。

因此，若要不重蹈九年一貫的錯誤策略與實踐，就要務實的從十二年國教課程的課綱開始解讀，形成真正課程的計畫（而非倚賴出版商的計畫），進而選擇有意義的「學習經驗」，落實到生活中，實踐十二年國教的政策與精神。

參考書目

任慶儀（2013）。教學設計：理論與實務。臺北：五南。

張清濱（2008）。學校教育改革——課程與教學（三版）。臺北：五南。

陳弘昌（1999）。國小語文科教學研究。臺北：五南。

Armstrong, D. G. (1989). *Developing and documenting the curriculum*. Boston: Allyn and Bacon.

Tyler, R. W. (1949). *Basic principles of curriculum and instruction*. Chicago: The University of Chicago.

Oliva, P. F. (2009). *Developing the curriculum* (7th ed.). Boston: Pearson Education.

第十二章　我國小學課程的演進

第一節　課程標準時期

第二節　課程綱要時期

我國小學課程的目標大抵上分爲課程標準與課程綱要兩個時期，前者注重內容的範圍，後者則以目標或是兩者皆有的型態爲主，課程的主體在長達近八十年的歷史中物換星移的興衰與變化，成就了我國淵遠流長的課程發展歷史。本章主要針對課程標準時期、九年一貫課程綱要，以及十二年國民基本教育素養課程做出概略式的描述，希望未來的學生能夠一覽前人的思慮與做法，能以前車之鑑，淵思寂慮。

第一節　課程標準時期

一、暫行標準起草訂頒時期（民國17年10月至18年8月）

民國17年10月教育部延聘專家組織「中小學課程標準起草委員會」著手從事中小學各種課程標準的起草工作，並且約集一百多位當時對小學課程富有研究的學者協助進行。至民國18年8月定案並由教育部公告實施，稱爲「小學課程暫行標準」。廢除三民主義與公民兩科，改爲黨義一科，圖畫、手工兩科改爲美術、工作兩科。此暫行標準中明列小學的課程共九科如下：

	科目名稱
1	黨義（三民主義）
2	國語
3	社會
4	自然
5	算數
6	工作
7	美術
8	體育
9	音樂

二、暫行標準試驗研究時期（民國18年8月至20年6月）

教育部頒布暫行標準之後，即令各省、市教育廳局組織研究會，進行此項課程標準的實施方法及相關問題，且指定學校進行實驗，其實驗結果須於民國19年6月以前提出意見，呈部參考。後因各縣市未提出意見報部，遂延至民國20年6月以前將試驗研究結果報部核備。當時曾提出報告的有：(1)江蘇省教育廳；(2)浙江省教育廳；(3)南京市教育局；(4)上海市教育局；(5)廣東省教育廳；(6)熱河省教育廳；(7)吉林省樺甸縣教育局。此外，江蘇省更將各實驗小學的實驗研究結果詳細報部，提供了許多寶貴資料。

三、第一次標準修訂時期（民國20年6月至21年9月）

教育部匯集各方對上述「小學課程暫行標準」的意見之後，成立「中小學課程及設備標準起草委員會」研究將其修訂成為正式的標準。故於民國20年6月開始召開會議，分組修訂審查，並決定小學各科「課程標準」。其中重要的決定包括：

1. 「黨義」不單獨設置科目，但是分別融入「國語」、「社會」、「自然」各科中。
2. 把「社會」、「自然」兩科的「衛生」部分劃出，另訂「衛生課程標準」。
3. 把「工作」科改為「勞作」科，並將「商情」部分刪除，商情估價作業納入「算數」科中。
4. 「社會」科加入「公民」教材。

	舊科目名稱	新科目名稱
1	黨義（三民主義）	
2	國語	國語
3	社會	社會（增加公民）

	舊科目名稱	新科目名稱
4	自然	自然
5	算數	算數（增加商情估價）
6	工作	勞作（取消商情）
7	美術	美術
8	體育	體育
9	音樂	音樂
10	社會自然	衛生

四、第一次標準公布施行時期（民國21年9月）

經過修正前述之課程標準後，教育部本應立即頒布正式的小學課程標準，但是民國20年爆發「九一八事變」因此暫時擱置其實施。直至民國21年8月，教育部又重啟修正，先完成「公民訓練」科草案後，其餘各科也隨後完成審核，並且另訂「總綱」於各科標準之前，該年10月「小學公民訓練標準」也審核通過，遂於民國21年10月正式公布「小學課程標準」。其中規定小學之課程共十科，包含如下：

	舊科目名稱	新科目名稱
1	衛生	衛生
2	體育	體育
3	國語	國語
4	社會（增加公民）	社會
5		公民訓練
6	自然	自然
7	算數（增加商情估價）	算數

	舊科目名稱	新科目名稱
8	勞作（取消商情）	勞作
9	美術	美術
10	音樂	音樂

五、第二次修正小學課程標準（民國25年2月至7月）

本次的修改將「衛生」一科取消，衛生知識分別併入「常識」與「自然」兩科，有關「衛生習慣」部分納入「公民訓練」。低年級部分，衛生、自然與社會三科合併爲常識科。體育與音樂合併爲「唱遊」，美術與勞作合併爲「工作」科。總授課時數部分，低年級由1170-1260分鐘改爲1020-1110分鐘，中年級由1380-1440分鐘改爲1230-1290分鐘，高年級由1460分鐘改爲1380分鐘，各年段都有減授教學時間。

舊科目名稱	新科目名稱
國語	國語
算數	算數
衛生	常識（衛生知識）（低年級）
自然	
社會	
公民訓練	公民訓練（衛生習慣）
體育	唱遊（低年級）
音樂	
勞作	工作
美術	

六、第三次公布修訂課程標準（民國30年4月至31年10月）

第三次修訂自民國30年4月開始進行修訂，於31年10月公布。總綱的敘述中增加「課程內容範圍」和「編排日課表的原則」。低年級的唱遊仍然改回音樂科、體育科，圖畫、勞作不合併爲「工作科」，公民訓練改爲團體訓練，爲實施訓育和訓練衛生習慣之科目。總授課時間也略爲增加。

舊科目名稱	新科目名稱
國語	國語
算數	算數
常識（衛生知識）（低年級）	常識（低年級）
唱遊（低年級）	體育
	音樂
工作（低年級）	圖畫
	勞作
公民訓練（衛生習慣）	團體訓練
自然	自然
美術（中高年級）	美術（中高年級）

七、第四次修訂課程標準（民國34年9月至民國36年2月）

民國31年的修正標準偏重於抗戰時期的一切設施，爲了要求適應日本投降和抗戰勝利以後的需要，故再加以修訂。民國34年9月先由重慶區域的專家先修各科課程標準，等到民國35年回到上海，邀集蘇、浙、滬各地的小學教育專家分科審查與修改。民國36年邀請各地專家集會審查，其中重要決定包括：(1)算數改至第三學年正式教學，低年級則以隨機教算爲原則；(2)國語和常識可分開教學，低年級常識不用課本；(3)低年級音樂、體育合併爲「唱歌遊戲」，低年級勞作、美術合併爲「工作科」。

本次修訂的特色爲低年級仍然採用合科教學，例如：低年級音樂與體育合併爲唱遊，以及至中、高年級則分化爲音樂與體育兩科。中低年級將公民、歷史、地理、自然合併爲常識科，到高年級則分化爲社會與自然。美術與勞作於低年級合併爲工作科，到中、高年級才分化爲兩科學習。低年級算數則仍然維持隨機教學，並不另設學科學習。「課外集團活動」則爲外加的課程。

八、第五次修訂課程標準（民國37年9月至民國41年11月）

前期修正的各科課程標準於民國37年9月由教育部通令實施於全國（現今中國地區），惟因國共兩黨對抗，當時的中央政府最後移駐臺灣，此課程標準之實施僅限於臺灣省。爲配合戡亂建國時期的反共抗俄國策，乃再次修訂課程標準以配合國家需要。歷經四次全國會議和六次分組討論後，於民國41年11月國語、社會兩科修訂完成並公布實施，其餘科目照舊實施，如表12-1。

表12-1　民國41年新課程標準教學科目與每週時數

<table>
<tr><th colspan="2" rowspan="2">時間／年級／學科</th><th colspan="2">低年級</th><th colspan="2">中年級</th><th colspan="2">高年級</th></tr>
<tr><th>第一學年</th><th>第二學年</th><th>第三學年</th><th>第四學年</th><th>第五學年</th><th>第六學年</th></tr>
<tr><td colspan="2">公民訓練</td><td colspan="2">120</td><td colspan="2">150</td><td colspan="2">150</td></tr>
<tr><td rowspan="2">唱歌遊戲</td><td>音樂</td><td colspan="2" rowspan="2">180</td><td colspan="2">90</td><td colspan="2">90</td></tr>
<tr><td>體育</td><td colspan="2">120</td><td colspan="2">150</td></tr>
<tr><td rowspan="4">國語</td><td>説話</td><td colspan="2" rowspan="4">420</td><td colspan="2" rowspan="4">450</td><td colspan="2" rowspan="4">450</td></tr>
<tr><td>讀書</td></tr>
<tr><td>作文</td></tr>
<tr><td>寫字</td></tr>
</table>

<table>
<tr><th colspan="3" rowspan="2">時間 年級 學科</th><th colspan="2">低年級</th><th colspan="2">中年級</th><th colspan="2">高年級</th></tr>
<tr><th>第一學年</th><th>第二學年</th><th>第三學年</th><th>第四學年</th><th>第五學年</th><th>第六學年</th></tr>
<tr><td></td><td colspan="2">算數</td><td></td><td></td><td>180</td><td>210</td><td colspan="2">210</td></tr>
<tr><td rowspan="4">常識</td><td rowspan="3">社會</td><td>公民</td><td colspan="2" rowspan="4">150</td><td colspan="2" rowspan="4">150</td><td colspan="2" rowspan="3">150</td></tr>
<tr><td>歷史</td></tr>
<tr><td>地理</td></tr>
<tr><td colspan="2">自然</td><td colspan="2">120</td></tr>
<tr><td rowspan="2">工作</td><td colspan="2">美術</td><td colspan="2" rowspan="2">180</td><td colspan="2">60</td><td colspan="2">60</td></tr>
<tr><td colspan="2">勞作</td><td colspan="2">90</td><td colspan="2">90</td></tr>
<tr><td colspan="3">合計</td><td colspan="2">1050</td><td>1290</td><td>1320</td><td colspan="2">1470</td></tr>
<tr><td colspan="3">課外集團活動</td><td colspan="2">120</td><td colspan="2">180</td><td colspan="2">180</td></tr>
<tr><td colspan="3">總計</td><td colspan="2">1170</td><td>1470</td><td>1500</td><td colspan="2">1650</td></tr>
</table>

國語科的修訂除內容強調民族精神外，將各種文體的說明及各年級所占的百分比，將原來記載於「附錄」中改列於「教學要點」。公民科的教材分別歸納成「個人」、「家庭」、「學校」、「社會」、「國家」、「世界」等六大單元。歷史部分加入蘇俄侵略的史實。

本次的修訂將歷年所公布的課程標準名稱「小學課程標準」，依照《國民學校法》（民國33年3月15日公布）修訂為「國民學校課程標準」。

九、第六次修訂課程標準（民國48年9月至民國51年7月）

民國48年2月「總統府臨時行政改革委員會」建議為提高國民教育質與量的發展，應即日修訂國中小學課程標準。從民國46年起，教育部乃約集專家學者展開會議討論，並且指定學校進行新課程實驗。當時有「國民學校社會中心教育實驗」、「科學教育實驗」，以及由「臺灣省國小教師研習會」所主持的「高年級公民、歷史、地理合科教學實驗」等。

值得注意的是此次的修訂課程標準，曾經將各國小學課程綱要，包括美、日、菲、法、德、英等國，編譯後送各修訂委員作爲參考，這也是我國參考各國的課程，並以國際性的觀點修正課程標準。

民國48年9月起成立「修訂中小學課程標準委員會」、「修訂國民學校課程標準委員會」商定修訂事宜。民國50年6月「教育部國民教育司」出版「修訂國民學校課程標準草案」，再經各學科起草小組修訂後，於51年2月「第四次全國教育會議」報告通過，於5月行政院核准，7月31日教育部以命令公布，新課綱正式於民國52年8月1日起施行。

表12-2　民國51年新課程標準教學科目與每週時數

<table>
<tr><th colspan="3" rowspan="2">時間
年級
學科</th><th colspan="2">低年級</th><th colspan="2">中年級</th><th colspan="2">高年級</th></tr>
<tr><th>第一學年</th><th>第二學年</th><th>第三學年</th><th>第四學年</th><th>第五學年</th><th>第六學年</th></tr>
<tr><td colspan="3">公民與道德</td><td colspan="2">150</td><td colspan="2">150</td><td colspan="2">180</td></tr>
<tr><td rowspan="2">唱遊</td><td colspan="2">音樂</td><td colspan="2" rowspan="2">180</td><td colspan="2">90</td><td colspan="2">90</td></tr>
<tr><td colspan="2">體育</td><td colspan="2">120</td><td colspan="2">150</td></tr>
<tr><td rowspan="4">國語</td><td colspan="2">説話</td><td colspan="2" rowspan="4">420</td><td colspan="2" rowspan="4">450</td><td colspan="2" rowspan="4">480</td></tr>
<tr><td colspan="2">讀書</td></tr>
<tr><td colspan="2">作文</td></tr>
<tr><td colspan="2">寫字</td></tr>
<tr><td rowspan="2">算數</td><td colspan="2">筆算</td><td colspan="2">60</td><td colspan="2">180</td><td>180</td><td>210</td></tr>
<tr><td colspan="2">珠算</td><td colspan="2"></td><td colspan="2"></td><td>60</td><td>30</td></tr>
<tr><td rowspan="3">常識</td><td rowspan="2">社會</td><td>歷史</td><td colspan="2" rowspan="3">150</td><td colspan="2" rowspan="2">60</td><td colspan="2">60</td></tr>
<tr><td>地理</td><td colspan="2">60</td></tr>
<tr><td colspan="2">自然</td><td colspan="2">90</td><td colspan="2">120</td></tr>
<tr><td rowspan="2">工作</td><td colspan="2">美術</td><td colspan="2" rowspan="2">180</td><td colspan="2">60</td><td colspan="2">60</td></tr>
<tr><td colspan="2">勞作</td><td colspan="2">90</td><td colspan="2">90</td></tr>
<tr><td colspan="3">合計</td><td colspan="2">1080</td><td colspan="2">1290</td><td colspan="2">1530</td></tr>
<tr><td colspan="3">團體活動</td><td colspan="2">120-180</td><td colspan="2">150-240</td><td colspan="2">180-240</td></tr>
<tr><td colspan="3">總計</td><td colspan="2">1200-1260</td><td colspan="2">1440-1530</td><td colspan="2">1710-1770</td></tr>
</table>

此次的修訂依《國民教育法》（民國31年第一條規定國民教育的課程應以德、知、體三育爲主），以國民道德、身心健康、生活知能作爲課程三面向，中、小學課程力求銜接，避免重複或脫節。

此次修訂的特色爲「公民訓練」改爲「公民與道德」，並將原列於社會科中的「公民知識」併入。新課程社會科僅包含歷史、地理，不再有公民的內容。舊課程中「課外集團活動」改爲「團體活動」，作爲各科的綜合活動。新課程的算數正式於低年級開始教授，中低年級均以筆算爲主，高年級的算數分爲筆算與珠算。新課程的總時數略比舊課程多一些，而且團體活動的時數採用彈性時數，而非固定時數。

十、第七次修訂課程標準（民國56年9月至民國57年1月）

爲配合我國國民義務教育改制由六年改爲九年之需要，自民國56年9月初開始至同年的12月修訂完成，是歷年以來修訂課程費時最短的一次。主要採取「九年一貫」之精神修訂，力求小學六年與中學三年課程能夠銜接，民國57年1月正式公布，同年8月實施。語文和社會科以民族精神、國民生活、實用知識爲基礎，注重力行實踐。在小學部分強調職業興趣之陶冶，國民中學部分增列職業陶冶課程，配合學生就業準備。加強藝能科課程養成身心健全之國民。此次公布之修訂結果，成爲「國民小學暫行課程標準」。

十一、第八次修訂課程標準（民國64年1月至民國64年8月）

本次修訂課程源起於民國57年8月（前一次修訂九年一貫課程正式實施之日）就開始，全國省立、市立九所師範專科學校即被指定進行國小課程之實驗研究。民國63年國小課程之實驗研究輔導小組會議中決議，邀集各師專輔導區內之國小校長、主任、教師、教育行政人員、專家等商討修訂事宜。及至民國64年1月成立總綱小組，7月完成草案。此次修正均參考他國小學教育之目標、教學時數、課程等，其中包含美、英、德、日、菲、俄等國。其中比較特別的是「生活技藝」其訂定係參考「東南亞教育部長組織」之「教育技術革新研究中心」在菲律賓的實驗計畫。

此外，教育部更針對自然科與數學科課程的設計和聯繫上，委託「臺灣省國民學校教師研習會」與「臺灣師範大學」理學院辦理進行實驗研究，以促進九年一貫之精神。

此次的課程修訂，在國小部分增列「輔導活動」，國中則增列「指導活動」，期待兩者能彼此相連貫。將原「公民與道德」改列爲「生活與倫理」，並加「健康」一科。

此次的修訂更重要的是揭示國小教育目標爲「加強民族精神教育及生活教育」，並力求「德、智、體、群、美五育均衡發展」爲原則，一改過去民國51年以「德、知、體」三育爲主的國小教育目標。此次公布之課程標準則稱爲「國民小學課程標準」。

十二、第九次修訂課程標準（民國78年1月至民國82年9月）

民國76年解除戒嚴之後，臺灣的政治開始步上民主化、經濟自由化、社會多元化等變革，教育因此必須適應社會的變遷，展開另一波的改革則是勢在必行。

民國78年1月成立第九次「國民小學課程標準修訂委員會」討論修訂事宜。本次的修訂最大特點即是以「培養二十一世紀的健全國民」爲最高理想目標，擺脫過去以黨國的思潮作爲教育施行的原則，改以寬宏的世界觀並放眼二十一世紀的未來需求作爲教育的目的。因此，國際化、統整化、生活化、人性化、彈性化便成爲此次修訂課程的基本理念，重視個人未來的發展與世界接軌。

本次修改的過程中，除邀集國小相關教育人員和專家以外，比較特別的是實施總綱的問卷調查，其對象除前述的人員以外，尚包括學生家長、教育團體人士、民意代表等，做了相當全面性的調查，這是前所未見的作法。修訂課程的過程中，各科的教學目標以總綱的目標作爲引導加以訂定，其修課時數也以總綱中的規定作爲分配，並且重訂各科的教材綱要。

此次的課程修訂部分則是將「生活與倫理」、「健康教育」合併成爲「道德與健康」一科；低年級的「唱遊」則又改回「音樂」、「體育」兩科。三到六年級增設「鄉土教學活動」讓學生有學習方言的機會，俾利於族群文化的保存。另外，各校可在各年級增設一節作爲彈性應用時間，賦予學校自行安排課程之空間。

此次的課程標準在民國82年9月由教育部發布，並於民國85年8月開始實施「國民小學課程標準」。

綜觀前述各時期的課程修訂，除了教育目標因應國情的需要，以及社會的氛圍作成修正外，學科的演變也述說著國民教育的轉變。民國64年以前的課程標準中，均涵蓋有國民小學教育目標、科目與時間、實施通則等項目的說明，各科的課程標準中也列出目標（總目標、分段目標）、時間分配、教材綱要、實施方法、評鑑方法等。所以，課程的主體還是「教材綱要」。

及至民國82年以後，課程標準中以總綱爲首，列出目標、科目與節數、實施通則，各科的課程標準則列有目標、分段目標、時間分配、教材綱要、實施方法與評量，數學則列有總目標、領域目標、分段目標，此與其他科目略有不同之編制。

雖然自民國20年開始，課程標準不斷的修改，但其不離其宗的是所謂的課程標準除了訂定有總目標、各領域目標、分段目標等，其中最重要的各科主體還是「教材綱要」，這樣的特色塑造了臺灣對「課程」的主要觀點，那就是課程與教學是一體的，課程的內容也就是教學內容的縮寫。

第二節　課程綱要時期

一、第十次課程修訂（民國86年4月至民國92年11月）

民國89年以前，我國國民教育階段的課程是依「課程標準」規定實施，並數度修訂。民國85年12月，行政院教育改革審議委員會公布《教育改革總諮議報告書》，依據該報告書之建議，教育部於民國86年4月首先成立「國民中小學課程發展專案小組」，完成「國民中小學九年一貫課程綱要」總綱，於民國87年9月公布，確立七大學習領域名稱及課程架構，並決定以四年爲期，自90學年度起，逐步實施九年一貫課程。嗣後公布《國民中小學九年一貫課程暫行綱要》，至民國92年11月公布各學習領域課程綱要。自此「課程標準」的時代正式宣告結束，繼而興起的是「課程綱要」時代的來臨。

此次課程修訂始於民國86年教育部成立「國民中小學課程發展專案小組」，於民國87年9月完成「國民教育九年一貫課程」總綱修訂，各學習領域之綱要則於民國88年完成，教育部於民國92年發布各學習領域及重大議題正式綱要。教育部自民國95年10月起即開始進行國民中小學九年一貫課程綱要之微調，期讓課程綱要在符應時代之趨勢下得以順利實施。

本次課程修訂其主要著重於培養具備人本情懷、統整能力、民主素養、本土與國際意識，以及能進行終身學習之健全國民，並揭示十大基本能力作爲課程設計的重心。

1. 了解自我與發展潛能。
2. 欣賞、表現與創新。
3. 生涯規劃與終身學習。
4. 表達、溝通與分享。
5. 尊重、關懷與團隊合作。
6. 文化學習與國際了解。

7. 規劃、組織與實踐。
8. 運用科技與資訊。
9. 主動探索與研究。
10. 獨立思考與解決問題。

此次課程修訂是歷年幅度最大的改變，自此所有的學科均以「學習領域」稱之，不再以科目稱之，新增的則三年級有英文科，原有之「音樂」與「體育」則分別列入藝術與人文學習領域，另將「健康」列入「體育」，並改稱為「健康與體育學習領域」，「唱遊科」則不再復見於課程當中。原有之「自然」因應社會之發展加入科技成為「自然與生活科技學習領域」，符合當今科技之潮流。本次課程改革首以學習階段為規劃的單位，每一個學習階段都涵蓋兩個年級，國小國語、數學、健康體育、綜合活動等領域則以三個階段為設計的區塊，其餘社會、自然與生活科技、藝術與人文則分為兩個階段，這三個領域在低年級，也就是第一階段合併為「生活領域」。英語則為一個階段，並從三年級開始。

此次的課程修訂中，另授予學校有彈性學習的節數，可供學校自由運用，並且以彈性的節數給予學校視其需要而調整，可謂是一種創舉。教育部也鼓勵學校可就閩南語、客家語、原住民族語等三種本土語言任選一種提供學生選修之用。

除上述之學科領域變革之外，本次的課程改革其中最屬關鍵的是首次將「課程標準」改為「課程綱要」，而「課程綱要」又由「教材」的屬性改為「能力指標」。由於此項的改變遂使得教師對課程的觀念完全翻轉，課程與教學的分野，以及兩者之關係更顯清楚。

教育部在其實施本次新課程時，特別宣導各學習領域的「能力指標」必須由學校召集所有的教師將其轉化為學習目標後使用，並由學校將其編制成各校之「課程計畫」進行教學的實施，意即各校必須就教育部所公布的各領域的「課綱」轉化為學校可用之學校本位課程內涵，擺脫以往課綱即是教材內容綱要的迷思，而學校的層級也能夠在此次的課程改革中參與並正式負有課程編制、實施、評鑑的責任，這也是教育部首先下放教育權利和教育民主化的一種象徵。

至此，「課程綱要」已取代「課程標準」，國家層級課程之形式與實質產生了巨大變革，逐漸與世界各國的教育理念貼近，塑造我國現代課程的樣貌與學理的依據。

表12-3 民國90年九年一貫課程改革

<table>
<tr><th rowspan="3">階段年級
學習領域</th><th colspan="6">國民小學</th></tr>
<tr><th colspan="2">第一學習階段</th><th colspan="2">第二學習階段</th><th colspan="2">第三學習階段</th></tr>
<tr><th>一</th><th>二</th><th>三</th><th>四</th><th>五</th><th>六</th></tr>
<tr><td rowspan="2">語文</td><td colspan="2" rowspan="2">本國語文</td><td colspan="2">本國語文</td><td colspan="2">本國語文</td></tr>
<tr><td colspan="2">英語</td><td colspan="2">英語</td></tr>
<tr><td>數學</td><td colspan="2">數學</td><td colspan="2">數學</td><td colspan="2">數學</td></tr>
<tr><td>社會</td><td colspan="2">生活</td><td colspan="2">社會</td><td colspan="2">社會</td></tr>
<tr><td>自然與生活科技</td><td colspan="2" rowspan="2"></td><td colspan="2">自然與生活科技</td><td colspan="2">自然與生活科技</td></tr>
<tr><td>藝術與人文</td><td colspan="2">藝術與人文</td><td colspan="2">藝術與人文</td></tr>
<tr><td>綜合活動</td><td colspan="2">綜合活動</td><td colspan="2">綜合活動</td><td colspan="2">綜合活動</td></tr>
<tr><td>健康與體育</td><td colspan="2">健康與體育</td><td colspan="2">健康與體育</td><td colspan="2">健康與體育</td></tr>
<tr><td>彈性學習</td><td colspan="4">彈性學習</td><td colspan="2"></td></tr>
<tr><td>領域學習節數</td><td colspan="2">20</td><td colspan="2">20</td><td colspan="2">27</td></tr>
<tr><td>彈性學習節數</td><td colspan="2">2-4</td><td colspan="2">3-6</td><td colspan="2">3-6</td></tr>
<tr><td>學習總節數</td><td colspan="2">22-24</td><td colspan="2">28-31</td><td colspan="2">30-33</td></tr>
</table>

二、第十一次修訂課程（民國100年4月至民國103年11月）

本次的課程改革源自於民國88年公布的《教育基本法》第十一條：「國民基本教育應視社會發展需要延長其年限。」於民國92年9月所召開「全國教育發展會議」中，達成「階段性推動十二年國民基本教育」之結論。

直至民國99年「第八次全國教育會議」結論指出，應參酌世界先進國家國民教育發展經驗，考量「普及」、「非強迫」、「確保品質」及「社會公義」等原則，積極啟動十二年國民基本教育，以期符合世界教育發展潮流。於是，民國100年總統於元旦祝詞宣示啟動十二年國民基本教育，同年9月行政院正式核定「十二年國民基本教育實施計畫」，明訂民國103年8月1日全面開始實施。

惟此次的修訂課程並非單純修改課程，而是將我國的國民基本教育年限由九年延長到十二年，此舉讓我國的教育與世界各國同步發展，是爲近年來最巨大的轉變，也是自民國57年將義務教育延長至九年以來最大幅度的改革。

與以往不同的是課程的修訂都是以臨時的組織集合專家學者、教育人員等，此次民國93年6月教育部將「建置中小學課程體系」納入施政主軸，首次由國家教育研究院「十二年國民基本教育課程研究發展會」負責新課程研議。民國99年「第八次全國教育會議」提出政府應積極啟動十二年國民基本教育，以期符合世界教育發展潮流的結論。民國100年總統於元旦祝詞宣示啟動十二年國民基本教育，同年9月行政院正式核定「十二年國民基本教育實施計畫」，明訂民國103年8月1日全面實施，總綱則在民國103年11月28日公布，後因部分領域之課綱延遲完成，遂於民國106年4月28日宣布原訂於107年實施，改爲延至民國108年8月全面實施，後稱爲108課綱。

本次課程改革是本於全人教育的精神，以「自發」、「互動」及「共好」爲理念，以「核心素養」作爲課程發展之主軸，以利各教育階段間的連貫，以及各領域／科目間的統整。而以「核心素養」爲主軸的課程強調學習不宜以學科知識及技能爲限，而應關注學習與生活的結合，並透過實踐力行，以求彰顯學習者的全人發展。課程強調培養以人爲本的「終身學習者」，並以「自主行動」、「溝通互動」、「社會參與」三大面向作爲主要的內涵，其下再細分爲九大項目內容：「身心素質與自我精進」、「系統思考與解決問題」、「規劃執行與創新應變」、「符號運用與溝通表達」、「科技資訊與媒體素養」、「藝術涵養與美感素養」、「道德實踐與公民意識」、「人際關係與團隊合作」、「多元文化與國際理解」。

至於課程的主體也由九年一貫所主張的「能力指標」爲課綱的形式，改以「學習表現」和「學習內容」所組成的「學習重點」爲課綱的形式。

此外，課程名稱也由原來的「學習領域」改爲「領域學習課程」，除了名稱之外，把學校的課程分成「部定課程」與「校訂課程」兩大類，前者指領域學習課程，後者指彈性學習課程。

在學科部分，語文領域中由「本國語文」改爲「國語文」，新增「新住民語文」課程，「本土語文」則由原彈性課程中實施，現改列爲正式的語文課程。原來之「英語」改爲「英語文」，其實施年段未變。

原「自然與生活科技」改爲「自然科學」，原「藝術與人文」也改爲「藝術」領域，「生活課程」則將「社會」、「自然科學」、「藝術」、「綜合活動」等四個領域併入。

節數部分，部定學習領域部分在第三階段由27節減少爲26節，校訂彈性領域則在第三階段由3-6節增加爲4-7節，學習總節數則未變，見表12-4。

我國國小課程的演變歷經「課程標準」與「課程綱要」的兩次修訂，雖然名稱的修訂只是正名的問題，但是實質上卻代表我國在步上課程的途徑上已經有了與歐美等國同等的理念，在課程的理論上也接近於現代課程的學術性論述。在歷次的修訂中，動用的學者專家、國民教育的實際工作的教師與行政人員不計其數，均經過反覆的磋商、集思廣益，其慎重可期，而課程的修訂更與社會的變遷同步前進，期待在此國民教育的新課程中培育出的是「優質的國民」。

表12-4 民國108年十二年國教國小課程

階段年級 / 學習領域	國民小學					
	第一學習階段		第二學習階段		第三學習階段	
	一	二	三	四	五	六
語文	國語文		國語文		國語文	
			英語文		英語文	
數學	數學		數學		數學	
社會	生活		社會		社會	
自然科學			自然科學		自然科學	
藝術			藝術		藝術	
綜合活動	綜合活動		綜合活動		綜合活動	
健康與體育	健康與體育		健康與體育		健康與體育	
彈性學習	彈性學習					
領域學習節數	20		25		26	
彈性學習節數	2-4		3-6		3-6	
學習總節數	22-24		28-31		30-33	

參考書目

饒朋湘（1966）。課程教材及教學法通論：臺灣省立臺中師範專科學校叢書。臺中市：長春印刷。

教育部（1975）。國民小學課程標準。臺北市：作者。

教育部（1976）。國民小學課程標準。臺北市：正中。

教育部（1993）。國民小學課程標準。臺北市：作者。

教育部（1993）。國民小學課程標準。臺北市：臺捷。

教育部（2003）。九年一貫課程綱要：總綱。取自https://cirn.moe. edu.tw/WebContent/index.aspx?sid=9&mid=92。

教育部（2014）。十二年國民基本教育課程綱要：總綱。

教育部（2020）。教育部部史：重大教育政策發展歷程。取自http://history.moe.gov.tw/policy.asp?id=2。

教育部國民及學前教育署（2019）。十二年國民基本教育課程綱要：總綱宣講（第六版）。（國民中小學階段公播版：完整篇）取自https:// cirn.moe.edu.tw/WebContent/index.aspx?sid= 11&mid=8565。

饒朋湘（1962）。課程教材及教學法通論。臺灣省立臺中師範專科學校叢書。臺中市：長春印刷。

英文人名索引

中文索引

十六劃

十七～十九劃

國家圖書館出版品預行編目資料

課程發展與設計原理／任慶儀著. -- 初版. -- 臺北市：五南圖書出版股份有限公司, 2021.06
面； 公分
ISBN 978-986-522-467-7（平裝）

1.課程 2.課程規劃設計

521.7 110001829

1I3V

課程發展與設計原理

作　　者— 任慶儀（33.5）
發 行 人— 楊榮川
總 經 理— 楊士清
總 編 輯— 楊秀麗
副總編輯— 黃文瓊
責任編輯— 李敏華
封面設計— 王麗娟
出 版 者— 五南圖書出版股份有限公司
地　　址：106台北市大安區和平東路二段339號4樓
電　　話：(02)2705-5066　　傳　　真：(02)2706-6100
網　　址：https://www.wunan.com.tw
電子郵件：wunan@wunan.com.tw
劃撥帳號：01068953
戶　　名：五南圖書出版股份有限公司

法律顧問　林勝安律師事務所　林勝安律師

出版日期　2021年6月初版一刷
定　　價　新臺幣520元

經典永恆・名著常在

五十週年的獻禮——經典名著文庫

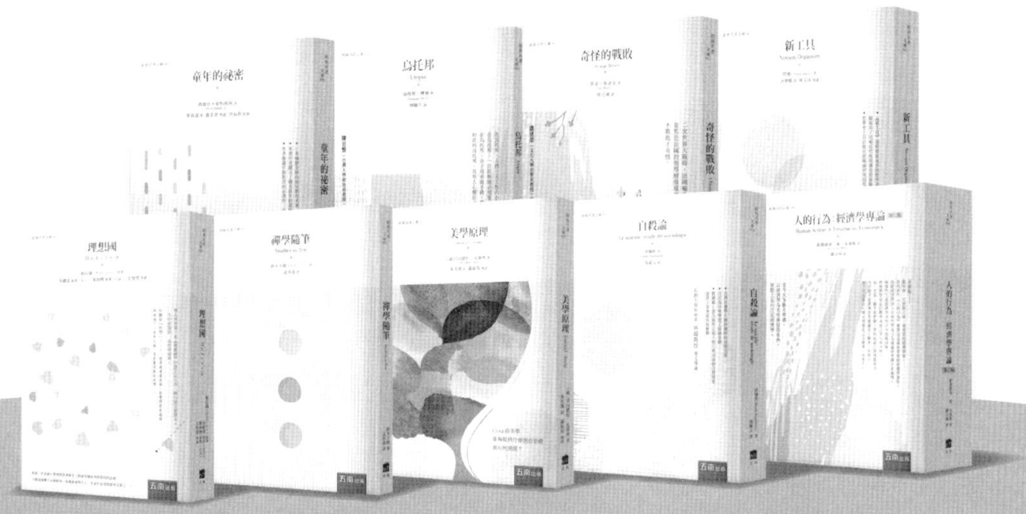

五南，五十年了，半個世紀，人生旅程的一大半，走過來了。
思索著，邁向百年的未來歷程，能為知識界、文化學術界作些什麼？
在速食文化的生態下，有什麼值得讓人雋永品味的？

歷代經典・當今名著，經過時間的洗禮，千錘百鍊，流傳至今，光芒耀人；
不僅使我們能領悟前人的智慧，同時也增深加廣我們思考的深度與視野。
我們決心投入巨資，有計畫的系統梳選，成立「經典名著文庫」，
希望收入古今中外思想性的、充滿睿智與獨見的經典、名著。
這是一項理想性的、永續性的巨大出版工程。
不在意讀者的眾寡，只考慮它的學術價值，力求完整展現先哲思想的軌跡；
為知識界開啟一片智慧之窗，營造一座百花綻放的世界文明公園，
任君遨遊、取菁吸蜜、嘉惠學子！